国家社会科学基金项目研究成果（项目编号：118XW026）
浙江传媒学院媒体传播优化协同创新中心资助项目
浙江传媒学院新闻传播学学科建设成果

危机传播中的受众反应和媒体引导

黄鸣刚　史雯◎著

中国社会科学出版社

图书在版编目(CIP)数据

危机传播中的受众反应和媒体引导/黄鸣刚,史雯著. —北京:中国社会科学出版社,2021.8(2024.3重印)
ISBN 978-7-5203-8732-3

Ⅰ.①危… Ⅱ.①黄…②史… Ⅲ.①突发事件—传播学—研究 Ⅳ.①G206

中国版本图书馆CIP数据核字(2021)第138000号

出 版 人 赵剑英
责任编辑 郭晓鸿
特约编辑 杜若佳
责任校对 师敏革
责任印制 戴 宽

出 版 中国社会科学出版社
社 址 北京鼓楼西大街甲158号
邮 编 100720
网 址 http://www.csspw.cn
发 行 部 010-84083685
门 市 部 010-84029450
经 销 新华书店及其他书店

印 刷 北京明恒达印务有限公司
装 订 廊坊市广阳区广增装订厂
版 次 2021年8月第1版
印 次 2024年3月第2次印刷

开 本 710×1000 1/16
印 张 22
插 页 2
字 数 316千字
定 价 118.00元

目　录

前　言

在人类社会发展的历史长河中，自然灾害、流行性疾病、重大安全事故、恐怖活动、战争等危机事件时时相伴。危机事件的发生和发展不仅以传统的形式为基础进行演变，而且还因全球化时代的到来不断表现出新的形态和特点。某些危机事件不仅会在物质层面造成有形的损失，而且会对民众的心理造成无形的伤害。在全球形势动荡变化、传播技术高速发展、传播范围不断扩大的形势下，如何不断创新新闻报道工作，不断增强媒体在危机事件中的话语权，更好地服务社会、服务民众，已经成为中国媒体必须面对的重要课题。

从宏观上看，危机管理是一个涉及多学科的交叉研究领域，而危机传播则是以传播学为核心，由心理学、社会学、新闻学等诸多学科交融组合而成的新兴研究方向。随着技术进步和社会发展，传播活动已经成为现代社会的一种特征，深入社会生活的每一个角落，深刻地影响着人们的思想和行为。传播活动的普及，既影响到个人，也影响到人的社会生活，甚至会产生一系列的受众心理反应。由于现代信息传播的接收往往是在群体情境中进行的，因此在危机传播过程中极易引起各种社会情绪反应。

一般而言，危机事件的发生是突然的，演变是快速的。它是一种超常状态，意味着社会秩序的一种突然断裂和扭曲。与此同时，媒体技术的发展，微博和微信等自媒体的普及提高了危机信息传播的速度，扩大了危机信息传播的范围。在多元化的危机传播中，干扰与噪声的存在是客观现实，它存在于危机传播中的各个环节。危机信息发送者与接收者之间无障碍、无噪音传播只能是理论上的一种假设，在现实的危机传播中是不存在的。某些情况下，受众会接收某些无用甚至有害的信息，进而导致一些消极甚至破坏性的行为。

近几十年来，传播心理学异军突起，为传播学提供了崭新的研究思维和视角。心理学的纵向追踪研究方法，有利于媒体了解民众心理变化的转折点。自 2003 年我国"非典"疫情以后，国内学者逐渐开始重视危机传播中的心理学方向研究。例如，有些国内学者用实证研究验证了危机传播对民众危机感知的决定性影响。也有国内学者指出，媒体如果能准确把握民众心理，正确引导民众认知，那么就会减轻灾害造成的心理创伤。还有些国内学者更进一步地分析了危机报道中媒体的心理抚慰功能，认为合理的危机传播可以疏导民众情绪，有利于正确的舆论引导。相应地，国外的研究更为细致与全面，开展的时间也更为长久。美国"9·11"事件以后，许多学者都关注到媒体在重大危机事件中的影响与作用。

作为一种社会生产工具，媒体的内部生产流程是一种规制信息传输和控制舆论生成的方式。各种媒体所执行的生产模式和语法规则必然涉及"角度"问题：媒体中所展示的信息和观点需要依靠编码者来限定视野、角度和重点。于是，媒体传播的信息对现实社会的作用自然而然就包含了引导和影响。从信息的编码角度、制作手法到编辑安排，都会产生设置引导议程的潜在空间。从国际范围来看，各国媒体在报道危机事件时必然居于本国立场，否则无法引起本国观众的阅读兴趣。从国内现实角度出发，危机传播在新媒体和国际化的背景下必须走出一条具有中国特色的创新道路。国内媒体的危机传播在实践中正在以自己的方式进行摸索和尝试。但是，在实践过程中问题和创新相伴而行。在进行危机传播时，媒体应该在何种程度上考虑民众的心理反应？如何合理有序地进行危机报道？如何科学有效地实施舆论和情绪引导？所有这些问题都值得我们展开深入的思考和研究。

正是基于上述危机传播的实践需要，本书拟立足于学科交叉研究的视域，力图以问题意识和创新意识来还原和建构当下危机传播的理论与实践，主要研究和探讨危机传播视域下的受众心理反应和情绪疏导问题。本书引入了新闻学、传播学和心理学等维度，所讨论的命题与理论不仅“活在当下”，同时也有其历史渊源，既致力于溯源，也致力于发展。此外，本书还致力于使相关问题的讨论及围绕这些问题的研究可以超越模式化、理论化的研究“桎梏”，展现出新闻传播研究的融合性和实践性等发展特性。

第一章　媒体支持:危机管理的重要环节

中国正处于社会的转型期。加快改革、扩大开放，既会给发展中的国家带来实际利益，也往往隐含发生社会动荡和危机的可能。因此，深入研究危机管理的内涵，正确把控民众的心理心态，在很大程度上能够提高危机事件的处理水平和沟通质量。

第一节　转型社会:危机成为生存常态

危机事件相关研究离不开社会转型这个大背景，需要在社会转型框架下开展讨论。中国的社会转型，从社会学的观点来看，主要是指我国自改革开放以来，确定社会主义市场经济后社会出现的巨大变化。社会转型不仅是社会经济由计划性向市场性转型，还包括政治、文化、法律制度、生活方式和人们观念等多个领域的转型。自 20 世纪 90 年代以来，我国不仅在自然方面发生了许多预见或不可预见的灾害，而且因为社会急剧转型，政治、经济、文化和社会等领域也都发生了各自不同的危机事件，并且这些危机事件所产生的影响甚至会辐射到整个社会。

一　危机管理的缘起和内涵

在改革开放的历史性变革中，中国的经济体系从自我封闭走向国际合作；社会政治体制从人治为主走向民主法治。在这样快速的社会变革中，中国内部的利益和权力不断重组转移，不同社会阶层的贫富差距迅速拉大。贫富差距拉大的结果导致两极分化严重，而两极分化的直接影响是冲突和对抗的频繁发生。这些冲突和对抗既是社会不安定的隐忧，也是危机事件爆发的间接和直接缘由。如何有效实施危机信息传播，如何在尽可能短的时间内控制社会舆论、平复民众心理以维护国家的长治久安，是我国目前面临的巨大挑战。科学有效的危机传播是对整个社会管理水平的检验，也是对各级组织应急能力的考察。

“危机”（Crisis）一词来源于希腊语，原始含义是游离于生死之间的状态，是一个医学术语。[①] 随着时代的发展，这个词的含义不断扩展，适用的对象范围不断扩大。从学术研究角度看，在国内外危机研究方面，学者们提出的危机定义已达到100多种。出现这么多的定义，是因为学者们对危机定义时的视角不同，表述方法有差异。巴顿（Stephen Barton）认为，危机是指“社会生活中突然发生的，严重危及社会秩序，给社会造成严重损失的事件，是一个会引起潜在负面影响的，具有不确定性的大事件，这种事件及其后果可能对组织及其人员、产品、服务、资产和声誉造成巨大影响”[②]。罗森塔尔（Uriel Rosenthal）认为，“危机是一段剧变和集体紧张的时期。在这段时间里，日常的生活方式和社会体系的核心价值观受到威胁，且威胁的方式是我们意想不到的，甚至是无法想象的”。[③] 国内学者胡百精认为，“危机是由于组织内部管理不力或是外部环境变化导致正常的制度、规范、目标等遭到破坏，要求组织必须针对危机及时做出决策，对各种资源实施合理的调配，并使

① 黄晓军：《从非典事件看我国政府的危机管理制度创新》，《国家教育行政学院学报》2003年第4期。

② ［美］罗伯特·希斯：《危机管理》，王成等译，中信出版社2001年版，第19页。

③ 中国现代国际关系研究所危机管理与对策研究中心编：《国际危机管理概论》，时事出版社2003年版，第6页。

自身的沟通管理予以强化，由此所形成的一种威胁形势或威胁状态”。[①] 目前，国内关于“危机”有不同的称呼，如“突发事件”“公共事件”“紧急事件”“危机事件”等，而为了区别企业、公司等部门危机，又有了“危机事件”“社会危机”“公共部门危机”“突发性公共事件”“政府危机”等概念。我国颁布的《国家突发公共事件总体应急预案》，对“突发公共事件”作了定义：指突然发生、造成或者可能造成重大人员伤亡、财产损失、生态环境破坏和严重社会危害，危及公共安全的紧急事件。

“危机传播”（Crisis Dissemination）既存在于不同组织之间，组织和民众之间，也存在于民众之间。广义的理解，危机传播包括公共危机情境下社会中的一切传播活动，当然也包括公共危机本身。国内有学者对危机传播下的定义是：“针对社会的危机现象和事件，如何用大众传媒和其他手段，对社会加以有效控制的信息传播活动。它的目的在于，按照社会传播和新闻传播规律，对危机处理过程进行干预和影响，使危机向好的方向转化。”[②] 这一定义有其不足之处，主要在于将危机传播看作一个单向的、不可互动的流程，却忽视了危机事件中民众的能动性对危机传播和危机处理产生的影响和作用。本书认为，危机传播的定义是：在危机事件中，以不同媒介为工具，实现组织和民众相互之间的信息传递与沟通行为。

危机事件发生时，人们获取信息的渠道主要来自新闻媒体。对媒体传播的灾难性事件信息的需求，使得媒体灾难性新闻事件报道有义务成为一种常规活动。[③] 在中国，危机状态下的各种媒体应该承担起独特的

---

① 胡百精：《危机传播管理》，中国人民大学出版社 2009 年版，第 4 页。

② 方雪琴：《信息公开与媒体理性——试论危机传播中的舆论引导策略》，《中州学刊》2004 年第 6 期。

③ 刘颖等：《美国媒体防灾减灾新闻特色——兼谈媒体在灾难中的角色》，《中国记者》2006 年第 9 期。

信息传播职能。从信息管理的角度看，主要涉及两个环节：一是在对危机信息收集的基础上，经过选择、加工等过程，实现危机信息的大众传播；二是通过各种媒体的传播功能实现对危机舆论的引导功能。危机事件中媒体的沟通和引导处于重要位置，是危机事件能否成功化解的关键性因素之一。传统主流媒体，在危机管理中担负着沟通政府与民众的"桥梁"作用。它们在危机传播中有着自身特有的优势，同时也必须承担起更为艰巨的责任，起到"澄清事实、平息谣言、鼓舞人心"等舆情缓释的作用。传统主流媒体对危机事件的报道具有议题建构的效果，在客观上可以强化或弱化舆论导向的功能。本书的调查也发现，民众对于政府危机处理能力的评价会受到各种媒体报道和评论的影响。同时，各种媒体对于危机事件处理的评价也会影响民众对政府危机处理能力的认识与态度。

二　危机事件的特性与种类

人的中枢神经是各种印象、经验相互交换、转换的空间，人可以"作为整体对世界做出反应"①。随着新媒介的出现、人的感官功能的延伸，人类体验世界的方式也随之改变。网络传播使得信息的流动达到了前所未有的深度、广度和速度，也为情绪的传染和扩散提供了技术平台。在现今的媒介社会，媒体在危机管理中所发挥的重要作用是不言自明的：从管理层面而言，媒体能够为决策者反馈具体灾情和真实民意；从服务层面而言，媒体能够帮助开展民众动员工作并监督各种资源的使用情况；从心理层面而言，媒体能够提供准确的信息为民众提供必要的心理安抚和信心支持。由此可见，对于危机事件中受众心理和媒体引导

① ［加］埃里克·麦克卢汉等：《麦克卢汉精粹》，何道宽译，南京大学出版社2004年版，第444页。

的研究就显得极其重要。

（一）危机事件的危害具有公共性

“危机事件”是指涉及公共管理范畴内的紧急事件，其影响和涉及的主体具有公共性。危机事件的发生地点不一定在民众的视野中，但是危机事件的发展必定会引发民众的关注，成为传播热点并造成某种社会程度上的物质损失和心理冲击。据统计，21 世纪以来，我国平均每年因自然灾害造成的直接经济损失超过 3000 亿元。仅因自然灾害每年大约就有 3 亿人次受灾。[①] 而群体性事件已经突破每年 10 万起，2014 年群体性事件发生数量达到 17.2 万起。[②] 处于社会转型期的中国，社会贫富差距加大，经济秩序有待调整，自然灾害频繁发生，人为安全事故不断，种种现象都极易造成人们心态失衡，情绪激化。因此，政府或组织必须通过使用一定数量的公共资源，经过科学合理的组织协调，才有可能解决危机并恢复秩序。

（二）危机事件的爆发具有突发性

无论是自然灾害、金融风暴、政治动乱还是生态危机，都有一个渐进演化的过程，会在爆发前显露出些许端倪，但是危机事件发生的时间、地点、范围、波及的人群、严重的程度等关键要素，都有很大的不确定性，很难对它们进行预测和预防。从 2004 年底的印度洋海啸事件可以发现，这样一场夺去了近 30 万人生命的灾难，主要原因是科学家认为在印度洋发生的地震对于太平洋来说是安全的，因而没有进行海啸预警。但是，最后地震的破坏力超过预计 30 多倍。而像 2014 年马航 MH370 飞机失事这样的突发事件就更难进行预测和预防了。

---

① 《本世纪以来我国平均每年因自然灾害造成的直接经济损失超 3000 亿元》，央视网，http://news.cctv.com/2019/09/18/ARTI9ERS1h3Egqgn9yVMD671190918.shtml?ivk_sa=1023197a，2019 年 9 月 18 日。

② 参见中国社会科学院法学研究所编《中国法治发展报告 No.12（2014）》，社会科学文献出版社 2014 年版，第 272—273 页。

（三）危机事件的影响具有全面性

危机事件起源于多个系统在目标和利益上的争夺和冲突，它是一种高度紧张的状态，往往一触即发，会破坏组织理念和秩序，有可能导致组织及其组织成员在产品、服务、资产和声誉等方面的巨大损害。对于社会来说，危机事件可能导致社会秩序和结构的损坏、社会成员心理的消极影响和内部协调层面的负面冲击。1998 年我国长江流域、嫩江流域、松花江干流、西江和闽江均发生了大洪水，直接经济损失达 2551 亿元。[①] 2002 年印尼的巴厘岛爆炸事件造成 180 多人丧生，300 多人受伤。[②] 美国“9·11”事件发生一年后，仍然有 20% 的纽约人认为袭击会再次降临，据专家估计，至少有 150 多万纽约人将长期存在心理问题。[③] 可见，危机事件的破坏范围既包括社会结构、经济财产、行为模式等，也可能包括社会心理的破坏。

（四）危机事件的发展具有快速性

危机事件的发生一般情况下是突然的，其演变是快速的、全方位的。它是一种超常状态，意味着社会秩序的突然断裂，需要启动紧急状态预案。各级组织必须在很短的时间内，在极不确定的情况下做出关键性的决策。例如，1987 年英国伦敦地铁国王十字站发生的火灾，从开始出现火苗到蔓延成灾只用了短短十几分钟，而其后果是 31 人死亡、20 人重伤。[④] 而在 2001 年美国“9·11”事件中，第一架飞机撞到世贸中心北楼和第二架飞机撞到世贸中心南楼，时间相隔也不到 20 分钟。与此同时，网络论坛、微博和微信等新兴传播渠道的形成使得危机事件的影响呈现全球化趋势，极易形成“连锁反应”。

（五）危机信息的传播具有局限性

危机事件发生的随机性和发展的快速性，可能使得危机处理者和民

---

① 《水文》编辑部：《1998 年我国洪水损失 2551 亿元》，《水文》1999 年第 3 期。

② 《血洗美丽天堂　印尼巴厘岛特大恐怖爆炸全景实录》，《法制日报》2002 年 10 月 19 日。

③ 王灏：《危机管理“5R”模式对中国危机报道的启示》，《新闻界》2005 年第 2 期。

④ ［美］罗伯特·希斯：《危机管理》，王成等译，中信出版社 2001 年版，第 19 页。

众“第一时间”掌握的信息不全面，得到的情况不准确。在信息的反馈和处理过程中，及时性和科学性难以保证，极易导致信息“失真”。危机事件发生后，种种原因导致的信息传递和上下沟通的阻隔，其直接后果可能是“流言四起”“谣言时现”，整个社会层面的心理稳定受到冲击。如果民众情绪一旦被某种外界刺激激发，就有可能引发大规模的非理性群体行为。这对决策者而言是最严峻的考验。在贵州瓮安县“6·28”事件和湖北石首市“6·17”事件中，各种渠道谣言的不断传播和持续发酵现象就证明了危机事件中民众心理的混乱与脆弱。所有的运动面临的一个决定性的因素便是对大众媒介的依赖。[①] 危机信息的传播既要及时和真实，也要讲求方式和方法。可以说，危机事件中媒体的传播水平和引导能力将会对危机事件的进程和部分民众的心理产生重要影响。

（六）危机事件的结果具有转化性

所有的事物都有两面性，所有的矛盾都具有双重性。危机事件也是如此。危机事件往往对社会的正常运转和民众的心理稳定带来很多直接和间接的负面影响。但是通过理智分析，我们可以发现危机事件的发生恰恰是问题发现的开端，而危机事件的解决往往是问题解决的开始。首先，引起“危机”的原因既可以是自然的，也可以是人为的；其次，在影响程度方面，既可以是短期的，也可以是长期的；最后，在治理方面，既可以是长期制度的完善，也可以是短期措施的修补。从某种意义上说，风险是社会发展的推动力。我们从贵州瓮安县“6·28”事件和湖北石首市“6·17”事件就可以得出这样的结论：对于危机，没有能力解决就是危险，有能力解决就是机遇。所以说，危机中孕育着希望，这是对民众和领导者智慧的考验。

当前发生的各类危机事件都具有不同的特点。美国“9·11”事件

---

① ［美］托德·吉特林：《新左派运动的媒介镜像》，胡正荣、张悦译，华夏出版社2007年版，第6页。

和中国非典疫情后，很多国家开始重视危机管理体系的建设，强调预案制定，研究应对策略。危机事件的种类繁多，覆盖范围极广，按照不同的方法可以进行不同的分类。《国家突发公共事件总体应急预案》将突发事件分为社会安全事件、事故灾难、公共卫生事件、自然灾害等几类。① 危机事件由“危险”向“机遇”和由“危机”向“问题”的转化，并非是自动实现和完成的。新的形势对领导者的危机管理素质提出了新的要求，要求他们能够随机应变，根据不同情况来解决突发问题。只有正视并解决危机事件中所表现出来的问题，善于总结经验教训，才可能将危机转化为促成革新的转机和动力。

表 1.1　　我国目前国内危机事件分类②

类型	引致因素	一般冲突表现方式
自然灾害型	环境破坏、疾病传播、各种自然突发事件	环境污染、自然灾害、突发性重大公共卫生和公共交通事件
利益失衡型	经济发展的不均衡，社会保障制度的缺陷	罢工、集体上访、静坐、示威游行、集会
权力异化型	政府权能体系的失效，如腐败、司法权的不完善	集体上访、示威游行、暴力抗法、刑事案件
意识冲突型	意识形态领域出现异化形成的冲突，如宗教、民族	大规模群体冲突、妨碍公务、刑事案件
国际关系型	与中国在国际格局中的发展相关	国家间的紧张局势、经济制裁甚至局部战争

三　危机传播中的受众需求

一个社会的阶级阶层结构发生重大变化的时期，往往也是该社会发生划时代变化的时期。从某种意义上说，社会划时代性变化，就是这个

---

① 张英菊等：《突发公共事件应急预案评价中关键问题的探究》，《华中科技大学学报》（社会科学版）2008 年第 6 期。

② 薛澜等：《危机管理：转型期中国面临的挑战》，清华大学出版社 2003 年版，第 17 页。

社会的阶级阶层结构的时代性变化。[①] 当前我国社会阶层结构经过转型期的分化演变已初步定型，并将在相当长时间内成为我国社会关系的基本模式。

与这一变化相伴随的正是我国新闻事业改革与蓬勃发展的时期，媒体与社会开始了实质意义上的互动。作为一种对社会各方面都具有广泛而巨大影响的社会资源，媒介延伸到社会各个角落，与各个社会阶层产生直接而密切的关系。传播学的社会分类理论认为，特定团体或集合体的成员身份会以或多或少统一的方式回应媒介刺激。[②] 伴随着媒体的影响不断扩大，各种媒体在中国已发展成为舆论引导和洞察民意的重要窗口。而民众也正在或主动或被动地提高自身的媒介素养，充分享受媒体发展带来的诸多便利。在危机事件常态化和危机传播模式化的今天，民众在危机传播中的选择性注意现象呈现出越来越明显的趋势。目前来看，在危机事件中受众的关注重点正在进行不可察觉的转移，对于和自己切身利益相关的事件居于注意力的首位。

表 1.2　　不同危机事件受众利用媒体关注的程度分析　　单位：%

	总是	经常	有时	很少	从不	合计
关注对自己切身利益有重大影响的事件	21.88	35.82	29.33	9.38	3.61	100.00
关注对国家外交/政治方面有重大影响的事件	19.95	35.10	28.13	10.34	6.49	100.00
关注对国家文化/教育方面有重大影响的事件	12.50	31.97	43.03	8.89	3.61	100.00
关注对国家经济发展有重大影响的事件	12.26	31.73	38.22	13.46	4.33	100.00
关注对社会伦理道德有重大影响的事件	11.30	31.25	36.78	16.11	4.57	100.00

数据来源：本课题组的抽样调查。

① 陆学艺主编：《当代中国社会流动》，社会科学文献出版社 2004 年版，第 206 页。

② ［美］斯坦利·巴兰等：《大众传播理论：基础、争鸣与未来》，曹书乐译，清华大学出版社 2004 年版，第 144 页。

从大到2014年的马航MH370飞机失事和2020年的新冠肺炎疫情，小到各种交通事故和各类生产事故，整个世界因为媒体的“放大效应”而变得更加触手可及。于是面对现代社会系统的复杂性、多元性和自主性，面对各种政治、经济和文化等方面的矛盾，人们希望更为自由和自主地发布和接收信息，他们需要传播关系上具有更多的开放性、平等性和公正性。

（一）受众需要平等的表达权

表达权是指公民在法律所允许的范围内通过法律所认可的方式表达、传播个人的思想、情感、意见、观点、主张而不受他人干涉、约束的权利。网络传播已经完成对所有“以传播者为中心”的传播模式的解构。与传统的话语权相比，网络话语权的变化表现在：“从实体到虚拟，从权威到平等，从单向到多向，从滞后到快捷。”[①] 现代传播中的受众与传播者已经站在了“平等”的位置上。受众可以根据自己的需要和兴趣选择任何媒介、任何媒体和任何信息来阅读。在“媒介融合”的时代，没有谁能够独占表达权，危机传播过程中的管理者与民众也需要利用合适的方式进行平等的对话和顺畅的沟通。只有让民众表达，政府才能准确地把握他们的所思、所想和所忧。

（二）受众渴望足够的知情权

知情权是指公民获取有关社会公共领域信息以及与本人相关信息的权利。[②] 公共信息是一个社会的共同财富，应为社会所共有。一个人如果在危机事件中得不到与自己切身利益相关的准确信息，那么他就会陷入无助、不安甚至恐慌等消极情绪中。一个人无法对危机事件进行准确的判断，也就无法进行科学合理的行动决策。因此，媒体从业人员需要对危机事件进行全方位的科学化报道。危机事件本身、危机事件的受害

① 莫文婷等：《网络公众话语权与民主政治建设》，《东南传播》2009年第5期。

② 谢鹏程：《公民的基本权利》，中国社会科学出版社1999年版，第263页。

者、危机事件中的政府行为和危机事件中的领导者等，都应该成为新闻报道的对象，通过合理的传播方式让民众了解和知晓。在全新的传播环境中，如何整合传统媒体和新兴媒体的力量，如何主动出击去满足民众多方面的信息需求，都是危机传播中值得研究的课题。

（三）受众需要有效的参与权

参与权主要是指公民依法通过各种途径和形式，亲身参与到管理国家政治经济和文化事业以及社会事务中来。现代国家将民众参与度作为衡量社会现代化的重要标志。民众参与社会事务的顺利实现，既可以巩固和促进民众的主体意识，也可以更好地维护公民的基本权利。近年来的社会调查表明，通过不同渠道参与社会决策已经成为民众最强烈的呼声。危机管理是一个系统工程，单靠政府或某一组织的力量是难以妥善解决的。2010 年“3·28”王家岭透水事故救援现场集中了 3000 人的抢救队伍。乡宁县相邻单位的三套蒸笼昼夜不停，加班加点，每天 1.6 万个馒头源源不断地送往王家岭。救援指挥部收到各界捐款 2000 多万元，物资不计其数。[①] 无论是危机事件的前期预警、危机事件的抢险救援还是危机事件善后处理的监督，都需要民众的支持和参与。危机传播过程中的媒体作为主要沟通渠道，可以将民众的意见、建议和批评等真实恰当地反映出来，并反馈给有关决策者，从而帮助其了解工作中存在的问题和不足，推进改善工作和完善决策。

（四）受众盼望独特的满足感

长期以来，情感被看作心理学研究对象。但是现代研究发现，情感不仅是个人的心理现象，同时也是社会现象和传播现象。民众使用某种媒体和观看某种节目，不仅是为了获得信息和知识，本质上更是为了获得某种放松情绪和愉悦心理的体验。在市场经济时代，我国民众的物质

---

① 管喻等：《王家岭大救援——“3·28”透水事故救援现场纪实》，山西人民出版社 2010 年版，第 184—185 页。

生活比以前是极大地丰富了，但是民众的焦虑感也大大提升了。正因为这样，“新闻对缓解现代人的心理焦虑和痛苦压抑感可以起到重要的作用”。[①] 从某种程度上讲，民众寻求信息是为了满足某种需求，以维持心理结构的平衡。例如，西方的观众在观看空难、饥荒和战争等新闻时，“实际上是在消费快乐的‘同情’‘惊讶’和‘恐惧’”[②]。危机传播过程中的情感动员可以使民众淤积已久的情感得到宣泄，从而获得某种满足。所以，灾难信息的情感宣泄功能与德国学者齐美尔（Georg Simmel）提出的“安全阀”理论不谋而合。齐美尔认为，应当为敌意提供一个替代目标，使之具有发泄释放敌意的通道作用。他认为，“如果没有这种安全阀，很多社会关系就不可能持久”。[③] 当然，媒体的使用还是个体自我调整，逃避现实和摆脱现实烦恼的有效途径，是个人主观情况的客观反映。

综上所述，社会的转型和传播的变革正在引起生产方式、生活方式、交往方式、管理方式、思维方式和社会结构的巨大变化，危机传播中的受众对媒体的要求正在发生微妙的改变，与媒体的关系正在发生明显的“位移”。可以说，“这个时代的民众已经有能力对官方媒体设置的议程进行修正和重构”。[④]

第二节 媒体引导:危机管理的调节器

从世界范围来看，西方发达国家普遍构建了比较完善、科学的危机管理体系，可以做到协调灵活、沟通顺畅、资源共享、指挥灵敏和反应

① 王杰等:《艺术与审美的当代形态》，人民文学出版社 2002 年版，第 108 页。
② 王宁:《消费社会学——一个分析的视角》，社会科学文献出版社 2001 年版，第 114 页。
③ ［美］刘易斯·A. 科瑟:《社会学思想名家》，石人译，中国社会科学出版社 1990 年版，第 203 页。
④ 李希光:《畸变的媒体》，复旦大学出版社 2004 年版，第 349 页。

迅速。在危机事件的处理过程中，政府部门、非政府组织和新闻媒体可以做到职责分明与各尽其力，各种社会资源充分和迅速地投入抢险救灾中。可以说，对其他国家经验和教训的总结有利于我国危机传播水平的提高。

一　信息管理的重要性分析

媒介社会学的理论表明，危机事件在某种程度上兼具新闻学和社会学内涵。一方面，典型危机事件的爆发可以揭露某些视而不见的问题，同时以其强大的社会影响引发政府组织的关注，最终引导社会舆论的形成并推动问题的解决。另一方面，危机事件如果处理不当，民众的负面情绪就会产生。如果负面情绪集聚太快又得不到及时释放，整个社会心理就会发生波动，严重时甚至会导致反社会行为的发生。因此，各国危机传播都着力于在满足社会对危机事件的信息需求、满足民众的知情权和维护社会的和谐稳定之间取得良好平衡。

“媒体能够以一种强大的隐形力量来规定现实世界”①，并改变现实世界。任何传统因素一旦与网络结合似乎就会发生“基因突变”，焕发出不可预测的力量。网络时代的公共危机本身所具有的诸多特点决定了信息管理应当是整个危机管理的核心工作之一。危机类型的多样化，演变过程的不确定性经常导致危机信息的多变性和不完整。而信息的多变性和不完整经常会给危机事件的管理工作带来困扰。我们从马航MH370飞机失事事件的信息传播过程中可以清晰地感受到这种现象存在的风险。

（一）信息研究伴随危机管理需要

从研究脉络看，“危机管理”的研究在前，研究内容基本包括危机

① 喻国明主编：《中国社会舆情年度报告（2014）》，人民日报出版社2014年版，第57页。

处理策略的规划、危机管理机构的构建、危机所处环境的监控以及和特定危机事件相关的针对性方案等，其最终目的就是解决问题，挽回损失，恢复秩序，并重塑形象。“危机信息管理”的研究发展在后，这方面的研究从信息传播方面的研究中分离而来，其发生和发展是为了实现危机管理的实践需要而日益蓬勃发展起来的。“危机信息管理”的研究着力于危机过程中的信息搜集、传播、发布和反馈互动，并通过相关的信息传播技术和手段加以实现，其主要目的是提高危机决策的准确性和危机传播的针对性。同时，我们也可以看到“危机传播”的研究正在越来越多地关注民众心理安抚，政府形象塑造，社会舆论引导等方面的内容。

（二）信息传递影响危机决策过程

从情报学角度看，危机情境下的情报活动（如情报的搜集和分析）作用的大小取决于它在制定政策、计划、冲突局势和预警等方面对决策者帮助的程度，而信息资源则是情报活动的基础。危机管理的核心工作就是对危机信息的全面掌握和合理运用。尤其是像政府组织这样层次繁多的控制系统，如果采用单通道的沟通体系，各层次的层层过滤会使信息失真和变形的现象更为严重。① 2005 年 3 月 20 日，日本福冈县发生里氏 7 级地震，日本政府各省厅的防灾负责人在灾害发生 30 分钟内赶到危机管理中心集合，并启动内阁地震防灾情报系统，分析研究通过直升机拍摄的各种图像资料，统计人员伤亡和建筑物受损情况，展开积极的救灾工作。结果，在这次里氏 7 级的强震中，仅有 1 人死亡，735 人受伤。② 因此可见，危机管理系统的有效运行，离不开畅通快捷的信息传递机制。

（三）信息管理支持危机管理全程

在新媒体发展的背景下，危机信息的传播变得速度更快，范围更

---

① 沈亚平：《社会秩序及其转型研究》，河北大学出版社 2002 年版，第 253 页。

② 王德迅：《国外公共危机管理机制纵横谈》，《求是》2005 年第 20 期。

广，影响力更大。因此，必须以信息管理支持危机管理的全过程，以及时、快速、准确和可靠的信息运用作为危机管理的应对手段，通过提高信息管理水平来提升危机管理水平，为预防和化解危机提供强有力的信息保障。例如，美国联邦紧急事务管理署成立了以波音 747 飞机为空中指挥所的电子通信中心，积极研发各种应急管理软件，大力使用网络光纤等科技。美国国土安全部成立了虚拟社交媒体工作组（VSMWG），作为政府社交媒体危机应对的主要机构，并制定了社交媒体快速应对策略。日本在 1996 年 5 月设立 24 小时轮流值班制的“内阁情报集约中心”。[①] 政府和媒体主动配合，实现良性互动。日本 NHK 在全国 9 个基地配置了 11 架直升机，以便随时出动、及时报道。美国“9·11”事件发生后，CNN 马上中断正常节目进行直播，记者在现场进行现场播报，楼顶摄像机拍摄到了第二架飞机撞击世贸大楼的画面。可以说，危机传播的独特性对媒体从业人员提出了更高的要求，只有用最短时间刊发信息才能把握舆论引导的主动权。

综上所述，在危机管理过程中，如果能把信息管理工作的各项任务都落到实处，就能拥有尽可能多的准确信息，就能在“第一时间”科学决策，最终保证管理者提出的各项应对措施拥有更强的针对性。

二　信息发布的通用性模式

20 世纪以后，自然灾害、社会冲突和公共卫生等危机事件对社会发展和治理构成了严重的威胁和挑战。在这方面，美国、日本等国家在处理危机事件的实践中，普遍建立了卓有成效的危机信息管理系统。归纳起来，可以总结为以下几个方面的特点。

---

① 王德迅：《日本危机管理机制研究》，中国社会科学出版社 2013 年版，第 21 页。

（一）组建快速通畅的信息传播体系

美国等国家按照各自国情已经创建了相对完备的危机信息管理系统，可以为政府提供舆情和信息收集服务，并足以提供重要决策的情报分析，同时通过其掌握的大量信息资源，占据着优势地位的危机沟通话语权。美国危机信息管理系统由美国国土安全信息网络控制中心（HSOC）和联合区域信息交换系统（JRIES）所构成的各地区和各部门整合而成，交流则使用各种安全邮件、地图、语音、图像和互动工具。在此基础上，对有关地区和部门传递的分类实时数据进行分析，对每个时间段提交的分类信息进行专题报告和分级警告，并提交高水平的分析结果。这种危机综合信息处理机制大大提高了决策的快速性和准确性，而且增强了危机中的应对和危机后的恢复能力。比利时在危机信息收集上有独特的做法。比利时政府根据“确保安全”“社会公平”“市场经济”的准则，对政府、组织和企业类信息实行严格分类管理，不仅建立国家信息中心，而且也从商业信息机构购买大量信息。比利时政府建立的安特卫普信息电视，提供教育、卫生、交通、安全、消防和环保等基本信息，同时也为政府实施危机管理提供信息支持。

（二）完善单一权威的信息发布制度

任何国家都把媒体作为政府危机管理的一个重要构成元素，担当着“危机信息代言人”的主要角色，俨然“政府危机管理形象的塑造者”。[①]在美国，白宫、外交部和国防部建有一个快速有效的新闻发布系统。危机事件发生后，负责新闻发布的政府官员就会第一时间将有关信息发布给媒体，还会通过电传、网络等形式告知有关记者，并召开记者招待会。英国政府主要是将路透社、BBC 等权威媒体作为危机信息发布主渠道。一般在接到危机信息 30 分钟以内，政府就会进行一次新闻发布。而在新闻发布之前，政府会一方面认真核实并积极了解危机相关信息；

---

① 王德迅：《国外公共危机管理机制纵横谈》，《求是》2005 年第 20 期。

事件发生的原因、灾情严重程度和人员伤亡数量等；另一方面则会联系各大媒体，并积极准备相关危机事件资料。日本政府在1961年颁布了《灾害对策基本法》，其中明确规定NHK属于国家灾害信息发布的权威机构，从法律层面保证了国家公共电视台在危机传播中的主力军地位。

（三）实行依法行政的信息公开制度

从世界上大多数国家的情况来看，通常是通过立法来确立政府的信息公开制度。这一方面保障了公民的知情权，有利于实现依法行政；另一方面，也在一定程度上为公共危机时期的信息传播提供了制度基础。1766年，瑞典制定了《出版自由法》，成为世界上第一部从宪法层面确认公民出版自由和政府信息公开（公民信息自由）的法律。[①] 1999年10月，欧洲委员会组成专家小组，拟定信息自由法草案建议稿。欧洲人权法院也积极地以判例方式确认公民的信息自由权。欧洲国家已先后制定了有关法律。在亚洲国家中，韩国1996年制定了《公共机关情报公开法》，是首先施行政府信息公开的国家。日本于1999年5月也制定了《情报公开法》。

综上所述，在危机信息的传播和交流过程中，各个国家都通过建构完整的制度和科学的系统，来收集、分析和评估各类信息，努力建构一个快捷高效的信息汇总和发布的核心。政府握有大量的危机信息，无可争议地占据着信息交流中的主导地位。与此同时，各国政府部门努力保持与媒体之间的良好协作，通过媒体的桥梁作用，强化与民众之间的沟通，共同去克服困难、解决危机。

三 媒体引导的海外经验

本书认为，“危机报道”是指媒体利用新闻形式对危机事件进行的

---

① 曹爱民等:《瑞典政府新闻发布制度的独到之处》,《新闻与写作》2006年第11期。

报道和评论。媒体能否与政府和民众之间形成良好的互动关系是危机传播成功的关键所在。危机事件无论对于何种媒体，都是重要的新闻素材。对于媒体从业人员来说，对于危机事件的了解与传播构成了他们报道模式和新闻理念的一部分。危机报道在为政府服务去满足民众知情权的同时，也可以同时提高自身的收视率、发行量和影响力。

对于市场经济中的新闻媒体来说，最有市场价值的是事故、水灾、火灾、地震、谋杀、战争和行业纠纷等题材的报道。具有负面因素的新闻题材对记者来说更加重要。① 例如，在 2005 年“卡特里娜”飓风来临之际，美国三大电视网的现场直播活动一扫前期收视不佳的困境，马上锁住了民众的眼球。收视率调查表明，从 8 月 29 日飓风开始登陆到 9 月上旬，共有 2900 万美国电视观众观看节目，美国一些电视媒体例如 NBC、ABC 和 CBS 的晚间新闻节目都有了超过 20% 的收视率上升，有线电视也随着这股热潮，收视率一飞冲天。② 当认真分析西方媒体的危机传播行为时，我们可以直观而具体地发现存在以下几个特点。

（一）自觉在新闻报道中弘扬本国的核心价值观

当危机事件来临，关乎国家的危险出现，西方媒体的报道马上体现出“国家利益至上”的原则。所有国家无一例外。各种媒体在操作中通过大量隐性的宣传手法报道救灾、重建工作，辅助政府的相关工作，降低民众对政府的批评和谴责力度。与此同时，西方媒体专注于倡导社会主流价值观，体现在新闻报道活动中就是始终高举资本主义自由、民主的旗帜。例如“9·11”事件中，《华盛顿邮报》发表评论，“如果要应对未来的挑战，美国必须在符合美国价值观的基础上，提高防御能力……美国决不允许恐怖分子改变这一点”。美国电视媒体则制作播出了多种节目以表达对舍生忘死的消防队员、警察和勇敢面对灾难的普通

---

① 张威：《中西比较：正面报道和负面报道》，《国际新闻界》1999 年第 1 期。

② 赵静：《国外媒体对突发事件的新闻操作——以卡特里娜飓风报道为例》，《新闻前哨》2006 年第 9 期。

人的敬意。可以说，媒体陪伴着美国人尤其是纽约人渡过了那一段艰难的日子。美国媒体报道中的那些故事激励着受害者、救援者和其他人以更大的勇气和智慧面对人生的挑战。①除此以外，美国电视网（除了ABC）或者在电视屏幕底部打上红白蓝三色美国国旗，宣称“美国身处战争”“美国遭受袭击”；或者让记者、节目主持人在出镜时佩戴红白蓝三色胸花，CNN的电视屏幕下方加上了一条飘动的美国国旗，NBC的台标由原来的彩虹变成了代表美国国旗的红白蓝三色。

（二）努力在新闻报道中体现人文关怀的理念

危机事件中，西方媒体的报道基调是以“人”为主，强调的是对人的价值和生命的重视。在危机报道中，记者一般不会首先报道经济损失，而是第一时间报道伤亡人数，其次是报道医院的抢救措施和伤员的恢复情况，最后是开展反思性报道等。与此同时，西方媒体对于可能导致民众心理波动的信息十分警觉。例如，在日本灾难新闻里，面目全非的尸体等刺激性的景象是不允许出现在相关媒体中的，在需要报道死者的时候习惯使用其生前的照片，展示被害者美好的形象，让人们对悲剧感到震撼，思索如何防止悲剧的再次发生。②而在涉及未成年人的新闻报道中一般会使用马赛克、变声等技术手段对其容貌和声音进行处理，以免造成二次伤害。随着危机报道水平的提升，这些操作手法实际上在我们国家各级媒体的实践中不同程度地有所体现。

（三）追求在新闻报道中信息的及时和全面

西方媒体内部普遍建立了一套快速的危机报道机制。一个危机事件发生后，媒体会及时派出报道人员，马上策划报道形式，并随着形势的发展而不断跟进、调整。一般情况，后方编辑部负责宏观调控和背景资料的搜集整理；前方记者则听从安排，专注新闻的挖掘搜集和现场采

---

① 钟新：《危机传播：信息流及噪音分析》，中国传媒大学出版社2007年版，第73页。

② 何德功：《日本媒体突发事件报道的原则》，《中国记者》2004年第10期。

访，通过前后方配合完成对危机事件全面而深入的报道。在实际运作中，记者有机会发挥其主观能动性。西方媒体高度重视现场报道，不管是人为还是自然灾难题材，现场总会出现出镜记者的身影；西方媒体重视新闻呈现形式的优化，会从深度和广度实现全面报道，新闻中会用数据和图表等形式帮助民众理解；西方媒体强调突出自身的报道特点，经常通过独特的视角召开对同一危机事件的创新解读。例如，美国媒体从业人员对危机事件的报道经验丰富、训练有素。美国 ABC、NBC、CBS 等电视媒体都备有直升机、直播车等大型报道设备，遇到突发事件会大量投入报道力量，分小组负责不同路线，如校园、医院、警局、嫌犯家等，每个地方都安排不同报道小组蹲守，这些都是实行快速、充分报道的必要条件。美国媒体在危机报道上将时效性放在第一位，真实性、客观性其次。如果报道的信息有误差，会进行及时更正，除非是重大事实性错误，记者的报道不会受到影响。中国媒体在报道上，准确性是放在第一位的，容易在细节核实上耽误报道时间，造成反应不够及时。

（四）遵守新闻报道业已形成的规范操作模式

危机报道中，西方媒体通过长期探索和不断积累，应该说已经构建了一套较为规范的操作模式。以火灾事件的新闻采访为例，现场记者被要求务必搜集到以下信息：火灾发生的地点和时间；火灾中受害者的相关资料；火灾中物质损失的估值；损失财务是否有火灾保险；火灾报警人姓名；参与救灾者的数量和装备；起火的原因。这些规范性的新闻报道要求被写入了不同媒体的记者手册中，形成了一套完整的操作模式，为媒体从业人员提供了基本参考和基本标准。这套操作模式使西方媒体的新闻生产能够始终保持在一个相对稳定的水平上，不会因为人才的流失和人员的流动发生剧烈的波动。操作模式的统一可以保证新闻水准的恒定。英美新闻媒体在马航 MH370 飞机失事事件的报道中获得好评的原因在于，他们的信息大多来自军方、卫星公司、情报机构等。在报道力度上，美国媒体投入了大量人力、物力，仅 CNN 一家电视台就组织了至少包括18人的报道队伍，这还不算电视台需要的技术人员，这些记者从马来西亚、北京、越南等地发回现场报道。在美国，《纽约时报》的一些调查性报道往往可以持续一年，《财富》杂志当年揭露安然丑闻，调查也进行了至少半年。在飞速发展的时代，危机报道需要适应新的挑战和新的任务，我们只有依靠组织化的体制和共享的价值观及行为规范，才能形成高起点和高水平的传播效果。

（五）积极在媒体传播中融入教育和预警功能

预防是解决危机的最好方法。[①] 西方媒体的日常报道不仅重视对危机事件的新闻报道，也重视关注平时的危机预警工作。西方媒体经常通过各种社会风险和不同类型救援演习的新闻报道强化民众的危机意识。西方媒体也会通过突发情况应对措施的传播对民众进行危机预警教育，提高整个社会的危机防范水平。在危机事件的恢复期，西方媒体特别重视对于危机事件发生和处理等环节的反思，并希望由此实现对全社会全方位的警示，以减少类似危机事件再次发生带来的损失。美国政府十分重视对危机进行预防，其中一项预防措施就是促进防灾知识的普及。它会采取多种手段、通过多种渠道对民众进行防灾教育，在全社会营造一种危机意识，加强民众危机防范能力。除了通过政府和非政府组织工作人员面对面向民众宣传危机预防知识，发放书刊和简报等宣传材料外，还通过媒体传播各种危机防范技巧。与此同时，也会借助互联网对民众进行危机知识教育，通过建立专业的危机教育网站、向民众发送相关知识的电子邮件等方式，达到教育民众的目的。2011年底，美国波士顿警察局开发了“Beat”项目，运用Twitter的沟通交流功能，建立起了网上警民互动渠道，发布治安信息、犯罪预防和实时路况等信息。

综上所述，在互联网时代，国内的媒体不仅要面对国内的民众，还要面对来自整个世界的审视；不仅要向国内传播危机信息，也要向国外

---

① ［英］迈克尔·里杰斯特：《危机公关》，郭惠民译，复旦大学出版社1995年版，第41页。

传播相关信息。虽然，国内媒体同西方媒体在新闻观念、媒介生存体制以及文化、价值观等方面存在差异，但这并不意味着国外的经验不具有参考价值。如果在危机传播中既能注意本国新闻报道的“个性”特征，也能学习全球危机报道的“共性”规律，那么我国危机传播一定能朝着更加健康、理性、积极的方向发展。

第三节　心理疏导：媒体实践的新课题

在全世界范围，每发生一次突如其来的危机事件都会让许多人刻骨铭心甚至终生难忘。许多学者进行了相应的反思和研究，研究大众媒体的角色和影响。我国的媒体应成为危机管理中的“调节器”，应该在其中发挥正能量，帮助民众确立正确的心态，激发他们的信心，团结一心，共克时艰。可以说有效地解决好危机事件，离不开民众良好心态的配合。因此，在危机传播规律的研究中，离不开受众心理引导的深入研究。

一　传播心理学的研究现状

美国学者班杜拉（Albert Bandura）指出，“除了具有能动的伤害性外，不可预测性和不可控制性也是恐惧事件的重要特征，可以预测的厌恶性事件，比起不能预测何时何地会发生的厌恶性事件来不那么可怕，后者使人难以区分安全和不安全的环境……对于能活动的、不可预测的威胁，个体只能进行有限的控制，这种威胁更有可能产生泛化的焦虑。而同样是令人厌恶的威胁，如果是可以预测的、不能活动的及安全的，那么，只要个体远离它们，就不大可能产生泛化的焦虑”。[①] 而危机事

① ［美］阿尔伯特·班杜拉：《思想和行为的社会基础：社会认知论》（上），林颖译，华东师范大学出版社2001年版，第18—64页。

件的发生和发展往往是民众不可预测，而且不可能避免的，因此，它给民众带来的心理威胁更大。可以这样说，心理学是传播学的基础学科，而传播学则是以心理学的理论知识为基础发展起来的一门具体科学。经过一个世纪的完善，传播学已经枝繁叶茂。那么在危机传播的现实实践中，以往的传播心理研究能提供哪些可供借鉴的工具和利器呢？

（一）有限效果论的心理学解释

20 世纪 40 年代中期，有限效果论取代了枪弹论，认为大众传播只有少量效果，或者说效果不显著。该理论的典型观点是，“信息不是枪弹，它也没有射向受众，而是放置在受众爱怎么处理就怎么处理的地方。受众能抵抗宣传，或另作解释，或用于自己的目的，受众是顽固的”。[①] 有限效果论的代表人物是霍夫兰（Carl Hovland）和拉扎斯菲尔德（Paul Lazarsfeld）。二战时，美军通过大规模播放电影来鼓舞士气，霍夫兰对影片《我们为何而战》的宣传效果进行了细致研究。实验证明，宣传影片在传播普遍事实方面效果显著，对有些直观的看法和解释也有影响力，能在短期内有效地让受众了解事实，改变士兵的一些意见和对事物的看法，但对士兵头脑中已形成的根深蒂固的态度和观点，却不能产生效果，最有效的电影也主要是加强了业已形成的态度。[②] 1940 年，拉扎斯菲尔德出版了《人民的选择》一书，提出了“意见领袖”[③] 和“两级传播”的概念，并且进一步发展成“两级流动传播”理论。这种理论认为，某种观念一般先从大众传播媒介流向意见领袖，然后从意见领袖再流向受众中表现不活跃的人群，形成“大众传播→意见领

① 段鹏：《传播效果研究——起源、发展与应用》，中国传媒大学出版社 2008 年版，第 11 页。

② 段鹏：《传播效果研究——起源、发展与应用》，中国传媒大学出版社 2008 年版，第 40 页。

③ 意见领袖是两级传播中的重要角色，是人群中首先或较多接触大众传媒信息，并将经过自己再加工的信息传播给其他人的人。具有影响他人态度的能力，他们介入大众传播，加快了传播速度并扩大了影响。

袖→受众”的传播过程。[①] 拉扎斯菲尔德的研究支持一个新的假设，即媒介效果甚微，它只是许多种影响中的一种，这样就完全否定了媒介威力无比的旧思想。[②] 正是拉扎斯菲尔德的研究让传播效果研究大跨步迈到有限效果论时代。在研究方法上，拉扎斯菲尔德试图将定性法和定量法、传记法和分析法、观察法与访谈法、专题讨论和焦点访谈结合起来。此外，他还开创了个案分析法和三角测量法，以获得对研究对象的多侧面了解。可以说，用心理学中典型的实验方法这把钥匙去开启传播效果课题的锁，是心理学在传播学研究领域的直接运用。

（二）适度效果论和强大效果论的心理学解释

20 世纪 60 年代开始，适度效果模式的研究越来越多。这些研究支持一种观点：有限效果模式可能对子弹论矫枉过正了，大众传播效果比有限效果要大。其中议程设置研究首先由美国学者麦库姆斯（Maxwell McCombs）和肖（Donald Shaw）在 1969 年的选举研究中所提出，它认为媒介对问题所赋予的显著度会引导受众给予相同程度的重视。它更重要的贡献是其代表一个转折点，即大众传播的研究开始倾向于以媒介和受众之间的关系为研究重点，而不再仅仅受限于社会学、心理学的狭隘范畴。在研究方法上，议程设置采用实验法。它值得回味之处就在于它把一个抽象的哲学概念转换成可以用简单方式来验证的操作性命题。

20 世纪 80 年代以后，西方学者对大众传播效果进一步研究，提出强大效果模式。支持这一模式的是沉默的螺旋理论和涵化理论。沉默的螺旋理论的出发点在于受众的从众心理，即在具有争议性的公共议题上，人们因害怕被孤立而尽量同多数人的优势意见保持一致。另外，当

① 段鹏：《传播效果研究——起源、发展与应用》，中国传媒大学出版社 2008 年版，第 44 页。

② ［美］梅尔文 · L. 德弗勒等：《大众传播通论》，颜建军等译，华夏出版社 1989 年版，第 311—312 页。

受众个体处于弱势时，会选择沉默的态度来减少自身利益被进一步损害。① 而涵化理论认为，大量看电视的观众接收相同的信息，由此产生的效果会在不知不觉中教导人们形成共同的世界观和价值观。1982 年，美国学者霍金斯（Hawkins）与平格里（Pingree）在审视“客观真实”到“媒介真实”再到“主观真实”的建构过程中，从认知心理的观点提出了二级涵化模式。社会学习论秉承这样的观点，认为人们有认知和思考的能力，通过个人的观察、体验、思考可以获得某种观念。显然，人们使用媒体观看某一特定行为，可能导致在现实生活中效仿这些行为。运用这个理论模式能够很好地分析电视暴力可能产生什么样的影响。

（三）使用与满足模式

该模式研究的核心观点是人们使用媒介内容是为了满足需求。美国学者卡茨（Robert L. Katz）认为，“具有社会和心理根源的需求引起期望，即大众媒介的期望，它导致媒介披露的不同形式，结果是需求的满足，和其他或许大都是无意的结果”。② 在使用与满足理论中，信息的供应者是大众媒介，而受众则受其个人需要的驱使变成主动的媒介信息处理者。我们可以将使用与满足模式看作一个动机作用系统，只不过心理学中的人类基本需要转化为传播学中的媒介使用需要，而这一需要与对媒介使用活动结果的期待一起，构成媒介使用动机。在这个动机系统中，“问题情境”迫使受众内心产生冲突或“空虚感”，受众需要平息冲突，填补信息空缺，这就是媒介使用需要的体现。美国学者帕姆格林（Philip Palmgreen）与同事在前人的基础上创立了期望价值理论，他强调受众对媒介的认知判断过程。媒介所能提供的功用为受众所认知，同时对这些被认知的功用进行不同程度的主观评测，两者相结合共同决定

---

① 段鹏：《传播效果研究——起源、发展与应用》，中国传媒大学出版社 2008 年版，第 151 页。

② ［英］丹尼斯·麦奎尔等：《大众传播模式论》，祝建华等译，上海译文出版社 2008 年版，第 103 页。

了受众对媒体的使用。[①] 使用与满足理论突出受众的主体意识，首次站在受众的利益角度来考察大众传播过程，在大众传播效果研究历史上产生了重要的影响。

二 行为主义的借鉴意义

20 世纪初，行为主义心理学发端于美国，创始人是美国学者华生（John Broadus Watson）。[②] 按照华生的观点，肌肉收缩和腺体分泌都可以归结为物理和化学变化，因此，心理活动都能够用物理和化学的概念来说明。行为主义按时间顺序先后经过了三个发展阶段：20 世纪 20 年代，以华生等学者为代表的古典行为主义时期；20 世纪 30 年代到 60 年代，以斯金纳（Burrhus Frederic Skinner）等学者为代表的新行为主义理论时期；还有就是 20 世纪 60 年代初，以班杜拉等学者为代表的新的新行为主义，这是针对前一阶段研究表现出来的不足和缺陷进行的补充和替代。

（一）实证研究方法对于传播学研究的推动

行为主义中强调客观的实证研究方法对传播学的影响深刻，甚至可以说，已成为传播研究的主要方法之一。在传播心理学的实证研究模式中，通过实验设计和相关度来研究不同媒介所呈现的客观存在对民众大脑中的相应影响就是一种典型的研究方法。行为主义心理学认为，人的心理是不可知的，所以必须从外显的行为入手来探索看不到、摸不着的心理世界。在行为主义体系中，S（刺激）和 R（反应）的对应是解释一切行为的基础。"S—R"理论将人类复杂行为分解为两个部分：刺激和反应。人的行为是刺激产生的原因，分析人的行为可以预测已知刺激

---

① 段鹏：《传播效果研究——起源、发展与应用》，中国传媒大学出版社 2008 年版，第 69 页。

② 方建移：《传播心理学》，浙江教育出版社 2015 年版，第 33 页。

引起的反应，也可预测引起反应的刺激。[①] 行为主义心理学提出了几个重要的概念，即刺激、强化和操作性条件反射。他们试图通过刺激的不断强化从而达到控制人行为的目的。在具体的研究方法上，行为主义学者倡导条件反射法、客观观察法、测验法和言语报告法，推崇客观实证，摒弃主观内省。行为主义心理学的基本观点和研究方法在当时就已经渗透到很多人文社科学科研究中去了。

（二）S—R 理论在传播效果研究中的运用

20 世纪 20 年代流行于西方传播界的枪弹论就是受到同时代行为主义心理学的影响，它的理论依据来源于经典行为主义的“S—R”理论。“S—R”理论在传播研究中首先体现为传播效果模式，就是把媒介信息作为刺激，受众态度和行为的改变作为反应，也就是对受众行为进行“S—R”理论层面的解释。从这种理论出发的观点认为，人数众多的受众是一群乌合之众，极易受到外界影响。而大众媒体具有强大的影响能力，只要将相关信息像子弹一样射向受众，受众就会像靶子一样应声而落，传播效果可以做到弹无虚发。接受信息的受众将按照媒体的引导思想行事。同时，“S—R”也是一种研究方法，自变量是媒介刺激，因变量是受众反应，通过自变量和因变量之间的因果互动来研究受众行为。心理学的“S—R”学习理论认为，一切人类行为都可以分解成为简单的“S—R”关系来研究。研究中的具体做法就是把媒体信息整体作为刺激，把受众的态度和行为整体作为反应结果来研究，研究重点是实用效果。

（三）观察学习理论在传播规律研究中的影响

行为主义发展到 20 世纪 60 年代初，产生了区别于早期行为主义和新行为主义的新的新行为主义，其代表理论是班杜拉的社会学习理论（观察学习理论）、米契尔（Walter Mischel）的认知社会学习理论等，

---

① 方建移:《传播心理学》，浙江教育出版社 2015 年版，第 33 页。

其中班杜拉的观察学习理论对传播学影响较大。班杜拉认为，学习者通过观察榜样人物的行为及其结果来进行学习。[①] 无论自觉与否，人和环境都会在潜移默化当中被接触者观察、复制、模仿。可以说，所处的整体环境塑造和规范了个人的行为模式。我国古代“孟母三迁”的事例就是体现了某种程度上的观察学习理论。狼孩能够像狼一样吃生肉，像狼一样嚎叫，像狼一样奔跑，可以说就是被狼群哺养的幼儿观察学习的直接反应。观察学习理论在新闻传播研究中的应用包括媒介内容分析和实验研究。因为媒体所传播的内容可以当作示范样板，观察学习理论引发了大量媒体内容分析方面的深入研究。研究中发现，民众的观察学习不仅仅停留在简单模仿的层面，既有直接观察学习，也有抽象观察学习，更有创造型的观察学习。

传播者和受众对信息的选择性决定了他们对信息做出不同的处理，他们的需要是他们获取信息的动力，情绪影响他们对信息的认知与反应，头脑中业已形成的常识是他们认知事物的态度，态度又决定行为。传播者和受众之间存在认知差异和人格差异，存在不同动机和需要。受众对信息产生的不同态度会导致不同的行为结果。

三 认知主义的研究成果

社会认知指的是，“人们对其周围的社会与世界形成与了解的过程，包括对周围的其他人、社会中的各种事件、问题与现象的认识与了解”。[②] 社会认知是社会心理学的重要领域，无论是对于人们的社会情感、社会态度、社会行为还是各种社会关系都发挥着举足轻重的作用。社会认知包括形成初步印象、做出判断和评价、解释三个相互关联、不

① 朱智贤主编：《心理学大词典》，北京师范大学出版社 1989 年版，第 248 页。

② 周晓虹：《社会心理学》，高等教育出版社 2008 年版，第 102 页。

可分割的过程。美国学者施拉姆（Wilbur Schramm）指出，“研究传播学实际是研究人，研究人与人、人与他的团体、组织和社会的关系；研究人如何受影响，如何互相影响；研究人如何报道消息，接受新闻与知识，如何受教与教人，如何消遣与娱人。要了解传播学，应先了解人与人怎样建立关系。而人与人建立关系的基础就是人的心理互动”。① 因此可见，传播活动本身就是人的心理活动。传播是信息的传递共享，而信息的传递共享是建立在双向互动和对信息符号共同理解的基础之上。理解是建立在人们认知基础上的心理反应，这种反应转化为人的态度和行为，最终完成双方的传递共享活动。几乎认知心理学的全部理论对于大众传播中的受众心理研究都是有相当的解释力的。②

认知心理学是西方现代心理学中继行为主义之后产生的又一主导流派。与行为主义比较，认知心理学抛弃了行为主义的一个重要观念，就是认为只有直接观察到的东西才能成为科学研究的对象，认为心理学不仅可以而且应该用客观方法来研究个体内部的心理过程。认知心理学认为，人应该被看成一个信息加工系统，本身已有的认知图式和知识背景对其认知活动有决定作用。认知过程可以看作人在接受、编码、操作、提取和利用知识的过程中，人的大脑对信息的感知、注意、记忆、表象、思维、言语等一系列复杂的心理活动。③ 认知心理学的理论中对传播研究影响显著的主要有勒温（Kurt Lewin）的拓扑心理学和信息加工心理学。在研究方法上，认知心理学主张采取计算机模拟法和抽象分析法。

（一）拓扑心理学对传播研究的影响

在实验心理学中，行为主义占主流，主张把人看成无思想的自动机器。与此相反，在社会心理学中，认知主义观点占主流，主张把人看成

① 沙莲香：《社会心理学》，中国人民大学出版社 2006 年版，第 270 页。
② 刘京林：《大众传播心理学》，北京广播学院出版社 1997 年版，第 45 页。
③ 李维维：《认知心理学发展的研究取向与前景》，《吉林省教育学院学报》2008 年第 9 期。

思维机体。社会心理学家的普遍观点是，“个体在主观上如何塑造他或她在其中行动的框架是他们注意的焦点。而这种倾向深受格式塔心理学，特别是勒温的影响”。[①]

20世纪60年代以后，海德（F. Heider）的认知平衡理论和费斯廷格（Leon Festinger）的认知失调理论被广泛引入传播领域中。一般来说，人们都力求实现认知结构中各种元素的协调统一并达成一致，但是如果由于某些因素导致各种认知元素之间的不协调，这时产生的不舒服感就会迫使人们主动去消除这种不协调。消除认知不协调状态的方法有很多：可以改变不协调的行为去符合自己的态度；也可以改变自己的态度来迎合行为；更可以引进新的认知元素来协调态度与行为的关系。认知一致性理论产生的根源是由于认知因素的不协调，容易导致人心理内部的紧张。改变认知不协调最直接的方法是人态度的改变，也就是说先对人的心理状态施加影响，然后才有可能导致其相应行为的产生。

瑞士学者皮亚杰（Jean Piaget）提出的基模[②]理论是继认知平衡理论之后影响较大的认知心理学理论，是人们在判断力有限、信息掌握不全的环境下，为了迅速做出反应而采取的一种认知策略。例如，如果去参加朋友的郊外野餐，个人会穿休闲装出门；如果去参加正式宴会，个人会西装革履去出席。前一种情景导致个人用郊游的基模来处理着装，而后一种情境使个人更容易用严肃正统的基模来着装打扮。基模能使我们有所选择地感知、注意、理解和记忆媒体传播的信息。基模一旦形成，我们不愿意轻易地修改它。[③] 美国学者李普曼（Walter Lippmann）指出，“对于所有听众来说，完全相同的报道听起来也不会是完全相同的，由于没有完全相同的经验，每个人的领会就略有不同，他会按照自

---

① 叶浩生主编：《西方心理学的历史与体系》，人民教育出版社1998年版，第465页。
② 指的是人的认知行为的基本模式，或者叫心智结构、认知结构或者认知导引结构。
③ 刘海龙：《大众传播理论：范式与流派》，中国人民大学出版社2008年版，第198页。

己的方式去理解它，并掺入他自己的感情”。[①] 由此可知，同一个危机信息进入不同受众的视野时，因为年龄、文化、阅历和地位等方面的差异，受众解读信息也会千差万别，不尽相同。

（二）信息加工理论对传播研究的影响

信息加工理论主要探讨有机体内部的“信息流”。它把人看成一架复杂无比的机器，学者试图探索在这部机器内信息加工的具体情况。信息加工理论强调固有的认知结构和人格结构对当前认知活动的影响。在社会认知中，有两类认知对后续的情感、态度和行为产生了较大影响：一是归因认知，二是归类认知。归因认知是社会认知活动的重要组成部分，是人们对他人的心理和行为进行解释的过程。不同归因会产生不同的情绪、态度和行为，所以归因认知不仅是一种解释和说明，还包含评价的内容。由于归因过程的复杂性，因而归因的结果与实际的情况往往会存在一定的偏差。为了对自己形成良好的感觉，人们倾向于将失败和不好的事件归因于外部环境，将成功和好的事件归因于自己。归类认知是指人们在信息加工过程中会按照不同的标准把外部刺激分门别类地进行归档。从情感的维度来说，那些能够满足个人需求的刺激，将被纳入满足、愉快等积极情感的类属；而那些不能满足个人需求的刺激，则被纳入愤怒、忧伤和失望等消极情感的类属。“这一归类是在刺激引起满意和不满意的体验基础上形成，并已经按照过去产生的情绪归类，新的刺激再归入该档时可以产生同样的体验。”[②] 因此，归类认知对后续认知会产生极大影响，并左右后续情感和行为的产生。在研究方法的创新方面，信息加工理论研究借鉴了实验心理学的传统，吸收了计算机科学的研究成果，形成了一套比较完整的实验、模拟和理论分析三者相结合的研究方法。这些研究

---

① ［美］沃尔特·李普曼：《舆论学》，林珊译，新华出版社 1992 年版，第 134—135 页。

② 孟昭兰：《情绪心理学》，北京大学出版社 2005 年版，第 95 页。

方法具体包括实验法、口述报告法和计算机模拟法等。这些研究方法充分地反映了现代科学在实验基础上高度融合的特点。定性研究与定量研究相结合、宏观研究与微观研究相结合的研究模式，促进了信息加工理论的科学发展。

（三）认知传播学对传播研究的影响

认知传播学方面的研究创新主要是借助认知科学的研究方法和手段对人类运用人脑和心智进行信息加工消化的行为进行综合分析，进而为传播行为的研究提供科学实证的支撑。[①] 认知传播学是一门交叉的跨学科研究，其研究对象主要分为两大方面：一是“认知”，二是“传播”。其中，“认知”是指在认识活动过程中，个体对外界信号接收、检测、转换、编码、储存、提取、重建、概念形成、判断和问题解决所进行的信息加工过程。具体来说，可以将“认知”的过程分为三个阶段：一是“感知”；二是“认识”；三是“表征”。构成“认知”过程的三个阶段构建了一个开环式的循环系统。这一过程正是认知传播研究中所要揭示的“认知”中有“传播”，“传播”中有“认知”的交互联动效应。[②] 具体而言，认知科学的研究就自然科学的角度而言，能够更进一步探索人类本身大脑运作、神经加工的规律，为相关学科的研究提供科学的研究视角；就社会科学的角度而言，能够阐释人类诸多行为表征的潜在规律，于细微处分析人类本能的反应规律。具体到传播学研究方面，它可以对信息传授主体的认知态度以及情感变化等反应进行统计分析，提炼信息传播中的效果产生机制，更为准确地把握受众心理，以便提供更为符合社会需求的媒体产品。

可以这样讲，人是社会的人，为了生存和发展，任何人都必须与别人结成一定的生产关系和社会关系。所以，人与组织之间，人与人之间

---

① 欧阳宏生等：《论认知传播学科的学理构建》，《现代传播》2015 年第 2 期。

② 欧阳宏生等：《意义范式与建构——认知传播学研究的几个关键问题》，《现代传播》2016 年第 9 期。

不可避免地会产生相互影响和相互作用。媒体对社会、对社会中的每一个人都有着巨大的影响。社会越发展，人类越进步，人对于媒介的依赖性就越强。反过来，媒介对人和社会的影响也越大。

第四节　信息解读：受众心理反应的前提

受众心理对行为反应的作用，体现在三个层面，即认知、态度和行为。[①] 在认知层面，受众需要获取信息，然后将获取的信息进行解读，形成认识。在态度层面，由于存在个体差异以及选择性差异，受众对信息会产生个性化的感受。最后是行为层面，对于信息的需求目的是不同的，这种动机差异会导致受众采取不同的态度和行为反应。这些差异是个人在长期认知活动中形成的稳定的心理倾向，表现为对一定信息加工方式的偏爱。[②]

一　信息接收类型的概括

认知心理学的研究表明，人们不会也不可能接收外界的所有信息，而是有所选择地接收一部分信息，忽略另一部分信息。选择性注意正如同过滤器一样对外界输入的信息进行筛选，英国学者布鲁德本特（D. E. Broadbent）因此提出了注意的“过滤器模型”。过滤器的选择不是随机的，只有新奇的、重要的、具有生物意义的刺激以及为人所期待的信息才能通过筛选而受到注意。危机事件的特性导致不同受众的信息接收存在很大的差异。受众的文化程度、社会阅历和生活方式等作为内因对受众信息接收行为的选择会起到决定性作用。由于受众是社会的人，而不

---

① 沙莲香：《社会心理学》，中国人民大学出版社 2006 年版，第 279—280 页。

② 卢毅刚编：《认识、互动与趋同——公众舆论心理解读》，中国社会科学出版社 2013 年版，第 24 页。

是生活在真空中，外因所起的作用也不容忽视。研究危机状态下受众信息接收方式并对其进行合理的分类将有助于我们进一步准确提升媒体舆论引导的能力。受众信息接收行为的外在表现千差万别，不可能逐个加以分析，因此只能大致进行归类研究。本书根据受众的心理特征把信息接收类型分为以下五类。

第一，受众基于固定使用习惯的信息接收。这类受众通常会忠于一种或几种媒体节目品牌，对这些节目十分熟悉和信任，注意力稳定，接收已经形成习惯。受众在信息接收时不假思索，不必经过挑选和比较。这类受众使用媒体进行信息接收速度快，且存在重复接收的情况。

第二，受众基于自身文化素质的信息接收。这类受众会根据自己的经验和文化判别媒体信息，在对内容进行认真的分析、比较和衡量后，做出是否收看的决定。他们一般不愿意接受外人的影响。这类受众中也有一部分人的信息接收行为往往表现得非常自信，有时甚至比较固执。

第三，受众基于好奇等心理需求的信息接收。这类受众容易受到媒体信息等一些外在元素影响，关注其新奇性而忽略其内在。相对而言，这类受众较为关注时尚和潮流的东西，对于一档节目的持久注意力较差。一般而言，不论是何种年龄段的受众都较为喜欢从个人爱好出发寻求媒体使用方式。许多年龄较小受众的信息接收模式就是基于好奇心理，其接收信息不是为了满足自身的信息需求，而是出于扩大视野的需要。他们乐于接触新兴媒体和新媒体节目。

第四，受众基于社会交流需要的信息接收。这种类型是受众信息接收行为中较为特殊的一种。虽然在一般性信息消费行为中也有这样的类型，但远没有像在危机信息接收时需要这样强调。一般的研究还没有注意到这一点或者没对它给予足够的重视。这种类型是根据美国学者马斯洛（Abraham Harold Maslow）的“人的需求层次”理论而来的，即受众接收某种信息是为了进行社会交流，得到群体的认同，是为了在群体中找到一种归属感。这种信息接收类型受环境的影响比较大，信息的再扩散能力很强。

第五，受众基于某种随机性选择的信息接收。这种受众很少固定使用某种媒体或固定收看某种节目。他们对危机信息的接收呈现出一种无目标状态，带有很强的随机性和随意化。这种受众在信息接收过程中对于媒体的更换频率很高，“遥控器”功能在他们的手中利用得比较充分。

例如，2010 年 3 月 28 日 13 时 40 分左右，山西省临汾市王家岭煤矿发生重大透水事故。得到消息后，媒体记者立即奔赴出事地点，第一时间开始现场报道。截止到 4 月 5 日，中央电视台共直播了上百场、总长超过 13 个小时。新浪、搜狐等网站开设专题进行连续图文报道。各大报纸也是连续报道。这场危机事件中，有的受众使用电视媒体，有的使用网络媒体，有的使用纸质媒体进行关注。115 名矿工成功被救，电视直播结束时，有的观众表示，“到 190 多小时，有的还能靠人搀扶走出来，需要多么顽强的毅力”。有的观众表示，“没有想到党中央、国务院对王家岭煤矿救援工作这样高度重视”。有的观众表示，“电视直播里，现场解说员说，有的获救矿工听到周围的掌声，自己也鼓起了掌”。有的观众表示，“看看他们的生活环境，看看他们的工作环境，工人老大哥真伟大，中国工人阶级真伟大”。①

由此可见，每个人面对危机报道中的各种信息时所表现出的信息选择能力、质疑能力、理解能力、评估能力以及思辨能力是不同的。危机事件爆发后，民众期待权威机构及时发布全面、真实的信息，希望新闻媒体及时报道全面、真实的情况，我们只有准确把握受众的需求心理，努力提升新闻的制作水平，才能掌握舆论的主动权与传播的话语权，引

---

① 管喻等:《王家岭大救援——“3・28”透水事故救援现场纪实》，山西人民出版社 2010 年版，第 148—149 页。

导社会舆论的良性发展。

二 解读中的感受与担忧

一般而言，受众解读媒体信息有自己相对固定的模式。随着新兴媒体的普及和受众媒介素养的提高，目前受众对于危机信息的解读出现了明显的变化趋势。现代受众倾向于选择接收那些能够加强自己信念的信息，拒绝接触那些与自己固有观点相抵触的信息。近年来，针对受众群体的细分化，传播模式逐渐从大众传播演变到小众传播，甚至是一对一传播。与此同时，媒体对于危机事件的报道也需要以亲和性、贴近性和人气化的方式呈现，只有这样才能产生良好的社会效应和传播效果。

新闻媒体在危机信息传递中所产生的巨大影响力，是平常新闻工作所不能比拟的。逼真的灾难场景会给予民众“虚拟”的现场体验。但是如果危机事件中的新闻报道超越了合理限度，则会大大加重民众的负面感受。例如，在“汶川地震”事件的海量危机报道中，诸多媒体以其丰富具体的话语符号快速报道震区情况，实现了很好的传播效果。但是与此同时，我们是否应该反思和探讨某些值得注意的倾向，例如：媒体从业人员应不应该在灾后追问受灾群众当时的情形，播报内容震撼的灾难新闻时主播可不可以流泪，哪些危机报道带着明显策划的痕迹并渗透出煽情的意味，面对惊心动魄的受灾场面，用哪种报道方式更能产生好的传播效果，等等。这些问题都值得我们深入研究和探讨。

本书的调查表明，受众对危机报道产生不良感受的原因较多但相对平均。其中，最容易让受众产生不良感受的四个因素分别是“悲剧色彩太浓”“有诱导情绪嫌疑”“报道时间过长”“ 矫情和做作”各占30%左右比例。“没有其他节目调剂”“ 画面太刺激”两项比较之下给受众带来不良感受的比例较小，但也均接近20%。

表1.3 受众对危机报道的不良感受分析 单位：%

悲剧色彩太浓	有诱导情绪嫌疑	报道时间过长，受不了	矫情和做作	没有其他节目调剂	画面太刺激
33.1	29.9	29.7	28.2	19.9	18.9

数据来源：本课题组的抽样调查。

媒体传播技术的发展使得危机事件的现场还原越来越及时和逼真，使得危机传播过程本身充满了风险。危机报道中，民众对于灾难发展和人员命运的关注极易产生“情感共鸣”，而诱发情绪记忆将会使灾难性场景久久不能忘怀。危机报道中难以避免的某些刺激性影像容易使某些承受能力较弱的受众产生“感觉后像”①。围绕危机事件中隐藏的丰富新闻元素，就产生了一些值得探讨的技术问题。如：危机传播中新闻媒体的报道强度多少时间是比较合适的？新闻媒体的舆论引导应该采用哪种方式？新闻媒体对于政府或组织的某种救灾行为应表现到何种程度？危机事件危害性和全面性的报道需要体现到何种程度？

本书的调查表明，大部分受众对我国媒体危机报道中的“力度（时间长度和报道频率）”“情绪化处理”“刺激性把握（画面刺激性）”“倾向性把握”等方面认为是合适的，但也有一定比例的受众认为，我国媒体危机报道在“真实性”和“细节展现”这两个因素上把握不够。被调查者对媒体危机报道中的“真实性”认为“远远不够”和“不够”的比例是61.5%，认为“过分”和“太过分”的是6.5%。被调查者对媒体危机报道中的“细节展现”认为“远远不够”和“不够”的比例是59.5%，认为“过分”和“太过分”的是5.4%。被调查者对媒体危机报道的“力度（时间长度和报道频率）”方面认为“远远不够”和“不够”的比例是46.6%，认为“过分”和“太过分”的是11.6%。被调查者对

① “感觉后像”指在刺激物停止作用于感受器后，感觉现象仍暂留一段时间的现象。

媒体危机报道中的“倾向性把握”认为“远远不够”和“不够”的比例是37.2%，认为“过分”和“太过分”的是25.2%。被调查者对媒体危机报道中的“情绪化处理”认为“远远不够”和“不够”的比例是37.1%，认为“过分”和“太过分”的是22.6%。被调查者对媒体危机报道中的“刺激性把握（画面刺激性）”认为“远远不够”和“不够”的比例是33.5%，认为“过分”和“太过分”的是13.7%。因此，在危机面前如何做到正确分析和理性选择，报道好灾难，便成了媒体从业者面临的重大考验。为了避免受众不良心理反应的出现，媒体从业人员在进行危机报道时必须重视受众的心理变化，避免其传播内容引起太强的情绪记忆。

表1.4　媒体对受众影响的决定性因素总体分析　单位：%

关键弊端	远远不够	不够	合适	过分	太过分
力度（时间长度和报道频率）	12.6	34.0	41.8	10.2	1.4
细节展现	15.8	43.7	35.0	4.9	0.5
情绪化处理	6.4	30.7	40.3	19.1	3.5
真实性把握	19.6	41.9	32.0	5.4	1.1
刺激性把握（画面刺激性）	6.8	26.7	52.7	12.0	1.7
倾向性把握	8.0	29.2	37.6	19.5	5.7

数据来源：本课题组的抽样调查。

新闻信息真正被接收并不是在媒介报道之后，而是在由新闻工作人员、消息来源、受众、社会情境之间共同作用而生成的一系列的媒介框架和受众框架的互动过程中。[①] 受众框架对于新闻报道内容首先是过滤式的选择，对于与框架要求不相容的内容不予选择，而对于其他内容有一个同化或改造的步骤，即与自身框架一致的内容进行吸收与同化，对

---

① 参见臧国仁《新闻媒体与消息来源——媒介框架与真实建构之论述》，台北三民书局1999年版，第113页。

与自身框架不一致的内容进行改造；最终，受众框架对报道产生的意义进行诠释，并影响更深的心理层次与媒介的消费等行为。[①] 也就是说，一则新闻实际上是经过媒介框架和受众框架的互动后，才产生出意义。如果互动不成立的话，也就无法产生意义。

三　心理影响的报道性因素

认知心理在人们的行为活动中起着关键的作用，而它与传播行为是互为因果的关系，交替扮演着对方的角色。受众接触媒介是由于他们预期媒介可以满足某种需要，而媒介也总是力图去了解受众的需要，以便设计或生产符合其需要的新闻信息，从而达到良好的传播效果。媒介要贴近受众，就必须重视并满足受众的要求。媒体从业人员处于信息传播链的上游，是整个传播活动的源头，也是传播内容的制作者。受众处于信息传播链的下游，是整个传播活动的归宿，也是传播内容的消化者。所以，媒体从业人员既可以决定传播活动的发起时间和发起位置，也可以规定传播内容的流量与流速，也就是传播的强度和频率。信息传播的目的在于使受众的态度、行为和情感等方面产生传播者所期望的那种变化。那么，撇开传播中的其他因素不论，危机事件中影响心理的报道性因素是什么呢？

根据表 1.5 中的调查数据可知，女性被调查者在所有调查指标方面受影响程度均大于男性被调查者，尤其在危机报道的“力度（报道的时长和频率）”“细节展示”“情绪化处理”“倾向性把握”四个方面最为明显。这表明，女性受众相对于男性受众更加敏感，其心理更容易受到危机信息的影响。

---

① 参见喻国明《中国大众媒介的传播效果与公信力研究——基础理论、评测方法与实证分析》，经济科学出版社 1999 年版，第 36 页。

从年龄角度分析，在危机报道的“真实性处理”“刺激性把握（画面刺激性）”两方面，被调查者受影响程度基本上是与年龄呈正相关关系。而在“力度（报道的时长和频率）”“细节展示”“情绪化处理”“倾向性把握”几方面，20 岁及以下年龄段被调查者受影响的程度比较高。这表明，受众越年轻越容易受到媒体表现形式的影响，受众年龄越大越关注危机信息的真实性，受众年龄越大越容易受到刺激性影像的影响。

从文化程度角度分析，在危机报道的“情绪化处理”和“倾向性把握”两个方面，被调查者的文化水平与受影响程度决定性成正相关关系。在“力度（报道的时长和频率）”方面，各文化水平被调查者的受影响程度基本一致。这表明，受众的文化水平越高越容易被媒体内容感动，越容易被媒体内容说服。

从职业角度分析，在危机报道的“力度（报道的时长和频率）”“情绪化处理”“倾向性把握”三个方面，各种职业被调查者受影响程度基本一致。在“细节展示”方面，农民和进城务工者受影响程度最高，私营或个体劳动者受影响程度次之。在“真实性处理”方面，农民和进城务工者受影响程度最高，工人、商业服务人员受影响程度次之。这表明，低收入人群对于我国媒体危机报道的信息真实程度最为认可，也对危机报道中的细节画面最为关注。

表 1.5　媒体对受众心理影响的报道性因素分类分析

			A	B	C	D	E	F
性别	男	均值	2.49	2.26	2.76	2.26	2.71	2.84
	女	均值	2.61	2.38	2.91	2.27	2.81	2.88
年龄	20 岁及以下	均值	2.58	2.36	2.85	2.17	2.75	2.87
	21—30 岁	均值	2.53	2.21	2.77	2.23	2.74	2.82
	31—40 岁	均值	2.52	2.33	2.86	2.27	2.75	2.86
	41—50 岁	均值	2.54	2.42	2.87	2.35	2.78	2.86
	51 岁及以上	均值	2.59	2.57	2.96	2.59	2.82	3.08

续表

			A	B	C	D	E	F
文化程度	初中及以下	均值	2.49	2.48	2.72	2.41	2.83	2.70
	高中	均值	2.59	2.44	2.76	2.38	2.82	2.82
	大专、本科	均值	2.52	2.20	2.87	2.17	2.70	2.88
	硕士及以上	均值	2.52	2.24	2.96	2.21	2.74	3.16
职业	干部及领导	均值	2.56	2.28	2.81	2.31	2.78	2.89
	私营或个体劳动者	均值	2.46	2.35	2.69	2.21	2.80	2.71
	技术人员及一般职员	均值	2.52	2.24	2.82	2.19	2.72	2.87
	工人、商业服务人员	均值	2.59	2.32	2.85	2.47	2.72	2.94
	农民、进城务工者	均值	2.55	2.47	2.83	2.48	2.88	2.80
	学生及其他	均值	2.58	2.29	2.92	2.19	2.69	2.92

注：调查表中的符号代表 A：时间长度和报道频率，B：细节展现，C：情绪化处理，D：真实性处理，E：刺激性把握（画面刺激性），F：倾向性把握。

数据来源：本课题组的抽样调查。

媒体依靠声音、图像和文字等符号提供一种非直感化现实，把受众置于一种非直接现实的意象环境中。危机传播中的各种媒体如果仅仅提供失去控制和无组织的信息，在现代社会中就不再构成一种资源，反而会成为危机处理者的敌人。媒体生产的内容和产生的影响是否积极，关键在于传播手段与什么样的传播理念相结合，以及对它的实践是盲目的还是自觉的。因此，危机状态下媒体传播可能带来的社会心理影响，应当说是媒体从业人员需要主动自觉地加以关注的。

第二章　革故鼎新：传媒现实的必然抉择

人类历史上各个时期的各种社会形态从一定意义上说都是一种风险社会。[①] 新兴媒体的崛起打破了危机事件存在的常规，将其置于全球化背景之下，并且使其在时空上得到了极大的拓展。这种情况导致媒体既可能是危机事件的“着火点”，也可能是危机处理的“灭火器”。

第一节　追根溯源：传统意义的机制根基

各种媒体是政府与民众之间的纽带，在向民众和决策部门提供真实信息，稳定民众情绪，获取舆论支持，监督危机管理和减轻危机危害等方面起到十分重要的作用。媒体的互动和民主给组织带来了更多的危机风险，而随之产生的“立即对话”与“平等交流”，使得它又成为双向对等沟通的重要工具，也给危机的预防和解决带来更多的机会。从历史的角度看，政府借助媒体影响成功化解危机的案例不胜枚举，而政府利用媒体导致危机公关失败的故事也不在少数。

---

① ［德］乌尔里希·贝克：《风险社会》，何博闻译，译林出版社2004年版，第26页。

一　危机报道的历史回顾

媒介可以影响民众对现实、当前公共问题及其重要性的认识。[①] 各种媒体在危机事件中的表现，在很大程度上能够影响危机的演变。在我国危机管理体系中，政府是危机传播中的主角。从历史的角度分析，我国危机报道的水平已经发生了巨大而深刻的变化。从中华人民共和国成立之初的严格控制到“文化大革命”时期的畸形错位，一直到现在的及时报道，可以说危机报道的理念和水平在探索与创新中不断进步和提高。

（一）中华人民共和国成立之初的管控型报道

中华人民共和国成立初期，我国对危机事件的报道采取的是严格控制的政策，对于危机信息的发布也是进行严格审查。这个方面最早的相关规定是1950年4月2日中央人民政府新闻总署给各地新闻机关的指示。这个指示要求“各地对救灾工作的报道，现应即转入救灾成绩与经验方面，一般不要再着重报道灾情”。[②] 经过了“反右”扩大化和“大跃进”运动等一系列事件，受“左倾”路线的影响，我国媒体的危机报道强调正面报道和宣传，有些危机事件采取了淡化处理的手法，有些危机报道则采取了典型宣传的方式。例如，以1960年出现的某地民工集体食物中毒事件为报道对象所写就的新闻作品《为了六十一个阶级弟兄》，就是以“一方有难，全国支援”的新闻主题进行报道和宣传的。该事件的真实原因是民工张德才进行投毒报复，在集体食堂投放砒霜，则很少被报道。[③] 从中我们可以看到，基于当时的条件和背景，我国媒体机械强调媒体的

---

① ［美］梅尔文·L. 德弗勒等：《大众传播通论》，颜建军等译，华夏出版社1989年版，第328页。

② 宋雯：《灾难新闻·知情权与舆论监督》，《新闻知识》2000年第11期。

③ 邸敬存：《一篇老通讯的历史局限及当代借鉴——〈为了六十一个阶级弟兄〉浅析》，《采写编》2011年第1期。

正面舆论导向作用，使得受众难以及时获得危机事件全面而客观的信息。由于强调新闻的宣传价值，在报道方法上，一般是在危机事件有了定论之后才做报道，比较不注重新闻时效，缓报成为主流[①]。

（二）“文化大革命”时期的隐晦型报道

“文化大革命”时期，在我国当代新闻史上是一段畸形发展的历史。由于受“左”的思想路线的影响，危机报道主要关注的是政治宣传效果，而对于危机事件的实际损失则较少涉及。新闻事实的选择和报道脱离了真实性的原则，完全依赖于某些个人意志所做出的决定。“文化大革命”期间，危机事件的报道工作更是存在严重的不当和错位现象，最典型的案例就是对于1976年唐山大地震的报道。该危机事件发生后，当时的报纸关于灾情只有一句话：“震中地区遭到不同程度的损失。”[②]《人民日报》的通稿中重点反映了党和政府抢险救灾和普通群众互助自救的情况，对于相关的物质损失和人员伤亡情况则基本没有涉及。电视新闻片已经编好了也不让播发。[③]“文化大革命”期间，我国危机报道的模式是基本不去报道危机事件的实际情况、危机发生的原因以及造成的人员和财产损失，主要篇幅都是用来报道危机事件发生后组织或个人的英勇抢救行为。很多报道的段落、句子都是大同小异的。“假、大、空”的操作方式可以说是该时期危机报道的一个显著标志。

（三）改革初期的渐进型报道

改革开放以后，我们逐渐认识到媒体在社会生活中正在发挥越来越明显的作用。政治的和谐、经济的繁荣、文化的整合，无一不依赖媒体的力量，我们无法忽视媒体的巨大影响力。危机报道只有牢牢把握正确的方向与高超的技巧，才有可能让媒体真正为社会、为受众服务。1987

---

① 田中初：《新闻实践与政治控制》，山东人民出版社2005年版，第87页。

② 田中初：《新闻实践与政治控制》，山东人民出版社2005年版，第146页。

③ 孙玉胜：《十年：从改变电视的语态开始》，生活·读书·新知三联书店2003年版，第306页。

年7月，中央宣传部、中央对外宣传小组、新华社在《关于改进新闻报道若干问题的意见》中的第五条规定："重大自然灾害（如地震、水灾等）和灾难性事故，应及时作报道。""突发事件凡外电可能报道或可能在群众中广为流传的，应及时作公开报道，并力争赶在外电、外台之前。"1989年1月，国务院办公厅、中宣部在《关于改进突发事件报道工作的通知》中指出，"为了争取新闻报道的时效，对于不同性质确定在不同范围公开报道的突发事件，可分阶段发稿。新闻发布单位获得中央或地方有关部门提供的确切消息或记者自行采访到确切消息后，应尽快发出快讯，先对最基本的事实实施客观、简明、准确的报道，然后再视情况的发展发出后续报道"①。1994年8月，中共中央办公厅、国务院办公厅在《关于国内突发事件对外报道工作的通知》中指出，"突发事件的对外报道，要充分考虑事件的复杂性、敏感性和报道后可能产生的影响，报道要有利于我国的改革、发展和稳定，有利于维护我国的国际形象。报道必须真实准确，争取时效，把握时机，注重效果"。2006年1月，《国家突发公共事件总体应急预案》中规定，"突发公共事件的信息发布应当及时、准确、客观、全面。事件发生的第一时间要向社会发布简要信息，随后发布初步核实情况、政府应对措施和民众防范措施等，并根据事件处置情况做好后续发布工作。信息发布形式主要包括授权发布、散发新闻稿、组织报道、接受记者采访、举行新闻发布会等"。这一时期，我国政府开始致力于建立透明的信息披露机制，建立一种信息披露透明化的公正机制，创造一种让新闻媒体公正介入危机事件的秩序，保持适度的新闻自由度，满足民众的知情权，让民众了解事件真相，完善社会的自我修复机制。这一时期的危机报道，力求在新闻传播与舆论宣传方面形成一个相对平衡的状态，基本做到了"实情实报"。

---

① 赵俊峰：《新中国灾难新闻报道的变迁》，《中华新闻报》2006年2月22日。

（四）网络时代的正常型报道

技术的发展使得网络媒体带着强大的竞争力走进人们的世界，并且在危机传播中显示出得天独厚的优势。无论是传统媒体的网络版还是综合商业网站都在危机报道中做出了成绩，收获了流量，并且倒逼传统媒体做出相应的改革。例如，针对网络信息，中央电视台会依托各地记者第一时间核实消息，保证第一时间发布的信息准确可靠，确立了中央电视台的公信力。在新华社梳理发布的2014年具有全球影响的117件新闻大事中，中央电视台记者直接参与报道了114件，国际事件到达率连续两年保持在97%的高位。今天，中国网络媒体在危机传播中的地位已经获得了受众的认可。从近年发展看，网络媒体在危机报道中占据了越来越重要的地位。由于危机事件的报道会带来更大的关注度和影响力，从而提高点击率，所以各种新闻网站都十分注意对危机报道的研究和实践。例如，美国哥伦比亚航天飞机坠毁事件中，搜狐网领先竞争对手早报道几十分钟，可见其反应速度之快。目前来看，新媒体种类很多，主要有门户网站、虚拟社区、博客、微博、微信、移动客户端等。应该说，网络时代的危机报道已经走向正常化，受众通常会在利用网络或手机媒体浏览了危机事件的基本信息后，转向电视、报纸等权威性和专业性较高的媒体获取更为深入与全面的信息。例如，中央电视台新闻频道所有的重大国内、国际新闻均为微博首发，在时效性上领先于其他媒体。央视新闻频道微信在首发新闻方面更是有先天优势，每天拥有3条推送额度：每天上午8点和下午6点，各推送一组当天热点新闻的图文视频集纳，还有一条推送指标被用于危机事件。本书的调查表明，危机传播中权威电视媒体依然占据优势地位。民众凭借电视画面的现场感去判断事实的认知愿望可以获得满足，所以其信任感和参与感会油然而生①。

---

① 参见叶子《现代电视新闻学》，北京广播学院出版社1997年版，第259页。

表 2.1　危机事件中受众最喜欢或最常使用的媒体分析　单位：%

电视	广播	网络	报刊	手机	其他
40.14	6.97	39.90	3.85	8.65	0.48

数据来源：本课题组的抽样调查。

二　传统媒体的内容符号

传统媒体使用的符号体系对受众的价值观和世界观具有无形却有效的培育作用。民众每天接触媒体的“拟态现实”，媒体中使用的符号构成其认定的“现实镜像”，媒体中的内容也通过议程设置成为民众生活中的重要话题。各种媒体依靠声音、图像和文字等符号提供一种非直感化现实，并带有或隐或显的观点和倾向。媒体已成为人社会化的最基本和共同的来源，成了千差万别的人每日信息的最基本和共同的来源。[①]对于我国传统媒体而言，其传播的内容主要包括以下几个方面。

（一）传播信息与知识

信息就是指，“在人们需要进行决策之际，影响他们可能的行为选择之概率的物质—能量的型式”[②]。任何信息的表象都是形状、颜色、温度、声音、质量、气味等，没有传播人们就无法获得这些表象属性，对信息的了解就具有不确定性。获得信息，产生刺激，影响行为，这种“刺激—反应”模式可以帮助个体做出正确的决策。危机传播中的信息能减少民众心理的不确定性，并左右人们行为的决策。从符号学角度来说，传播符号主导着人们的认识论，相对于师法自然、参悟天地的先哲来说，人们是在自己用一套后天习得的媒体符号体系跟别人对话。受众通过媒体除了可以获得新闻信息外，也可以获取发展所需的知识和技能。媒体符号的生产规则“像是一种隐喻，用一种隐蔽但有力的暗示

---

① 石长顺：《电视传播学》，华中理工大学出版社 2000 年版，第 297—299 页。

② 郭庆光：《传播学教程》，中国人民大学出版社 1999 年版，第 251 页。

来定义现实世界。这种“媒介—隐喻”的关系帮助我们将这个世界进行分类、排序、构建、放大、缩小、着色，并且证明一切存在的理由”。[①]从技术上看，媒体传播提供了视听能力的延伸，使人类的所见超越了肉眼的局限，是媒体把我们和地球其他地方的人、事、物拉到一起，并用有形或无形的框架决定了我们的关注方向和了解重点。

（二）灌输思想与观念

随着媒体技术的进步和社会的发展，它成为影响思维和价值观的共同媒体文化[②]。传播活动已经成为现代化社会的一种特征，它正在深入我们社会生活的每一个角落，深刻地影响人们的思想和观念。现代传播媒介的普及，必然影响到人的本身，影响人的社会生活和人与人、人与社会之间的关系，甚至导致一系列的社会心理反应。在传播过程中，传播者和“把关人”都是在努力传播符合自己价值观和立场的内容。无论是哪个社会阶层的人都需要依赖媒体这个平台发出自己的声音并诠释自己的理念，以期获得相应的群体认可和社会认同。每一件工具里都隐藏了一个意识形态上的偏倚和独特的价值观、世界观，它会引导人们去“片面”地使用自己的机能、感官和情操。换句话说，所有技术都不是中立的。[③] 例如，从海湾战争、中美撞机到“9·11”事件的报道，美国各种媒体所采用的大体都是爱国主义的叙述视角，激发和传扬民族主义观念。美国媒体有意识制造的这些舆论热潮，转移了国内民众审视现实灾难与国家政策之间的内在联系。

（三）影响情绪与态度

“社会情绪”是指一段时间内弥散在整个社会或社会群体、社会类

① ［美］尼尔·波兹曼：《娱乐至死》，章艳译，广西师范大学出版社 2004 年版，第 12 页。

② ［美］托马斯·L. 麦克费尔：《全球传播——理论、利益相关者和趋势》，张丽萍译，中国传媒大学出版社 2016 年版，第 22 页。

③ ［美］尼尔·波兹曼：《技术垄断：文化向技术投降》，何道宽译，广西师范大学出版社 2004 年版，第 13 页。

别中的宏观社会心境状态，是整个社会的情绪基调、社会共识和社会价值的综合。[①] 社会情绪广泛地影响着群体的认知态度行为等各个层次，从心理学的角度看，社会情绪不是个体心态的简单相加与汇总，它作为一种弥散在社会群体中的宏观社会心境，是一种典型的群体心态。在媒介社会里，政治、经济和文化都需要在屏幕上构建自己的镜像。作为传播活动中必然产生的情绪与态度变化则会在潜移默化中对受众产生某种潜在的影响。各种媒体节目所承载的内容无不是希望通过自己的传播对受众施加或喜或悲、或怒或怨的情绪影响，并进而引发对受众社会态度和行为模式的影响。情绪是一种客观存在，随着环境的变化和刺激的不同而变化。不同的刺激会带来不同的反应，产生不同的情绪。[②] 情绪影响的是正面还是负面取决于传播理念的高低和表达形式的优劣，这对媒体从业人员的影像制作能力和传播艺术造诣提出了很高的要求。

（四）提供娱乐与审美

在媒体发展过程中，节目内容必须坚持平民立场，“以普通民众的人性诉求、以大众文化涉足实践和日常生活经验为基本叙事对象，尊重大众的趣味爱好和文化权力”，[③] 以民众需要作为节目定位、策划、制作、播出全过程的出发点和归宿。我国媒体传播出去的信息都是经过“把关人”取舍的“再现”的真实世界的一部分。总体而言，对“把关”影响最大的主要有三个定位角度，即传播对象定位、专业角色定位和社会角色定位。三个定位角度决定“把关人”如何对内容进行宏观和微观层面的控制。市场经济的繁荣使得媒体能够通过提供娱乐性的节目内容，帮助受众放松心情、缓解压力，以获取自己的市场份额。当然，媒体也可以通过高水平的节目寓教于乐，附带实现受众审美水平的

---

① 杨宜音：《个体与宏观社会的心理关系：社会心态概念的界定》，《社会学研究》2006 年第 4 期。

② 金应忠：《国家对外行为：公众情绪的作用》，《上海社会科学院学术季刊》2000 年第 4 期。

③ 孙长军：《电视文化的平民主义精神》，《中国电视》2003 年第 8 期。

提升。当然，如果某些受众过度沉浸于媒体所提供的浅层信息和通俗娱乐中，也容易丧失积极的社会行动力，而迷失于消极的享乐氛围中。例如，传统媒体中的电视就依赖于其声画结合的优势经常制作娱乐和审美节目："音乐节目""综艺节目""戏曲节目"到"真人秀节目"等，种类繁多，不断创新。娱乐性节目可以使受众在繁重的社会工作完成后获得轻松和愉悦，审美类节目可以使受众在单调的生活学习过程中得到熏陶和享受。危机事件中的媒体如果能准确把握民众心理变化的脉搏，了解民众的特殊心理需求，用有效的手段疏导民众情绪，无疑将对维护社会情绪的稳定做出巨大贡献。

三　隐含的意识形态因素

新技术与旧技术之间的竞争不仅是工具之间的竞争，更是不同技术世界观之间的竞争。这种竞争实际上是对时间、注意力、金钱和威望的争夺，是意识形态竞争特有的隐而不显的异常激烈的竞争。[①] 这种竞争可以分为两个层次来谈：第一个层次是媒体传播的信息内容所隐含的意识形态；第二个层次是媒体传播的信息内容所能发生的现实影响。人们平时所讲的媒体话语权争夺，实际上反映的是媒体传播信息内容所隐含的价值观以及所起的现实影响。媒体所传播内容中隐含的意识形态产生的原因主要体现在以下几个方面。

（一）强制作用的法规因素

目前来说，各个国家都有对于传播方面的法律法规约束，并且形成了比较完整的体系，力图从媒体信息的编码角度、制作手法到播出结构，都产生出有利于自身的设置引导议程的潜在空间。从国际范围来

① 吴晓恩：《逃离电子文化的陷阱——尼尔·波兹曼媒介学思想研究》，北京大学出版社 2015 年版，第 177 页。

看，各种媒体在报道危机事件时必然居于本国立场，否则无法引起本国观众的收视兴趣，甚至不能引发反感。例如，英国通过由政府来任命BBC管理层理事会，来对BBC施加全方位的影响。而在科索沃战争中，以美国为首的北约联军则通过制定和实施相关规定严格规范各个媒体从业人员的新闻报道活动，努力形成有利于自己的舆论氛围。可以说，脱离法规因素讨论传媒的创新无异于望梅止渴，缘木求鱼，这在全世界都是如此。

（二）隐匿作用的政治因素

媒体不仅是某一组织的“话筒”、权力的工具，甚至它本身就是意识形态，直接履行意识形态的社会控制职能①。政治因素对于媒体的影响或者是直接的或者是间接的，但是作用的形式都是隐性和含蓄的。在西方国家的媒体实践中，各种政治势力都在努力通过媒体这一中介平台发挥其社会影响力和体现其社会存在度。有学者认为，“美国的政治与电视现在已经纠结得难解难分，谈政治离不开电视，谈电视离不开谈政治”。② 例如，美国的罗斯福总统就经常能准确地把握记者的需要，恰到好处地掌握抛出新闻的时机；巧妙地把记者引入政府活动的中心，让他们以最有利于他和他的政府的方式来解释和报道政治事件。③ 其操纵新闻界的手段也俨然后来者的学习榜样。媒介社会里，政府的生存和发展取决于其抵抗风险、化解危机的能力。因此，如何处理好与媒体之间的关系及如何维护自身的形象是政府在危机管理中非常重要的一环。

（三）交叉作用的社会因素

各个国家都存在不同诉求的相关组织，例如宗教领域、工会方面、

---

① 参见田中初《新闻实践与政治控制》，山东人民出版社2005年版，第11页。

② ［美］西奥多·怀特：《美国的自我探索——总统的诞生》，中国对外翻译出版公司1985年版，第191页。

③ 苏虹：《互动：操纵的传媒与传媒的操纵——浅析新闻媒介与美国政治之间的相互影响》，《南京政治学院学报》2000年第4期。

女权组织等，这些组织都在努力通过各种途径和方法，希望对媒体施加影响并争夺“话语权”。法国学者布尔迪厄指出，“被美国人称为AGENDA（议事日程）的东西，越来越受电视的左右。因为，一个事件、一场论战，必须依靠电视传媒的报道，才会成为政府的议题”。[①] 在当前这样一个传媒影响力至关重要的社会中，传媒所有权已经成为各种组织觊觎的目标和角逐的中心。目前来看，在弥漫全球的通讯—传媒—互联网的兼并浪潮中，媒体的公共服务特性正在不断地削弱，取而代之的是媒体在利益驱动下蜕变为追逐利润的隐性生产线。

（四）隐性作用的文化因素

文化因素是话语控制的一个复杂因素，它包括宗教观念、道德、伦理、审美及风俗习惯等。人类走向全球化的同时必须构建关于全球的文化共识。但是，文化扩张已成为新时期西方强国征服世界的主要途径之一，它们鼓吹“西方文明中心论”，通过媒体传播输出西方的思想文化和价值观念。有学者认为，“电视传播和其他大众传播活动一样，不仅以信息的视听符号化传播作为文化传播的载体，同时也通过对信息所承载的文化的传递，影响和改变着现有的社会文化格局”。[②] 媒体不仅是社会文化的承载者和传播者，也是文化格局的深刻影响者，而且这两者是循环互动的。由于现代传播的接收往往是在群体情境中进行的，它把受众聚集成一个“受传者群体”，因此在传播过程中极易引起暗示、模仿、从众和认同等社会心理效应，接收或者拒绝某种文化并产生盲从的文化消费“群体行为”，潜藏下文化认同的种子。

（五）显性作用的专业因素

这里所谓专业因素，是指媒体用自己的一套意识形态标准来进行话语控制，比如新闻传播观念、价值理念等。所以在对待阿富汗战争和伊

---

① ［法］皮埃尔·布尔迪厄：《关于电视》，许钧译，辽宁教育出版社2000年版，第58页。
② 陆晔：《电视时代——中国电视新闻传播》，复旦大学出版社1997年版，第182页。

拉克战争问题上，半岛电视台和西方电视台就表现出完全不同的报道方式。科索沃战争中，中国驻南使馆遭到以美国为首的北约野蛮轰炸。《纽约时报》《华盛顿邮报》、ABC、CBS 等四家传媒，从 1999 年 5 月 8 日至 20 日这 12 天中的报道各自仅有 10 篇左右。而美国驻肯尼亚和坦桑尼亚使馆被炸后，美国媒体对这两起事件进行了十个多月不间断的报道。2003 年，美国政府被揭露通过五角大楼所属的“林肯小组”要求伊拉克媒体对美国进行正面报道，策划伊拉克当地媒体讲述美国正面故事。① 可见，真正意义上的新闻自由是做不到的。“新闻专业主义”概念本出自资产阶级新闻学，但因其包含了新闻工作的共同价值观而被世界各国新闻界广泛接受，其客观性独立性的核心理念亦成为当前中国新闻从业者所致力追求的新闻信仰。但是需要指出的是，国家分配资源并代理管理社会，完全脱离国情的新闻专业主义是缺乏社会现实基础的。全世界都是如此。

中国媒体的飞速发展历史使之与社会有十分紧密的联系，而这种联系越紧密，这种媒体话语权的声音也就越大，对社会的政治经济进步以及国家的和谐发展进程也会起到更大的作用。无论是处于何种媒体岗位，重要的是深刻理解媒体给人们的社会生活带来了怎样的变革。理解深刻了，才能自觉地改进具体的工作，主动适应中国社会进步的要求。

第二节　知情诉求：现代受众的权利使然

危机事件中，我国媒体要想真正起到“以正确的舆论引导人”的作用，就必须非常重视对受众特别是受众社会心理的研究。媒体传播行为，本质上是将信息传递给受众并得到“认同”② 的过程。受众的文化水平、受众的接受心理、受众的使用习惯等要素一起构建起新闻传播的互动基

---

① 龚铁鹰编：《美国政府如何与新闻媒体打交道》，五洲传播出版社 2010 年版，第 100 页。

② 指个体向比自己地位或成就高的人的认同，以消除个体在现实生活中因无法获得成功或满足时，而产生的挫折所带来的焦虑。

础。研究受众的心理并满足受众的知情权，才有可能培育起受众对新闻传播媒体的信任与认可，中国媒体的公信力和影响力才能得以树立。

一　受众的信息接受心理

19 世纪 50 年代，美国学者马斯洛提出了著名的“人的需求层次理论”。按照马斯洛的学说，社会环境中出现重大危机时，民众的最基本的需求应该是生理需求和安全需求两个较低层次的需求。普通民众一般更喜欢一个安全、稳定和可依赖的世界，其他一切需求都不如安全需要重要。[①] 这两个层面需求的满足，在很大层面上有赖于新闻媒体的报道和“塑造”。危机报道中的受众既有可能是危机事件中的受害者，也有可能是危机事件的利益相关者。没有关联性的旁观群体，受到危机报道的影响也是肯定的，只是相对于前两者程度不同而已。民众由于和危机事件的关联情况和程度不同，可以被分成不同的群体。

表 2.2　民众与危机事件的相关性分析

民众与危机事件的关系	关心的问题
身处危机事件之中的受众，是危机传播最核心的“目标受众”	密切关注危机的发展动向和政府对危机的控制能力，关注自己及家人的人身安全和财产安全
处于危机事件之外的边缘民众，是危机传播的“非目标受众”	关注自己及家人的人身安全、财产安全、正常的生活是否会被打乱、危机的发展及处理的情况
危机现场参与危机处理的各类工作人员	关注自己的人身安全、救灾物资的供应、危机管理政策的变动
没有参与现场处理的相关人员	关注对现场工作的建议、对受害者行动的建议、物资供给情况
各级相关责任领导	关注物资供应情况、事故责任认定、现场指挥和开展救助的情况、表达关注的机会、危机事件对内政外交的影响

美国马里兰大学研究中心的调查表明，受众特别关注“惊人的消

---

① ［美］亚伯拉罕·哈罗德·马斯洛：《动机与人格》，许金声等译，华夏出版社 1987 年版，第 44—47 页。

息的真实性及其潜在的影响性和危害性”，以及“与人类自身‘利害攸关’的新闻”。[①] 南京大学对全国五大城市所做的“非典”调查报告也表明，对“非典”情况表示“非常关心”和“比较关心”的比例分别为40.8%与47.2%，两者合计高达88%。[②] 危机事件的发生发展往往直接影响到受众的自身利益，所以信息的获取和解读对于受众有着非常重要的影响，不仅可以作为受众行动和决策的根据，也是平复受众不安定心理的重要因素。

受众的信息接受心理从不同影响层面可以简单划分为微观接受心理、中观接受心理和宏观接受心理。受众中观和宏观接受心理发生作用的基础是在微观层面上对新闻媒体所传播的内容进行筛选和过滤后实现的。

首先是微观接受心理。受众对新闻媒体传播内容的接收受到包括兴趣、动机、偏好以及环境等相关要素的制约。由于这些心理要素处于受众心理结构的外围，最容易和具象的危机信息发生作用，所以其激发大多具有“无意注意”[③] 的心理特征。例如，现代受众对读图具有天生的好感，对影像信息具有自然的优势关注力。因为这可以满足受众“百闻不如一见”的心理欲求。[④]

其次是中观接受心理。受众对新闻传播内容“求真”“求知”“求美”的心理需求是中观接受心理的三个心理层面。“求真”的接受心理本质上就表现为受众在心理上将真实的现实作为参照物，认可或屏蔽媒体信息的心理过程。“求知”的接受心理是受众的基本“需要”。需要

---

① 虞达文:《新闻心理学》，新华出版社2001年版，第208页。

② 南京大学社会学系“非典”舆情调查组:《危机让我们走向成熟——来自全国五大城市第二次非典的调查报告》，http://news.sina.com.cn/c/2003-06-01/19521123697.shtml，2003年6月1日。

③ 又称不随意注意，是没有预定目的、不需要意志努力、不由自主地对一定事物所产生的注意。

④ 参见黄匡宇《电视新闻语言学》，中国广播电视出版社2000年版，第241页。

是人的生存本能，是自我实现的人本心理的社会化形态。“求美”的接受心理则是指受众“真”与“知”的满足后，往往伴随着的是追求身心愉悦，即建立情感形式与情感内容完美统一的一种境界。总体上，三者是紧密联系在一起的。

最后是宏观接受心理。受众对媒体内容的宏观接受心理是指受众接受和认同媒体信息，并且接收其对自身世界观、价值观等影响的心理过程。媒体作为一种精神消费，总是寻求从受众接受心理出发，实现某种程度上的人本心理及其在变化中的满足。人本心理存在于人的内心世界，具有很大的稳定性和很强的普遍性，它总是尝试冲破环境限制自由地表达自己。因此，人本心理的作用范围是无处不在的、根深蒂固的。受众是媒体信息传播效果的“显示器”，受众的接受心理与传播效果之间有着密不可分的关系。现代社会的危机传播规律研究必须充分重视心理因素，也只有如此，才能够做到对受众不光有信息的告知还有价值观的影响。

二　危机状态下的社会心理

危机事件的频繁发生，从政治、经济、文化等多方面影响着现代人类社会，这些风险问题往往以突发的形式爆发，不仅直接致使人员伤亡和物质财产损失，而且对人们造成心理冲击。每次危机事件爆发时，最直接的受害者只局限于事件现场，但由此所产生的人群心理恐慌远远超出这个范围。这种因心理恐慌而导致的负面效应是全方位的，不但会造成社会、国家动荡不安，人人自危，妨碍正常工作与生活秩序，严重时甚至会造成政府更迭。[①]

（一）危机事件导致的心理冲击影响面广

传统意义上的安全威胁具有明显的针对性和稳定性。举例来说，若

① 中国现代国际关系研究所：《国际战略与安全形势评估2002/2003》，时事出版社2003年版，第75页。

某个国家或地区存在传统的军事或政治威胁，一般不是突如其来的。在面对许多非传统安全威胁的今天，人们无法精准判断威胁会来自哪里，什么时间，什么形式，什么目标，这种“无力感”会导致防御一方的政府和民众都心力交瘁。而民众在这种状态下更是艰难，长时间保持警觉以应对随时可能突发的各种安全问题，很可能导致心理出现异常，在医学上，人们经常用“创伤后应激障碍”（PTSD）来描述危机事件后出现的一些典型反应。PTSD 是一种由非同寻常的威胁性或灾难性事件所引发的强烈的恐惧感、无助或厌恶等严重的特定心理反应。[①] 这种心理反应至少会持续一个月，其特征为创伤或灾难性事件后长期存在的焦虑反应，主要症状表现为持续的警觉性增高症状群、反复发生的闯入性再体验症状群、反应性麻木症状群，也可引起明显的职业、心理和社会功能残疾，从而对个体的社会功能、家庭生活和身心健康造成长期的破坏性影响。[②] 在目前可见的调查报告中，与传统安全威胁下的群体心理相比，遭受非传统安全威胁的人群中 PTSD 患者人数远多于前者。如 2008 年 8 月，北川教育体育局通过在地震灾区学校进行的师生心理调查发现，80% 以上的教师有心理伤痛，24% 的学生有 PTSD 症状，27% 的教师有 PTSD 症状。[③] 可以讲，危机事件带给人们的心理创伤程度要远远大于我们传统、常规的认知。

（二）危机事件形成的心理冲击影响时间长

危机事件带给民众的心理冲击是隐性的，一方面是受到心理冲击的人群很难确定，另一方面是威胁引发的心理症状复杂繁多。危机事件中受到心理伤害的人群，基本可以划分为“直接伤害群体”和“继发性

---

① ［美］劳伦·B. 阿洛伊等：《变态心理学》，汤震宇等译，上海社会科学院出版社 2005 年版，第 66 页。

② 刘兴华等：《心理障碍临床手册》，中国轻工业出版社 2004 年版，第 97 页。

③ 吉文昌等：《“5·12”汶川特大地震灾后师生心理援助应急机制研究》，教育科学出版社 2011 年版，第 10 页。

创伤群体”。直接伤害群体是指处在事发地的人群，他们亲身经历了整个威胁性或灾难性事件，并能感到自己遭到了心理重创。对于这一类，传统安全与非传统安全威胁基本相同，可以做到清晰的界定。至于继发性创伤群体，在传统安全威胁中一般只包括身在外地但有丧失性的群体[①]，但数量在危机事件中很难确定。目前情况来分析，危机事件中属继发性创伤的群体，不仅数目大，而且种类也很多。一般可以分为三类。第一类是在危机事件中丧生者的亲友。在“9·11”事件中，被恐怖分子劫持的4架民航飞机上有300余名乘客。他们中间的部分人在飞机撞向世贸大楼之前与家人或挚友进行了最后通话。那些接到离别电话的人及身边的人被恐怖、惊吓的心理控制，一段时间后多数不同程度地显现出PTSD症状，尤其是经常能够幻听到电话铃响。第二类是危机事件中易受感染群体。在危机事件中出于传播、救援和善后处理的需要，媒体开始不断地传播各种各样的信息，恐怖和悲观气氛逐渐弥漫开来，部分易受感染的个体就会被铺天盖地的负面信息威慑，觉得威胁无处不在，表现为过度担忧和过度悲观。第三类是在危机事件中参与救援的群体。一般情况下，他们先是表现得比周围人更加冷静并努力参与援助，由于所做工作深入危机事件的爆发地，所以其心理受冲击强度大、时间长。这类群体通常是军人、救援人员或医护工作者。如2003年“非典”疫情事件后，北大精神卫生研究所在进行大量调查后，提出对“一线医护人员心理干预不容忽视”的呼吁。[②] 又如“9·11”事件发生后，大批消防人员进入残垣断壁的世贸中心进行清理工作，他们的PTSD症状也非常明显。汶川地震事件后，在主动要求进行心理干预的人群中，救灾工作者占到大多数。许多追踪研究结果表明，在危机事件发生数年之后，PTSD的盛行率仍然会居高不下。调查显示，8%的男性和20%

---

① 这里的丧失性群体是指，危机爆发造成他们的直系亲属或亲近朋友死亡。

② 从中等：《“非典”一线医护人员的心理干预不容忽视》，《中华医学信息导报》2003年第5期。

的女性会持续发展PTSD，大约有30%的这些个体会表现出持续整个后半生的慢性症状。[①]

（三）危机事件构成的心理效应传播距离远

互联网的发展将信息的传播转为辐射状、立体化的传播模式，也将信息多角度、多渠道地传播给受众，传播速度不断加快，传播范围持续加大。危机事件的主体范围很宽泛，小到受众个体，大到国家和社会；其安全范畴既可以包含个体安全，也可以包括地区或国家安全。但危机事件的关联性导致危机传播必须首先关注人的安全问题。媒介社会中的事件相互影响和相互作用，若某个问题被忽视，会对不同部门、地区甚至国家的安全与稳定造成重大伤害，形成“蝴蝶效应”[②]。首先，从国家的相关程度看，一个国家的安全并不仅掌握在自己手中，它还受到其他国家和地区的影响。其次，不同领域之间也会牵一发而动全身，迅速对相邻领域产生巨大冲击。最后，突发事件和危机事件在一定条件下能互相转化，一些原属不可避免的常态化问题可能转变为重大危机事件，影响到周边地区的和谐稳定，成为全国性乃至全球性事件。由此可能造成的大规模心理恐慌通常会伴随流言四起、秩序混乱等社会问题。例如，“9·11”事件过后，有学者曾在匈牙利就此事进行大规模心理调查。调查结果显示，“9·11”恐怖袭击的新闻在匈牙利人中也引起创伤性的后果。与美国的调查一样，匈牙利人也表达了他们的恐惧情绪。美国研究机构认为，出现这样的统计结果，是由于“9·11”恐怖袭击的新闻直接或间接对某些受众造成了心理冲击，使得他们在一段时间内变得内向、焦虑、抑郁，有的还会伴有恐慌。

（四）危机事件引发的心理反应后果显性化

危机事件引发的PTSD症候群会长时间存在，并且伴有情绪压

---

① 时勘等：《灾难心理学》，科学出版社2010年版，第31页。

② 蝴蝶效应是指在一个动力系统中，初始条件下微小的变化能带动整个系统的长期的巨大的连锁反应。

抑低落、个人体力下降、逻辑判断能力减弱等多种负面身心反应。美国学者所研究的退伍军人群体都发现有 PTSD 现象，既包括直接参战的军人，也包括被派遣到危险地域参加联合国维和行动的人员。许多人在经历了相关事件后，在随后的不同时间长度内会表现出一些 PTSD 的症状。[①] 长时间的隐性患者发展下去所累积的负面情绪有可能导致许多显性的反社会性行为出现。负面情绪导致的第一类反社会性行为通常表现为攻击型。PTSD 患者在生气、焦虑、被激惹的状况下，更容易有过激行为。例如，2014 年“12·15”美国费城枪击案的嫌犯就是一名退伍军人，并且有 PTSD 症状。负面情绪导致的第二类反社会性行为直接指向自己，通常表现为性情冷漠、焦虑抑郁，严重者则会出现自杀倾向。许多人格特征相对内向的人，在经历类似恐怖袭击等非传统安全威胁后都会变得更加沉默，同时伴有抑郁、自责等情绪。一些人对未来失望，对自己的人生会产生无力感。汶川地震事件后，很多人丧失至亲，成为全家唯一的幸存者。这些人的心理压力是无法想象的，许多幸存者最终却选择追随他们的亲人而去。2008 年 10 月 3 日，北川农办主任董玉飞成为地震后第一个选择轻生的政府干部。事隔半个月，2008 年 10 月 18 日凌晨，59 岁的罗桂琼身亡，她是第一个震后在成都接受治疗的伤员中轻生的人。2008 年底，四川省医院对抗震救灾英模进行分批体检，结果很不乐观。首批体检的 36 人中，41.66% 的人有焦虑情绪，33.3% 的人有抑郁情绪，其中部分人既有焦虑情绪又有抑郁情绪。31 人选择“感觉浑身乏力、容易疲乏”，占全部人数的 86%，是焦虑自评量表中选择人数最多的一个选项；27 人选择“神经过敏、焦虑”，占全部人数的 75%；26 人选择“易生气、易激动”；25 人选择“睡眠不好”。抑郁自评中有一个问题是“对未来不抱希望”，有 6 人选择“大部分时间是

① 时勘等：《灾难心理学》，科学出版社 2010 年版，第 31 页。

这样”。[1] 据记载，土耳其大屠杀[2]的幸存者也出现某段时期自杀率极高的现象。自杀者对政府丧失信心、对生活失去期望，目睹同胞惨遭杀害的场景总是不断“闪回”[3]，很多人承受不了这样的精神疲惫，于是每逢纪念日和民族节日都会有人因自我价值丧失而自杀，这成为后来政府难以控制的社会问题。

三　受众信息接收的实证分析

人在生活实践中与周围事物相互作用，必然有这样或那样的主观活动和行为表现，这就是人的心理活动。从媒体的角度来说，受众在接受信息时所有的心理因素都会被调动参与到信息的解读、选择、感受、储存等过程之中。受众心理与传播效果是相互影响和相互促进的。受众心理的变化会产生各种不同的传播效果，而传播效果的不同也必然给受众心理的集体走向带来无限未知的可能。

（一）危机报道中受众普遍关注影像的冲击力与报道方式的新颖

危机事件报道中的表现形式主要包括三种：新闻图片、视频与文字报道。而现代受众一般具有重图片、轻文字；重直观、轻抽象的信息接收方式。网络传播的兴起使得受众呈现出个性化增强和选择性加大的趋势，千篇一律和冗长乏味的危机报道已经难以捕获受众的关注力。危机事件具有突发性、复杂性和异常性等特点，单一地运用文字叙述进行报道很难再现事件现场及救援情况，而采用视频或现场图片的报道形式，

① 《首批抗震救灾英模体检结果公布—75%的人情绪焦虑》，搜狐网，https：//health. sohu. com/20081118/n260708365. shtml，2008 年 11 月 18 日。

② 也称亚美尼亚大屠杀。亚美尼亚位于外高加索南部，与土耳其东部接壤，在历史上曾被土耳其奥斯曼帝国统治。据亚美尼亚方面的历史记载，1915 年至 1923 年期间，奥斯曼帝国对亚美尼亚人实施了惨无人道的种族灭绝政策并导致 150 万人死亡。

③ 当人遇到一个与过去经历相类似的情境，脑内处理过去那段经历的神经元可能同时产生冲动，造成即视感。

不仅可以突出现场感，还能提高信息的真实性。

表 2.3　危机报道中受众的关注特点分析

关注特点	人数	百分比（%）
图像或视频有冲击力	1779	42.2
报道方式新颖、及时快速	1674	39.7
评论权威科学	1329	31.5
出现在喜欢的媒体中	1209	28.7
图表制作精良、数据翔实	912	21.6
声音感人	783	18.6
互动良好（例如热线、微博交流）	735	17.4
图片精良	678	16.1
文字优美	225	5.3

数据来源：本课题组的抽样调查。

根据表 2.3 的调查数据可知，危机报道中，关注“图像或视频有冲击力”的被调查者最多，比例达到 42.2%；其次是关心“报道方式新颖、及时快速”的被调查者，比例达到 39.7%；同时倾向于选择“评论权威科学”的被调查者也达到 31.5%。而关心危机报道是否“出现在喜欢的媒体中”“图表制作精良、数据翔实”“声音感人”“互动良好”“图片精良”的被调查者比较平均，比例在 15% 至 30% 之间。而关注“文字优美”的被调查者比例最低，只有 5.3%。可见，在危机传播中，受众最为希望的是采用图像形式进行报道，并且能够实现及时快速的创新型报道。

（二）危机传播中高端受众的信息接收呈现出较强的从众效应

由群体压力引起的“遵从行为”①，早在国外学者的实验中就得到了系统性的研究。作为群体中的一员，在信息接收上一定会受到群体和群体规范的制约。那些与受众所处群体的规范相一致的传播将产生明显的强化受众态度的作用，而那些与群体规范相背离的传播，其说服效果

---

① 是指个体对群体的屈从或者让步行为，遵从行为的发生是真实的或想象的群体压力的结果。

将可能十分微弱。“从众心理”[①] 导致群体化生存状态下的个体就是在没有压力的环境中，也会愿意以群体的意见代替自己的意见。这种“集体无意识”下的从众心理，对危机事件中社会舆论走向的影响程度是不可低估的。

表 2.4　“危机事件中是否媒体报道越多越关心其他人的反应”问题分析

单位：%

		总是	经常	有时	很少	从不	合计
性别	男	13.6	25.5	29.2	21.2	10.5	100.0
	女	11.2	28.3	27.8	24.8	7.9	100.0
年龄	20 岁及以下	11.1	21.7	28.3	28.8	10.1	100.0
	21—30 岁	13.4	26.8	29.3	22.2	8.3	100.0
	31—40 岁	12.9	30.8	24.4	21.5	10.4	100.0
	41—50 岁	11.4	28.7	28.2	19.8	11.9	100.0
	51 岁及以上	13.5	21.6	33.8	24.3	6.8	100.0
文化程度	初中及以下	10.9	23.0	26.8	24.0	15.3	100.0
	高中	12.9	26.0	25.7	25.5	9.9	100.0
	大专、本科	12.9	27.7	30.3	21.3	7.9	100.0
	硕士及以上	13.4	29.3	30.1	18.6	8.6	100.0
文化职业	干部及领导	12.7	27.1	25.8	25.0	9.3	100.0
	私营或个体劳动者	15.4	22.9	32.1	18.8	10.8	100.0
	技术人员及一般职员	11.7	30.9	28.1	22.2	7.1	100.0
	工人、商业服务人员	13.0	29.7	23.1	28.6	5.6	100.0
	农民、进城务工者	11.5	27.3	28.8	18.7	13.7	100.0
	学生及其他	12.1	23.9	30.1	23.6	10.4	100.0

数据来源：本课题组的抽样调查。

根据表 2.4 的调查数据可知，从性别角度分析，危机传播中被调查

① 指个人受到外界人群行为的影响，而在自己的知觉、判断、认识上表现出符合于民众舆论或多数人的行为方式。实验表明，只有小部分人能够保持独立性，不被从众，因此从众心理是部分个体普遍所有的心理现象。

者“总是”“经常”性地因为“报道越多而越关心其他人的反应”男女比例分别是39.1%和39.5%。

从年龄角度分析，“20岁及以下”“21—30岁”“31—40岁”“41—50岁”“51岁及以上”5个年龄段的被调查者在危机传播中“总是”“经常”性地因为“报道越多而越关心其他人的反应”比例分别是：32.8%、40.2%、43.7%、40.1%、35.1%。这表明，在危机传播过程中，“31—40岁”这一年龄层的受众对于其他人的反应最为关注，随着年龄的递增或递减，这一趋势又下降了。这应当可以在某种程度上反映出“31—40岁”这一年龄段受众的“从众心理”较强。

从文化角度分析，“初中及以下”“高中”“大专、本科”“硕士及以上”4个文化程度的被调查者在危机传播中“总是”“经常”性地因为“报道越多而越关心其他人的反应”比例分别是：33.9%、38.9%、40.6%、42.7%。这表明，在危机传播过程中，文化程度越高的受众对于其他人的反应越是关注。这应当可以在某种程度上反映出文化程度越高的受众“从众心理”越强。

从职业角度分析，“干部及领导”“私营或个体劳动者”“技术人员及一般职员”“工人、商业服务人员”“农民、进城务工者”“学生及其他”6个职业群体在危机传播中“总是”“经常”性地因为“报道越多而越关心其他人的反应”比例分别是：39.8%、38.3%、42.6%、42.7%、38.8%、36.0%。可以说在危机传播过程中，“技术人员及一般职员”“工人、商业服务人员”两类受众对于其他人的反应最为关注。这应当可以在某种程度上反映出工作的组织化程度越高的受众“从众心理”越强。

（三）危机中受众的信息接收呈现出希望全面了解事态的特点

认知心理是人类与生俱来的本能心理，是物种在演化过程中形成的一种基本能力倾向。它可以帮助人们在获得足够多信息的基础上，对自己的行为和其他诸如心理、文化等方面的发展进行合理定位。其中，

“知情诉求”是危机传播中媒体内容首先要满足的受众心理，必须尽可能多地提供人们关心的，与他们的利益息息相关的多种信息，通过特有的表现方式在传播平台上加以展示。

表 2.5　　危机事件中受众的知情诉求分析

类别	程度	人数	百分比（%）	累计百分比（%）
想知道发生原因	总是	1310	31.1	31.1
	经常	1639	38.9	69.9
	有时	915	21.7	91.7
	很少	291	6.9	98.6
	从不	60	1.4	100.0
想知道真实细节	总是	1298	30.8	30.8
	经常	1425	33.8	64.6
	有时	1090	25.9	90.5
	很少	351	8.3	98.8
	从不	51	1.2	100.0
想知道内幕消息	总是	1320	31.3	31.3
	经常	1344	31.9	63.2
	有时	996	23.6	86.8
	很少	450	10.7	97.5
	从不	105	2.5	100.0
想知道后续处理问责结果	总是	1290	30.6	30.6
	经常	1314	31.2	61.8
	有时	1035	24.6	86.3
	很少	471	11.2	97.5
	从不	105	2.5	100.0

数据来源：本课题组的抽样调查。

根据表 2.5 的调查数据可知，危机传播中“总是”“经常”性“想知道发生原因”的被调查者比例达到 70.0%。危机传播中“总是”“经常”性“想知道真实细节”的被调查者比例达到 64.6%。危机传播中“总是”“经常”性“想知道内幕消息”的被调查者比例达到 63.2%。危机传播中“总是”“经常”性“想知道后续处理问责结果”的被调查者比例达到61.8%。

从心理学视角看，危机传播实质是满足受众心理期待的一个动态过程。危机事件发生后，由于事件真实情况的不明确性、事件的影响力、事件发展趋势的不确定性等，民众会对危机事件的前因后果更加好奇，为此他们希望获得全面的信息，期待媒体能够满足知情、表达、参与甚至监督的愿望。

第三节 信息爆炸:新媒体作用下的迷局

从传统媒体走向新兴媒体，从报纸、广播、电视到网络，这是历史演进的趋势，也是传播科技发展的推动。新媒体已经不仅仅是一种信息传播的工具，也成为重要的舆论聚合和情绪扩散的平台。新媒体环境下任何危机事件的产生、发展直至最后的消亡都能够突破国家边界，“地球村”的预言已经成为现实。在新媒体环境下一直以来传受双方的不平等开始消解，自由和双向的信息流通环境使得突发事件更容易演绎成为危机事件，并不受控制地成为媒体狂欢的契机。

一 新媒体环境中的传播特点

人类新闻传播活动经历了印刷媒介传播、电子媒介传播和数字媒介传播三次较大的传播技术演进过程。这三个过程或技术形态均有其对应的技术基础和承接信息的载体。新媒体环境下，微博、微信等“自媒体”传播形式正在为更多人熟悉和使用。“邓玉娇”事件、“郭美美”事件、马航MH370飞机失事、新冠肺炎疫情等危机事件制造了无数网络热点，“防民之口甚于防川”的古训在今天早已成为明日黄花。新媒体时代用户不再只是一个统计学意义上的符号，而是每一个有能力随时发布信息的具体的人。从危机传播的角度来分析，人们必须清醒地认识到过于集中和过于分散的组织架构都集聚着大量风险，只有做到集中与分散的辩证统一，才有可能化解组织风险。认真分析新媒体参与危机传播的过程，积极推进危机传播的媒体融合实践，应该是实现传播创新的前提。

（一）“第一时间”的信息发布可以赢得主动权

长期以来，传统媒体作为我国主流媒体凭借统一的国家话语体系，理所当然地占据着传播主导权，引导着社会的主流舆论与价值观。随着传播技术的发展，传统主流媒体不再是危机事件报道的唯一主角。互联网、手机为代表的新媒体以其方便、快捷和开放性、互动性等特点，成为能与电视等主流媒体一争高下的传播角色。2005 年 7 月 7 日，英国伦敦发生的爆炸事件中，通过博客网站和图片共享网站传播的首张现场照片就是英国一个普通民众拍摄的。这些手机拍摄的事发现场照片很快被专业网站采用，而后又被天空电视台和美联社使用，甚至 BBC 和英国《卫报》等传统媒体也转载了这些照片。[①] 一个由救护车司机创办的名字为“现实随机行动”的个人博客由于对系列爆炸事件的自主报道，浏览量也激增了 5 倍。在爆炸事件发生 8 小时后，著名的图片共享网站 Flicker. com 上的现场图片已经超过 300 张。更具意义的是，美国有线电视新闻网第一次播放的现场影像，也是网友用手机在被炸毁的地铁内拍摄下来的。2010 年 3 月 3 日，武汉老太太王翠云在反对强拆中的猝死事件也是最先通过猫扑网传播开来，并引发《南方都市报》等传统媒体的介入调查。可以说，网络传播的兴起正在昭示“公民新闻”时代的来临，网络传播正在不断冲击传统的新闻传播模式。“第一时间”的信息发布无疑是吸引受众注意力，把握传播主动权的最重要前置条件。缺少关注的媒体必然缺乏话语权，没有人浏览的新闻必然没有影响力。

---

① 江作苏：《社会转型背景下的应急传播研究》，人民出版社 2016 年版，第 102 页。

（二）多种信息来源的并存瓦解话语权的垄断

新媒体环境下，政府、组织和传统媒体不再具有垄断性的话语权。根据第44次《中国互联网络发展状况统计报告》统计数据，截至2019年6月，我国的网民规模已经达到8.54亿，10—39岁的网民群体占网民整体的65.1%，其中20—29岁网民群体占比最高，达24.6%。[①] 在青少年群体中，网络和手机已成为他们获取信息和实施沟通的主要途径，其使用新媒体的水平和手段已经突破了国界的局限。在我国危机事件发生，传播渠道不顺畅的时候，往往出现境外网络媒体中的危机信息向国内受众传播的"信息倒灌"现象发生。2002年"非典疫情"事件中，国内媒体因宣传纪律而集体失语，境外媒体却连篇累牍地进行报道。我国受众通过阅读英文网络媒体开始了解非典疫情的严重性。自新媒体登上新闻传播的舞台，纵观各国的重大危机事件报道，其新媒体的反应都相当迅捷。博客、微博、微信、移动客户端等已经赋予每个普通受众制作和传播信息的能力。2009年2月9日，中央电视台新大楼发生火灾时，社会名人潘石屹最先发出DC（数码相机）图片，导致众多网友跟帖并引发了传统媒体的跟进。2015年3月13日，北京朝阳区华能集团电厂内发生大火，多名网友马上在微博、微信上发布了内容翔实、视角多样的视频。出于种种原因，我国电视新闻媒体最终没有报道此事件。2020年新冠肺炎疫情事件中，很多传统媒体的新闻信息都来自网络视频和手机交流。这些近乎原始状态的素材由于没有经过复杂的信息处理显得更加真实感人，也能吸引更多受众的点击关注。

（三）交流平台的开放动摇了解读权的独揽

垄断的打破和中心的淡化，正在使信息能够更迅速、更广泛的流动。有学者认为，"我们正处于'沙皇退位，个人抬头'、'消解中心主

---

① 王玺：《网络亚文化影响下的青年社会心态引导》，《人民论坛》2019年第3期。

义'的时代"。① 新媒体环境下，政府、媒体不可动摇的权力中心正在被慢慢瓦解。突发事件的信息传播不再沿着某种单一的方向流动，而是在立体的网状结构中向着多个方向同步流动。② 在新媒体出现之前，传统媒体或媒介管理者掌握着信息制作的全流程，并通过议程设置掌握着舆论的导向。由于危机事件的消极影响，我国媒体历来秉持一个"反面事件正面报道"的新闻传统。然而新媒体环境给了所有人编码和解码的交流平台，从而改变了解读权被一方独揽的情况。与一般社会信息不同，危机事件能够在瞬间成为人们关注的焦点，不同的信息解读会使舆论"风向"出现截然不同的走向。例如，2009 年的"邓玉娇"事件的舆情变化，可以说体现出新媒体条件下社会多元化思想的交锋和博弈。事件发生之后，网络上出现《烈女邓玉娇传》《侠女邓玉娇传》《生女当如邓玉娇》等赞美之文，网络舆论几乎呈现出一边倒的局面，官员被谴责，邓玉娇成偶像。这种情况的出现在过去的媒介环境中是难以想象的。2010 年 1 月 5 日，湖南省湘潭县发生 25 名矿工遇难的矿难事件后，县政府网和湘潭在线刊登了《国家煤监局副局长王树鹤肯定湘潭县救援工作有力》的新闻。新闻中写道："事故发生后领导高度重视，反应非常迅速，措施非常有力，取得很好成效。"这篇新闻稿被诸多网友转载后，随即引发网民反驳和质疑。网民质疑："都死了 25 个人了，还措施有力?""我们只想问问这些处理事故的人，成效在哪里?"面对网络舆论的压力，负责采写新闻的当地媒体人不得不承认："这段文字放在这里感觉有些不妥。"③ 媒体发展到今天，信息的解读权变得更为开放和平等，有时政府或组织在某一方面措施不力或言辞不当都可能引发某种程度的网络舆情危机。

---

① ［美］尼古拉·尼葛洛庞帝：《数字化生存》，胡泳等译，海南出版社 2003 年版，第 25 页。

② 谢耘耕等：《突发事件报道》，上海交通大学出版社 2009 年版，第 37 页。

③ 《湖南湘潭矿难 25 人遇难　当地新闻稿通篇赞扬被批》，齐鲁网，http：//news.iqilu.com/china/gedi/2010/0108/160472.shtml，2010 年 1 月 8 日。

（四）传播手段的多样倒逼表达模式的改进

报纸、广播、电视等传统媒体由于受到版面、频道和播出时段等条件限制，传递的信息量相对固定，表现形式相对固化。而新媒体的多元化表现方式使得受众可以多层次、多角度地观看某一危机事件的全貌。虽然传统媒体也有专题报道和深度报道，但是与网络新闻相比，其信息含量要少很多，其用户体验要差不少。新媒体对信息的覆盖已经进入了人们生活的每一个角落。它像一个超级市场，受众对其感兴趣的、想知道的各种信息都能在其中确知无疑。网络视频新闻的发展从 2008 年新浪推出视频频道开始，随后搜狐、网易、腾讯等网站都开始组建自己的视频新闻频道，甚至优酷网也创建了新闻平台。2016 年的奥运会视频新闻大战中，新浪、搜狐、网易、腾讯等门户网站为了能够实现竞争优势，努力加大原创视频的采制力度。这些门户网站一方面提供平台让受众上传自制的视频，另一方面组建团队制作原创视频节目和电视媒体展开竞争。网络媒体使用超链接可以让受众在一个网页上就可以了解到所有相关的信息。同一个主题的危机系列报道，在新闻的下面通常会链接有国内外同类危机事件的相关文字、图片和视频新闻。网络媒体对于危机事件的报道已经实现了全方位、多角度、多层次的报道。传统媒体必须进行改革和创新，因为一个节目的成功与否往往在于它的文本能否满足不同受众的需求，能否为观众提供不同的解读空间[①]。

二　网络舆论的社会影响规律

“模式”可以说是一种再现现实并具有理论性的简化形式。本质上，模式是一种象征性的规律概括，可以帮助民众思考和分析。模式的

---

① 侯海涛：《中国电视新闻媒介生态研究——转型期的媒介守望》，中国传媒大学出版社 2010 年版，第 98 页。

类型有：文字模式，图像模式，数学模式。其中，图像模式最为常用。[①]英国学者麦奎尔（Denis McQuail）及其助手将前人的传播学研究成果构筑成直观的模式。他们将这些传播模式归为两大类，即表征传播过程及结构的模式（如基本模式）和表征传播要素关系的模式（如影响、效果、受众、媒介模式）。[②] 网络舆论发生社会影响的因素众多，参与的主体多元。为了避免被大量复杂的细节遮蔽而看不清核心要素，本书依据“模式”化的简洁描述去说明网络舆论社会影响的三个阶段，希望有助于人们准确掌握其作用系统内各因素之间的联系。

第一阶段是受众的意见经过集聚形成网络舆论。这一阶段是突发事件的发生或者是共同话题出现在网络上。随着智能手机的发展和完善，随时随地使用网络的受众越来越多，对网络的依赖程度也越来越深。网络舆论的形成机制正在发生变化，网络传播的匿名化和交互性为“群体极化”[③] 现象提供了条件。某个话题通过大量网友的跟帖和转发后，个人意见不断在网络上交锋和汇集，最终达到相对一致的倾向性意见，这种意见可能是偏激甚至是极端的。讨论话题越具有社会性越能触动网民情绪，就越能激发网络舆论，其结果就产生“滚雪球”效应。此时的传播标志为网络舆论不断扩散，网络受众数量不断增加，

“群体情绪”[④] 不断升温，各种网络舆论传播平台的信息量呈指数形式快速增加。2007 年的华南虎照片事件就是一个典型的例子。

华南虎照片事件最早的报道是2007 年10 月12 日新华网陕西频道的报道——《照片证实野生华南虎再现陕西巴山》。10 月 15 日，天涯社区的讨论区中就出现了《陕西华南虎又是假新闻?》这一质疑性帖

① 张国良:《传播学原理》，复旦大学出版社 1995 年版，第 31 页。

② 胡正荣:《传播学总论》，北京广播学院出版社 1997 年版，第 165—168 页。

③ 在一个组织群体中，个人决策因为受到群体的影响，容易做出比独自一个人决策时更极端的决定，可能更倾向于冒险或保守。

④ 某一群体或某些群体所共享的情绪体验。

子，怀疑的重点在于该新闻所配的老虎图片有 PS 之嫌，并指出了老虎图片的 6 个疑点，希望网友们都来帮助鉴定真假。由此，关于“华南虎照片真假”的争论全面开始，经过不断发酵和持续碰撞，网络舆论就此形成。

第二阶段是传统媒体的介入导致网络舆论发酵。由于网络传播的大众化，一个突发事件在网络率先披露后，也同时会成为传统媒体重要的新闻来源。传统媒体会将网络中点击率高、评论转发频率高的信息依据新闻价值标准进行选择后在传统媒体中作二次报道，这些报道常常以专题报道或解释性报道等深度报道的形式出现。突发事件借助传统媒体的权威性得到确认和放大，网络舆论得到进一步的社会传播。这一阶段网络舆论传播平台数量较为稳定，人们的关注度保持在一定范围内，受众数量也较稳定，这种信息经过网络与社会的多次互动，开始形成社会舆论浪潮。经过传统媒体补充和深入挖掘的新闻事实再次引起网络上新的讨论，在传统媒体和突发事件的多次信息反馈互动的过程中，不断推动舆论向前发展。此阶段的标志为网络舆论在不断波动，网络受众数量和转发频率呈现缓慢上升状态，群体情绪逐渐转化为“社会情绪”。

这一阶段中，不仅是网络与传统媒体的互动会造成社会影响，更有两者本身的报道活动还会使新的事实细节被不断挖掘，网络舆论被不断聚焦，社会情绪不断高涨。人们从 2008 年南京市江宁区房产局局长周久耕的天价烟事件、2012 年广东艺术联考中的替考事件和 2020 年山东陈春秀被冒名顶替上大学等事件中都能发现这一规律。

第三阶段是政府部门的处理导致网络舆论降温。如果说传统媒体大多会停留在“就事论事”的层面，那么网络传播的无序会导致网络舆论在其演变过程中可能向任何一个方向飘移，甚至可能出现跳跃式转变。突发事件引起广泛关注之后，特别是政府部门介入处理之后，网络舆论的热潮一般会逐渐降温，甚至被同时期其他热点话题超越。但是事件处理的结果依然会受到某种程度的关注，圆满与否直接会导致网络舆论的消散或反弹。此阶段的标志为网络舆论开始消退，受众数量逐步减少，社会情绪逐渐平复。此阶段舆论热点开始逐步发生转移，人们的关注度开始降低，网络受众数量和转发频率呈现明显下降状态。当然如果危机处理的受众满意度低，就会导致网络舆论要素中的发帖数量等指标反弹，网络舆论强度也会回升。

以“华南虎照片”事件为例，一开始广大网民的关注重点在于“华南虎照片的真假”。但是当照片鉴定结果长时间没有出来时，舆论的焦点转向了“照片到底有没有在被鉴定”和“照片鉴定为何迟迟出不来”等相关问题上。总之，“华南虎照片”事件之所以波折迭出，就是因为相关部门处理不当导致不断产生新的热点，形成受众的持续关注，从而产生较大的负面社会影响。

综上所述，网络舆论已经能够产生强大的社会影响，唤起强烈的社会情绪，并对转型期的我国社会发挥重大影响。因此，想要研究网络舆论，将网络舆论的社会影响控制在理想的范围之内，必须研究传播模式中的每一个环节、每一个阶段、每一个细节。分析网络舆论形成并发生作用的过程，对于认识并正确对待引导网络舆论有重要作用。必须指出的是，在这里分析的是网络舆论发生作用的一般规律，并不是在现实生活每一个案例中网络舆论发生作用的过程都严格遵守我们分析的结果。

三　多渠道传播中的噪音解读

信息场指的是，“具有教化、引导、规范、影响人们的社会功能，大量的横向和纵向流动的信息在这里得到重新组合处理，又向四周扩散而去”。[①] 网络是一个最大的信息场，是一个思想文化交流的重要场所。一般情况下，社会信息的流向是有序的，但是如果出现故障，信息场就

① 王海光:《旋转的历史——社会运动论》，上海人民出版社 1995 年版，第 166 页。

会变成负面舆论形成和消极情绪传染的重要场所。网络媒体已经将大众传播、组织传播、群体传播、人际传播糅合在一起，并能够在很短的时间内形成放射状的传播流，不同立场受众的各种态度和言论可以不受时空限制地传播和接收。此时“传播流”掀起的浪潮不可避免地会导致泥沙俱下，噪音密布。

（一）虚假信息的出现体现出环境的复杂

从网络传播出现伊始，网络虚假新闻就不断浮现，出于各种目的的假新闻再加上炒作，有时就能成为影响一方的舆情热点。一些网络媒体为了吸引眼球和提高点击率，置舆论导向的使命于不顾，或将道听途说的不实消息编发上网，或将似是而非的有害信息广泛传播，误导受众，危害极大。近年来，虚假新闻体现出鲜明的媒体融合特征。2013 年有不少虚假新闻被媒体官方微博广泛转载，比如“2014 年放假安排”以及“外国小伙扶摔倒中年女子疑遭讹诈”这两条假新闻，就被传统媒体的官方微博广泛转载。在面对突发性新闻时，媒体官方微博已经成为一个抢发“独家新闻”的重要渠道。但是，强调时效性能否成为失实消息传播的理由？当媒体纷纷设立社交媒体编辑岗位打理自己的官方微博时，传统媒体时代的核实查证程序、规范和技巧，是否依旧适用于微博和微信？这些新的问题值得进一步讨论思考。因为媒体官方微博、新闻客户端、官方微信号已经成为重要的新闻推广和发布平台，一旦出现虚假新闻，根本无法与媒体本身切割开来，必然会对媒体的权威性造成伤害。

（二）“有色”内容的泛滥显现出控制的困难

一个公开的秘密是网络空间是性幻想的空间，成人信息传递几乎是维系网络产业的一大支柱。[①] 网络传播的出现使受众主动性选择的空间得以进一步延展。过去，传统媒体是将经过把关选择的信息“推”给

① 段伟文：《网络空间的伦理反思》，江苏人民出版社 2002 年版，第 38 页。

受众。现在，受众喜欢在浩如烟海的信息海洋中“拉”出所需信息。网络是一个信息宝库，也是一个信息垃圾场。存在约束真空的互联网上，“有色”内容呈泛滥之势，犹如一个看不见的黑洞，严重侵袭着未成年网民的身心健康，直接挑逗使用者的欲望，表现方式包括文字、声音、影像、图片、漫画等。2004 年月 10 日，我国开通“违法和不良信息举报中心”网站以来，许多黄色网站已经被取缔。但是网络传播中的信息发布者大多处于匿名状态，对于所传播信息无须承担责任，传统的传播规范、传播公德在网络上难以推行，缺乏严格执法的保障。网络上种种不良信息，以及不为受众所欢迎的灰色信息构成了网上的“噪音”，污染了这个原本纯净的虚拟世界。执法过程的证据采信上，由于电子证据的法律效力仍然存在争议，相关内容的修改和删除十分便利两个方面的原因，的确面临处理难的局面。网络色情的泛滥直接影响了民众的心理健康和道德水准，不利于社会和家庭的安定，在导致西方享乐思想盛行的同时，也不利于社会主义文化的建设与发展。

（三）关注角度的偏移凸显出心理的嬗变

根据注意力经济理论，网络媒体受众的注意力比信息本身更为重要。由于网络媒体在很大程度上是靠吸引眼球来实现盈利的，这就造成媒体提供给受众的信息不是以受众的需要为标准的，而是以受众“想要看”为标准。某些网络媒体从业人员不是关注没有轰动效应但与受众生活息息相关的“狗咬人新闻”，就是关注社会里反常的新闻事件。只要能抓住受众和产生流量，或者能够抢在“第一时间”报道，网络媒体不在乎新闻的内容是否应该报道和如何报道。结果导致某些网站信息量越大，刺激性的灰色新闻也越多。一些偏离新闻理念和基本原则的新闻报道作品不断涌现。这些偏离新闻理念和基本原则的新闻报道包括新闻不公、随意猜测、片面报道、煽动仇恨、人格谋杀、低级庸俗等做法。与此同时，微博、微信和短视频等大量自媒体的传播也倾向于庸俗和低俗，仅仅是为了吸引网友的眼球，而不考虑传播所造成的负面影响。新媒体本身就能营造一个“虚拟”空间，而在利益驱动下它会把“虚拟”空间根据“资本”的需要进一步虚拟。新媒体的“利益化”追求给网络传播带来了一种信息传播的新模式，追求“丑闻化”“片面化”“脸谱化”“简单化”“戏剧化”信息以吸引注意力。新媒体的运作是调动各种要素，最大限度地跟踪、捕捉受众的注意力，并将它变成“看得见”“摸得着”的经济效益。毕竟，思想深刻的网络受众不是多数，大部分受众浏览网络信息只是要满足马斯洛所讲的最基本需要。对于某些新媒体从业人员而言，满足民众的知情权，坚持新闻报道真实性的准则，已经不是第一位了。

第四节　模式创新:信息博弈中的理性探讨

自媒体的发展带来了“人人都是通讯社、人人都有麦克风”的时代，人人都能成为信息发布主体的机制为“公民记者”[①] 的产生提供了条件。新媒体环境中的危机报道已不再遵循传统媒体危机传播的直线型模式，而更多呈现出多元化、去中心、离散型、重反馈的传播特点。现代中国社会的阶层多元化、利益结构多元化、表达方式多元化的变革，正在对我国媒体提出前所未有的挑战。我国主流媒体影响力的发挥将取决于新旧媒体博弈过程中的表现。

一　危机传播中的媒介比较

随着社会的不断发展，危机事件的报道要求也在不断提高，单一的媒介形态已很难满足不同群体受众的“个性化”要求。危机传播中不

---

① 是指在新闻事件的报道和传播中发挥记者作用，却非专业新闻传播者的普通民众。“公民记者”背后所体现的是“参与式新闻”的理念，即“民众在收集、报道、分析和传播新闻和信息的过程中发挥主动作用”。

同媒介的传播渠道、呈现形式和报道特征都有所不同，只有进行仔细分析，明确其优势和劣势之后，才能提出模式创新策略。

报纸作为纸质媒体，阅读的自由性很大。长时间的阅读可以使人们通过“想象”还原危机事件，也拥有充分思考的时间。但是，受到发稿时间的影响，其时效性较差；受到版面的影响，其表现方法较为单一；受到载体的影响，其报道元素不够多样。

广播是通过无线电波或导线传送声音的新闻媒介，它提供的危机信息是依赖人们的听觉来完成的。广播的优势在于其快速便捷，记者只要一部电话就可以发布危机事件的最新消息。但是广播媒体上的声音稍纵即逝，没有视觉上的冲击，听众缺少思考、咀嚼的时间。

电视是通过无线电波或导线传送“声画结合”信号的新闻媒介，它进行的危机报道可以做到信息传播及时（直播时），声音和画面结合后可以形成“现场感”，容易造成对观众的情感冲击。但是电视媒体上的声音和画面不能保存，观众缺乏互动手段。

网络媒体集合了传统媒体所有的表现形式，成为真正的多媒体传播手段：时效性强；信息量大；全球化；多媒体；易检索；互动性强等优点明显。但是信息泛滥，谣言易滋生，舆论引导难等一系列问题也亟待解决。

手机媒体正在依靠微博和微信形成一种新的传播方式，正逐步从纯粹的人际媒介向大众媒介发展。相比广播电视媒体声音、画面符号的转瞬即逝，手机信息易存储和易转发。手机媒体使得人人都可以是“接受者”，也都可以是“发送者”，这种角色的自由互换使其成为真正意义上的自由随心的媒介。但是也存在不良信息、虚假信息容易泛滥，监管困难等一些问题。

传播的整个流程本质上是一个多元素多环节的动态互动体系。目前，传播技术的不断更新打破了传统媒介时代“播放型传播模式”的严格技术限制，受众不再是完全处于被动地位的“靶子”，亦具有了开枪射子弹的能力[①]。多媒体技术、计算机技术、网络技术等现代化传播手段改变了传统的危机传播模式，使媒体的危机传播模式走入了一个新的时代。经过比较分析，本书借鉴美国学者格鲁尼格（James E. Grunig）提出的信息传播的“四种模式”[②] 作为研究的宏观分析工具。

表 2.6　　危机信息传播的四种模式

类型	传播方向	信息	反馈	双方地位	传播目的
新闻宣传模式	单向	真实 / 虚假	无	不平等	提高组织声誉
民众信息模式	单向	真实	无	不平等	向民众澄清事实
科学劝服模式	单向	真实	少量	不平等	对民众进行解释劝服
双向对称模式	双向	真实	大量	平等	互动交流寻找最佳途径

传统媒体条件下，格鲁尼格归纳的“四种模式”中的前三种模式在一定时期和范围内曾发挥过巨大的功用，它们都有一个共同的特征就是：信息传递的单向性和相对单向性。对比前三种模式，应该说“双向对称模式”是最理想的危机传播模式。那么，随着新媒体时代的到来，危机传播想要实现“双向对称模式”基础上的创新就要构建传播优势互补的“循环交互模式”，即把传统媒体的传播优势与新媒体的互动优势相“联姻”，以发挥最有效的信息传播和舆论导向功能，从而实现危机传播效果最大化。在这种模式中，传、受双方的界限变得模糊，政府与媒体、受众之间的关系趋向于平等，信息也不再单向流动而是循环流动。

目前来看，传统媒体仍坚守着信息传递的核心地位，然而其先导地位却不再保留，新媒体已成为传播流的始发点和中介点。信息的归宿点不再是单一的受众，媒体和政府很大程度接受着预警和反馈信息。受众和媒体之间的信息互动更为直接，甚至会成为对方信息的“把关人”。现代社会中，网络媒体、手机媒体与传统媒体之间不应处于竞争对立的

---

① 钱珺：《第二媒介时代下的危机传播模式初探》，《新闻知识》2007 年第 2 期。

② 赵志立：《试论新闻传媒在危机管理中的地位和作用》，《当代传播》2005 年第 2 期。

关系，应该处于“取长补短”“合作共赢”的状态，共同发挥效力，成为危机事件的“灭火器”。

二 传统媒体的创新思路

有学者指出，“传播媒介的形态变化，通常是由可感知的需要、竞争和政治压力，以及社会和技术革新、经济发展和民众需要以及媒介间的竞争和媒介生存发展的外部生态环境……诱发内部进行变革，从而导致媒介内部生态环境的变化”。[①] 从危机传播的发展趋势来看，我国电视媒体龙头老大的地位虽然难以被完全取代，但此消彼长，其影响力受到冲击已是不争的事实。

传统媒体与网络技术的融合已是大势所趋。我们必须以高度的社会责任感和历史使命感对传统媒体实行改造，“人为地施加有益的影响，调节生态系统的结构和功能，达到系统最优结构和最高功能，以实现最大的社会经济效益和最大的生态效益”。[②]

（一）传统传播模式需要从单向传播走向交叉互动

就媒介环境而言，我国电视媒介作为各大媒介中的传统老大，目前地位尚可维持。但是，电视媒介的单向传播特性已经成为其进一步发展的桎梏。目前电视媒介的“触网”形式主要有两种：第一种是电视媒介在互联网上设立自己的网站。这类网站通常是对电视台节目的一种补充，其发展情况各不相同。有些仅仅是电视节目的“网页版”，内容更新速度慢，没有真正与母体资源有机融合。有些网站则已具备了一定实力，既将网络媒介的多种服务功能融入其中，也将已经播出的节目视频资料，以同步播出或视频点播的形式存储在网站上。[③] 1995 年 8 月，

---

① 袁薇：《生态学视野中的传播媒介形态》，《当代传播》2003 年第 6 期。

② 孙彦泉、蒋洪华：《生态文明的生态科学基础》，《山东农业大学学报》1999 年第 4 期。

③ 廖亮：《电视“互动”观念初探》，《现代传播》2002 年第 6 期。

CNN 率先建立了官方网站 CNN. com，成为全球首个创建官方视频网站的电视媒体。经过多年的发展，CNN. com 已发展成为国际影响力巨大的电视视频网站，网站每月访问量超过 3800 万人次，网页浏览量 17 亿次，网站视频点击量超过 1 亿。官方网站运营的成功大大加强了 CNN 电视新闻频道的传播力量，也在一定程度上缓解了新兴媒体的冲击。第二种是利用网络传播平台组建“网络电视”。这种网站的做法是将电视台直接移植到网络上，以便网民直接收看。如美国 NBC 和微软公司协作组建的 MSNBC，兼具有电子报刊和电视的各自特点和不同优势。2000 年 9 月 7 日，美国 CBS 和微软公司旗下的网络电视公司（WebTV）达成合作协议，制作和播出互动性电视节目。

（二）表达沟通方式需要从陈旧单向走向多元交流

有学者（David L. Altheide）指出，“越来越多的社会行为发生在传播生态的情景中”。[①] 按照这种把媒介视为生态系统的新视角，媒介之间的相互关系以及与社会制度、社会环境的密切联系都得到了一种新的诠释方式和研究角度。20 世纪 90 年代以后，在改革开放和社会转型的背景下，中国社会出现了“中国共产党所倡导的主流文化、知识分子所追求的精英文化和市民群众所认同的大众文化”。[②] 在这种越来越充满现代气息的多元社会语境中，中国受众已经形成了一个个有不同心理需求的目标受众群。传统媒体要维持住传播生态中的地位，必须生产具有多元解读可能性的媒体栏目，让来自不同文化背景、社会阶层的人用自己的认知结构去解读属于他们自己的意义。1993 年，《东方时空》的开播可以说是中国电视人对其话语体系的一种创新尝试，以平等姿态取代宣教模式。而 2002 年开设的《南京零距离》则引发了全国范围的新闻多元化之风。2012 年 7 月 22 日，账号“@人民日报”在人民网、新浪网上同

① ［美］大卫·阿什德：《传播生态学——控制的文化范式》，邵志择译，华夏出版社 2003 年版，第 12 页。

② 唐华：《从文化背景和媒介功能看电视谈话节目的现实困境》，《现代传播》2000 年第 1 期。

步发出第一条微博。2019 年 8 月 24 日，《新闻联播》正式开设抖音号。这些举措都标志着传统主流媒体的表达沟通方式开始加速创新。

（三）话语立场需要从政府喉舌走向统筹兼顾

当前中国社会阶层结构初步定型为十大阶层，受众阶层化的差异日益明显，除信息的多样化需求外，还体现在现实利益、社会态度、价值观念等方面的差异。因此，受众无不需要媒体作为自身利益的代言人行使表达的权利。然而，就像目前美国许多频道为种族团体或特定集团利益服务所导致的各种不同“声音”并存的状态一样，“阶层代言”这种潜在割裂社会与文化的影响正好与我们所倡导的“和谐社会”“文化认同”相互对立。“阶层代言”与“社会公器”随着阶层的日益分明而进行着潜在的博弈。这种博弈的直接影响就是对我国传统媒体责任意识的全面召唤。真正履行“社会公器”的职责应该是以其正义的立场、强大的权威性、客观的报道态度、健康的主流文化，去展现社会发展主方向和公正立场，协调各阶层的矛盾与冲突，从而有力地整合社会，维系主体文化，促进整个社会的和谐运转与发展。

“作为社会主义国家重要的舆论引导机构，我国电视媒体仍然保持主流话语发布平台的政治功能。不管媒体的属性、体制、模式等发生怎样的变化，中国传媒‘喉舌’的性质始终没有变，将社会利益放在首位的宗旨没有变。”① 但是，因为新媒体的崛起所带来的传播竞争和对民间信息的关注，草根文化正在逐渐依托传播媒介寻找话语权。中国传统媒体要维持主流地位，必须改变话语立场，从单纯的政府喉舌走向对社会全方位的关注，让不同社会阶层的人都能够找到自己的发声机会。例如，中央电视台综艺频道动漫节目《快乐驿站》中播出的原创 Flash 作品和处理过的相声小品，创造了中央电视台三套收视排行榜第 4 名的佳绩，实现了电视节目与草根文化相互融合。“超级女声”“非常 6 + 1”

---

① 胡建红：《中国传媒 30 年之变与不变》，《传媒》2008 年第 11 期。

“梦想中国”“我要上春晚”等都可以说是“草根的狂欢”，强势的电视媒体利用“草根”获得了不菲的经济效益。“央视新闻”微博号已获得1.12亿粉丝，其新闻微博转发量经常轻松破万，而“央视新闻”抖音号也已获得8631万粉丝，这都可以视为完善并拓展传统媒体的传播功能，实现了现代传播真正意义上的“统筹兼顾”。

三 新媒体传播的探索路径

新媒体改变了过去的新闻传播方式，比之传统媒体的信息传播，网络信息传播因少受各种“把关”因素的限制而更为开放和自由。但也要看到，正是由于“把关”因素的缺乏，使得网络信息传播具有极大的难控性和盲目性。作为媒介技术革命的结果，过去传统的传播体系、话语模式和影响机制正在瓦解，广大受众失去了统一的行为参照，变成了相对孤立的、分散的、均质的、个性式的存在。现代受众呈现出“规模的巨大性”“分散性和异质性”“匿名性”“流动性”等特征。[①]由于我们的国情，目前在危机传播中，电视媒体依然是与人们联系最多的一种媒体，有着广泛的社会基础。电视媒体在网络时代仍然是极具话语权的媒体，而报刊、广播、网络、手机等各类媒体也有着不可替代的优势。为了提高危机报道的效果，传统媒体应当与新媒体取长补短、相互融合，进行跨领域合作以开掘新的传播模式。

（一）需要大力推行互动融合模式

传媒业的格局已经由过去的单一传播渠道变成了现在的多渠道传播，移动终端和智能手机的飞速普及，使得受众同时扮演着观众、听众、读者、参与者、用户等多重角色。在传统媒体和新兴媒体并存竞争的时代，各种新兴事物层出不穷，飞速发展。以微信为例，2011年1

① 郭庆光：《传播学教程》，中国人民大学出版社1999年版，第168页。

月 21 日微信被腾讯正式推出。有学者在《2013 年预测之微信风暴》一文中曾预测，“2013 年，微信用户将在年初突破 3 亿，在年内突破 4 亿，并开始冲刺 5 亿”[①]。结果到 2019 年，微信的活跃用户已经超过 11 亿。新媒体技术和新用户需求使得我们必须走融合之路，以激发传统媒体的活力，为其赢得更为广阔的生存空间。推广互动融合模式，可以实现对信息、人力、设备、品牌等资源的共享，使信息通过更多的渠道、在更大的范围内接触受众，提高市场占有率和媒体品牌的知名度。推广互动融合模式，也可以对已经占有的媒介市场起到保护作用，在新闻信息的传播上既能够实现资源共享而又产品各异，化竞争为合作，联手做大信息市场，并且保持话语权优势地位。例如，在传统媒体的融合发展过程中，移动终端设备的介入可以促进新闻消费者数量的上升。美国平板电脑用户中，有 31% 的被调查者把更多时间花在阅读新闻上；31% 的被调查者乐于通过新渠道获取新闻资讯；有 43% 的被调查者正在适应把新闻资讯下载到平板电脑上阅读。[②] 2013 年 12 月，新闻集团完成了对爱尔兰社交新闻公司 Storyful 公司的收购，并将该公司的技术力量和网络化功能用于其自身业务流程的改进。Storyful 公司在一定程度上扮演了世界范围内新闻媒体的素材来源的角色，其官网显示，目前与之合作的媒体包括：BBC、NBC、《纽约时报》和《华尔街日报》、法兰西 24 小时新闻频道、半岛电视台、路透社等。美国彭博资讯公司的多媒体服务主要在三个频道为大家提供信息：其一是电视，美国有 6000 万用户；其二是网站，在网上即时播报；其三是手机，主要是通过 iphone 和黑莓手机进行播报。[③] 目前，我国传统媒体的媒体融合已经在实践中，但是模式机制的创新依然需要时日。

① 方兴东：《2013 年预测之微信风暴》，《计算机世界》2013 年第 1 期。

② 参见喻国明《媒介革命——互联网逻辑下传媒业发展的关键与进路》，人民日报出版社 2015 年版，第 258 页。

③ 龚铁鹰编：《美国政府如何与新闻媒体打交道》，五洲传播出版社 2010 年版，第 203 页。

（二）可以尝试交叉共享新闻资源

新的传播环境下，只依靠独立的单一媒体实现全面地报道危机事件是不可能的。加强和完善危机事件报道不再是单一媒体的任务和职责，需要多种媒体相互配合，交叉共享新闻资源，使其各自拥有的资源优势能够得到充分利用。《纽约时报》公司总裁苏兹伯格认为，《纽约时报》向受众出售的并不是报纸，而是新闻、信息与知识。这种信息与知识，究竟是以纸张、胶片为载体，还是以无线电波、直播卫星、网络为媒介都已经无关紧要。重要的是，必须应用最新的技术手段，多渠道地销售信息与知识。[①] 美国《华尔街日报》已经开始新闻融合的实践，对于传统媒体和网络媒体两个部门进行无缝对接，加强合作又各有重点。网络编辑与传统媒体编辑始终保持良好的互动，合作利用资源，共同报道新闻。华尔街日报网站可以做到对危机事件的连续报道，《华尔街日报》则刊登深度解析文章，两者各有侧重和分工。同样，印刷版的内容来源一部分也会取自网络，尤其是“民意”。[②] 2011 年，BBC 大新闻部国际部建立了“中央厨房”，工作人员的职能有两个：其一，每天在视频窗口选取新闻，然后进行编辑整理，放到公共资料库里。同时对重量级的采访和内容进行协调通气，让所有语言组共享视频资源；其二，作为 BBC 大新闻部其他部门和国际部对接的桥梁，接受其他部门的“内容订单”，同时协调其他部门为国际部提供视频资源。

（三）力争通过联动扩大新闻影响

在危机报道中，传统媒体以其强大的舆论影响力可以引导新媒体的报道基调，使之更趋理性和主流；新媒体则以其得天独厚的技术特性可以丰富传统媒体的议程设置内容，强化传播效果。新华社总编辑南振中曾提出“两个舆论场”的说法。他认为，社会上存在两个舆论场，一

---

① 曾凡斌等：《国外大报报网互动探析》，《中国报业》2007 年第 5 期。

② 曾凡斌等：《国外大报报网互动探析》，《中国报业》2007 年第 5 期。

个是传统媒体的官方舆论场，一个是网络媒体的民众舆论场。[①] 从以往的经验可以知道，传统媒体舆论场中的话语权主要把控在所有者和控制者手中，政府相关组织决定“由谁说”、“说什么”和“怎样说”这些要素。而网络媒体中所集聚的技术人才正在使得传播方式呈现出平民化、数字化、视频化的特质，传播范围和传播效果正在逐渐呈现超越传统媒体的趋势。如果传统媒体的专业性结合新媒体的技术性必将使得新闻报道水平更上一个台阶。美国全国公共广播电台（NPR）就已经变身为多媒体公司，既有广播媒体，也有自己专门的网站，还有手机播放软件，美国国内听众达到3200万。[②] 2010年4月30日，中国媒体在海外的第一个多媒体中心——新华社欧洲多媒体中心建成。2010年5月到2011年1月，新华社欧洲多媒体中心共编发各类稿件8461条，其中视频稿1407条、图片稿5648条、文字稿1406条，多媒体报道1407组。2010年，新华社欧洲多媒体中心广告当年实现盈利。[③] 2010年3月28日，山西王家岭煤矿透水事故发生后，中央电视台新闻频道、综合频道、英语国际频道等分别直播报道事故现场的抢险救援情况，网站同步进行视频、图片和文字报道。此次公开透明的视频报道，翔实具体的图表呈现，多渠道的传播方式使其成为危机报道的一个经典，包括CNN、BBC等在内的国外众多媒体都对救援的直播内容进行了采用。《纽约时报》认为，在充满危险的煤炭采掘业中，无论按照何种标准，这都是一个“奇迹”。

（四）必须丰富拓展信息来源途径

没有足够的信息来源，就不会有丰富的新闻产品。新媒体的广泛应用不仅催生了新的信息来源途径，而且极大地丰富了新闻资源，打破了

① 赵艳丽：《网络舆论监督：打造同一个舆论场》，《青年记者》2007年第8期。

② 龚铁鹰编：《美国政府如何与新闻媒体打交道》，五洲传播出版社2010年版，第167页。

③ 参见伍刚《传统媒体和新兴媒体融合发展的愿景与路径》，社会科学文献出版社2014年版，第49页。

消息来源的程式化。新闻传播存在多级信源。第一级信源是社会环境中存在的客观事物。原始信息经过媒体从业人员选择、加工和制作，成为可供媒介传播的新闻信息，这时的传播者就充当了第二级信源。而经过加工和制作的新闻信息一旦被传播，让广大受众感知和认同，此时的新闻媒体就成为传播活动的第三级信源。传统信息来源基本上仅限于政府、社会组织和媒体。随着互联网技术和手机技术的发展，信息发布已不再是政府、社会组织和媒体的特权，个人、由个人临时组成的松散型小团体（网络社区、QQ 群、微博、微信群等）都可以成为信息发布的来源。学者指出，“无论什么时代，内容为王都是不争的事实。尤其是在互联网时代，信息纷繁复杂、同质化现象严重，加之信息的高度对称和模式的可复制性导向，致使新闻媒体之间的竞争愈加激烈，优质的原创内容就是核心竞争力”。[①] 原创内容只能来源于独有的信息来源和广泛的信息基础。例如，澎湃新闻客户端除了基本的互动功能设置以外，专门设计了一个网友追问区，网络用户可以对其他人的事实和观点提出质疑。这样的设计实际上就是构建了一个“信息交流市场”，各种信息和意见可以相互交锋，媒体从业人员可以从中积累信息资源。BBC 则在其官网上推行社交媒体活动，用户可以按自己的要求随意修改页面设置，按照自己的喜好重新编排网站新闻内容，并直接在主页上建立自己的博客和播客，为这一具有全球影响力的电视媒体和网站提供影像和图片信息。

（五）积极提高传播社会参与程度

网络时代，专业媒体可以说还是拥有主导性话语权，但与此同时，社会民众正在通过各种方式参与到新闻制作和信息传播的过程中。伴随着自媒体的发展和壮大，来自普通民众的信息和言论在不同新闻传播渠道中呈现出越来越大的比例。以美国媒体为例，其传统媒体为了应对各

---

① 梁勤俭：《报网互动引发的思考》，《声屏世界》2012 年第 11 期。

种新兴媒体的冲击，正在慢慢改变自身定位，开始将网络视频、微博、博客、播客等内容有机地采用到信息来源系统中。2006 年 8 月 1 日，CNN 开始推行“iReport”（我报道）模式。2006 年 9 月 19 日，泰国发生政变时，大量普通民众按照规格要求制作的手机照片、数码影像立即出现在 iReport 板块中，使得 CNN 能够得到大量第一手资料，其时效性堪比现场直播。① 2011 年 11 月 14 日，CNN 还针对 iReport 软件的功能进行了优化和升级，升级之后的 iReport 利用专门的客户端作为其特聘撰稿人在重大事件现场发表评论及发布消息的工具。美国 CNN 新闻的副主管 Susan Bunda 表示，“在任何时间任何地点发生的新闻，通过我们的观众搜集的内容，我们可以给突发新闻和其他报道提供不一样的和更深入的视点”。② 目前，我国短视频 App 的发展势头强劲，某种程度上可以作为新闻报道材料的补充。当然，由于这些原始报道材料还要证实其真实性。只有发动普通民众的参与，才能开创全民新闻的新局面，提高信息的传播速度和扩大媒体的影响范围。

综上所述，在网络时代，媒体之间的相互借鉴和互相融合已经是大势所趋。随着整个社会的发展，媒体之间的关系应该是越来越紧密，合作有利于创新，融合有利于壮大。新媒体要依赖于传统媒体的公信力，而传统媒体需要新媒体的创新力。只有不同媒体不断地相互适应、相互学习，才能够共同实现新时代受众对危机报道“求快”“求真”“求深”的要求。

---

① 韩鸿：《新媒体背景下突发事件报道的机制创新——以 CNN 的〈我报道〉为例》，《西南民族大学学报》2007 年第 4 期。

② 韩鸿：《论新媒体背景下的突发事件报道——以 CNN 日本地震报道中的 iReport 为例》，《电视研究》2011 年第 6 期。

第三章　受众心理：影响传播效果的主因

危机事件中最关键的因素是人，危机报道必须以受众为中心。在发生危机事件的非常态情势下，受众获取信息的需求更加紧迫，因为信息沟通可以消除危机事件带来的未知性和不确定性，进而稳定受众心理，使其做出相应的判断。危机传播中媒体从业人员只有深入了解受众心理，新闻报道才能做到有的放矢，新闻信息才能更加契合受众的需要，从而协助政府处理危机事件，维护社会的和谐稳定。

第一节　信息接收：影响受众心理的开始

由于中国社会发生的巨大变化，使得媒介、文化与社会的关系日益密切，新闻媒体已经成为人们非常重要而必需的交往工具。现代传播活动已经成为现代化社会的一种特征，它可以通过各种节目或栏目传递某种理念和情感，给予民众某种情感支持，成为他们的情感和心理依赖[①]。现代传播媒介的普及，正在越来越广泛地影响人的社会生活和人与人、人与社会之间的关系。危机事件中的传播活动则会导致一系列的受众心理反应。

---

① 田中初：《新闻实践与政治控制》，山东人民出版社 2005 年版，第 156 页。

一 数据来源与分析方法

公共危机中的核心工作是政府借助媒体进行危机管理。为实现共同的目标，我们必须研究公共危机中我国媒体受众的心理特点和传播规律，并加以科学的引导，使不同社会阶层形成解决危机的合力。公共危机的控制和解决在很大程度上取决于社会舆论的正确，社会心理的稳定。当前的中国，危机传播的管理和受众心理的引导已经处于重要位置，是危机事件能否成功化解的关键性要素之一。

本课题组采用不等概率抽样方法，在全国范围抽取了不同社会阶层的受众进行问卷调查。本次调查从受众的危机认知规律，危机中受众的心理波动规律，以及危机中不同媒体的心理影响力三个方面，多维度研究危机事件中我国受众信息接收以及信息交流的习惯及情况。本次调查完成时，回收问卷5000份左右，经过整理得到有效问卷4215份。本次调查有效样本的区域分布状况比较均匀，覆盖了全国绝大多数省份。调查数据的录入和整理使用Excel软件，数据分析使用SPSS软件13.0版。调查报告主要采用单变量频次分析与多变量间的交叉分析进行数据分析。依据分析方法的不同，调查报告主要包括两大块内容：采用单变量频次分析的某一受众心理或行为的总体分析和采用多变量间交叉分析的某一心理或行为的不同受众差异分析。本章中所用调查数据全部都来自本次调查，不再另行说明。

中国社会科学院“当代中国社会阶层结构课题组”于2002年发布研究报告，将中国社会民众分成不同的社会阶层，其中的强势群体主要包括拥有相当资源的高层管理者，拥有组织资源的企业经管者，拥有文化资源的高级专业人士，拥有经济资源的私营企业主；中间群体主要包括一般社会管理者、经理人员、小微企业主、技术人员等；弱势群体主要包括商业服务人员、工人、农民、城乡无业者等。“一个社会的阶级阶层结构发生重大变化的时期，往往也是该社会发生划时代变化的时期。从某种意义上可以说，社会划时代性变化，就是这个社会的阶级阶层结构的时代性变化。”① 所以，本次调查中的受众职业也基本按照中国社会科学院的阶层划分进行分析和研究。有效样本中的被调查者的主要特征如下：以中青年为主（年龄介于20岁—40岁）；文化程度高中以上的居多；男女比例在6∶4左右。有效样本特征具体信息情况见表3.1。

表3.1　　调查样本特征一览表

样本特征		人数	百分比（%）
年龄	20岁以下	594	14.1
	21—30岁	1815	43.0
	31—40岁	978	23.2
	41—50岁	606	14.4
	51岁以上	222	5.3
文化程度	初中及以下	549	13.0
	高中	1214	28.8
	大专、本科	2174	51.6
	硕士及以上	278	6.6
职业	干部及领导	708	16.8
	私营或个体劳动者	720	17.1
	技术人员及一般职员	974	23.0
	工人、商业服务人员	328	7.8
	农民、进城务工者	417	9.9
	学生及其他	1070	25.4
性别	男	2467	58.6
	女	1748	41.4

数据来源：本课题组的抽样调查。

① 陆学艺主编：《当代中国社会流动》，社会科学文献出版社2004年版，第206页。

二　受众的媒体使用习惯

受众的媒体使用习惯和模式的形成过程是十分漫长和复杂的，它既有历史的原因，也有现实的需要。一方面，它具有共性的特征，这种共性与人的生理性需求动机有关，表现为获得信息以减少不确定性。另一方面，它又具有明显的差别，这种差异与受众所处的社会环境有关。经济条件、生活水平、社会地位、地理环境、文化程度、风俗习惯等因素都会造成受众媒体使用习惯的不同。

（一）危机事件中受众使用媒体时间分析

危机事件中，大部分受众在事件刚发生时使用媒体，之后受众的使用强度递减。危机事件发生时，受众最关心的是事件的最新情况。一般情况下，公共危机事件涉及的人群较广，影响重大，普遍会引起受众的及时关注。我们以危机事件爆发为时间基点进行分析，基点之前和基点之后的时段内，受众的媒体关注度都呈现逐渐递减的态势。也就是说基点之前，危机事件有先兆的时段受众使用媒体很少；基点之后，危机事件从发生到发展直至解决，一直延伸到结束后，除了在发展到高潮时段会产生一个小幅度的上升外，受众使用媒体都呈现出不断递减的态势。

表 3.2　受众关注危机事件的时间段分析

时间段	事件有前兆时	事件刚发生时	事件发展过程中	事件发展到高潮起冲突时	事件在解决过程中	事件结束时	事件结束后	不确定
人数	219	1235	569	670	602	88	143	689
百分比（%）	5.2	29.3	13.5	15.9	14.3	2.1	3.4	16.3

数据来源：本课题组的抽样调查。

根据表 3.2 中的调查数据可知，有 29.3% 的被调查者会选择在“事件刚发生时”关注媒体，占到被调查者中的最高比例。此外，有 16.3%、

15.9%和14.3%的被调查者分别倾向于在“不确定”的时间段、“事件发展到高潮起冲突时”以及“事件在解决过程中”的时候关注媒体。在“事件结束时”和“结束后”关注媒体的被调查者比例最少，分别为2.1%和3.4%。这表明，在危机传播中，“事件刚发生时”是新闻报道和舆论引导的黄金时间。

（二）危机事件中受众使用媒体时长分析

危机事件中，大部分受众依据严重程度决定使用媒体时间长度，心情也会受到影响。危机事件往往因其对人们心理、生活乃至社会秩序产生较大影响而更容易引起受众的广泛关注。现代社会已经进入信息时代，人们获取信息的渠道不仅仅是大众传播媒体，还可以通过各种各样的传播渠道获得所关心的信息，如社交媒体、手机媒体等。危机事件关系每个个体的切身利益，越是严重的危机事件，受众越急切地想了解事件的情况。危机事件中相关信息的传播频率、速度、数量等会急剧攀升，利用的传播工具种类也会大大增加。危机事件中，受众选择何种媒介、使用多长时间受到多重因素的影响。目前来看，由于我国主流传统媒体所具有的公信力和权威性，在危机传播中依然处于优势地位。

表3.3　危机事件中受众使用媒体时长的影响因素分析

类别	危机的严重程度	自己的心情	随机的	只在固定时间使用	自己对危机处理的满意程度	使用时间长短取决于和自己的关系	节目制作水平
人数	1446	620	561	476	459	375	278
百分比（%）	34.3	14.7	13.3	11.3	10.9	8.9	6.6

数据来源：本课题组的抽样调查。

根据表3.3中的调查数据可知，有34.3%的被调查者视“危机的严重程度”决定自己使用媒体的时间长度。此外，有14.7%的被调查者会依据“自己的心情”使用媒体，10.9%的被调查者取决于“自己对危机处理的满意程度”，8.9%的被调查者“使用时间长短取决于和自己的关系”。调查结果表明，“节目制作水平”对被调查者使用媒体时长的影响最小，只占被调查者总数的6.6%。这表明，受众在危机事件中的媒体使用主要取决于危机事件的本身影响因素，相对的和节目制作水平关系并不大。

（三）危机事件中媒介影响力分析

我国受众在危机事件发生时，最喜欢或最常使用的媒体是电视（调查结果见表2.1）。在大众传播媒介中，电视是全息媒介，它可以全方位地调动人的视觉和听觉器官进行信息接收。[①] 应该说，各种新兴媒体的出现和发展对传统媒体的霸主地位提出了更多的挑战，但是在危机事件的传播竞争中，我国电视媒体仍然占有一定的优势地位。

表3.4　　危机事件中受众承受的不同刺激源程度分析

类别	电视上的受灾画面	手机上的灾情信息	广播上的受灾情况描述	报纸杂志上的受灾照片	网络上的受灾视频
刺激程度均值	4.79	4.78	4.78	4.66	4.57
标准差	1.637	1.727	1.656	1.717	1.814

数据来源：本课题组的抽样调查。

根据表3.4中的调查数据可知，“电视上的受灾画面”对被调查者的刺激程度最高。“手机上的灾情信息”和“广播上的受灾情况描述”对被调查者的刺激程度一样，排在第二位。“报纸杂志上的受灾照片”对被调查者的刺激程度排在第三位。“网络上的受灾视频”对被调查者的刺激程度排在第四位。这表明，危机传播中各种媒体对我国受众心理普遍能够施加影响，其中电视媒介对受众心理的影响程度最高。

① 汪文斌等：《世界电视前沿》，华艺出版社2001年版，第30页。

三　危机中受众对政府的关注

个体在社会关系中的相应权力和地位及其变化，对于个体的情感状态有着极其重要的影响。[①] 当人们在社会关系中获得权力和地位或者增加了权力和地位时，他们将产生积极心理，否则将产生消极心理。普通民众在政府心目中的地位在危机事件中的体现是最为直观和明显的。人们会通过危机事件中政府部门的表现，对自己的行为和其他诸如心理和情绪等的演变进行合理定位。因此，在社会信任体系中，政府的公信力具有决定性意义，特别是政府一旦失信于民，就意味着社会信任体系的崩溃。所以，危机传播中的媒体必须尽可能多地提供人们最为关心的，与他们的需求紧密联系的多种信息，通过特有的表现方式在其传播平台上加以展示。

（一）危机事件中受众普遍关注政府的行动

现代社会，民众要求政府时刻履行各种责任，包括政治方面、行政方面、法律方面和道德方面等，缺一不可。危机事件爆发时，政府应该努力回应社会的要求，千方百计地履行好自己的职责，以增强民众的信任感。危机事件中的抢险救灾和信息发布是危机处理中的关键环节，受众往往通过这两个环节中的政府表现来直观地评判政府的责任感，从而树立其战胜危机的信心。有学者指出，人类社会已经进入了一个新的"类象时代"，"类象不再是对某个领域、某种指涉对象或某种实体的模拟。它无须原物或实体，而是通过模型来生产真实：一种超真实"。[②] "超真实"的特点是，由符号构造的真实比存在的真实还要"真实"，还要令人信服。而这个超真实的世界主要就是通过新闻传播来塑造的。

---

① ［美］乔纳森·H. 特纳：《社会学理论的结构》，邱泽奇等译，华夏出版社 2006 年版，第 417 页。

② ［美］道格拉斯·凯尔纳等：《后现代理论：批判性的质疑》，张志斌译，中央编译出版社 1999 年版，第 152 页。

表 3.5　　危机事件中受众对政府行动的关心程度分析

类别	程度	人数	百分比（%）	累计百分比（%）
关心相关政府行动	总是	954	22.6	22.6
	经常	1458	34.6	57.2
	有时	1110	26.3	83.5
	很少	522	12.4	95.9
	从不	171	4.1	100.0

数据来源：本课题组的抽样调查。

根据表 3.5 中的调查数据可知，危机事件中有 34.6% 的被调查者“经常”关注“相关政府行动”，有 22.6% 的被调查者“总是”关注“相关政府行动”。而危机事件中“从不”关注“相关政府行动”的被调查者只有 4.1%。这表明，危机事件中各级政府都应该通过新闻媒体传达正确信息，通过事实塑造形象，以达到消弭负面影响的目的。政府发布危机新闻应该遵循主动、全面、真实、及时、统一的原则。

（二）危机事件中受众关注政府后续处理的结果

危机事件的发生包含有很多的价值评判意义，它反映的是现实的某种不足和缺陷。当一件打破常规，而又有足够大负面影响的事情发生后，往往会让人们反思在事件背后所隐藏的制度性缺陷，从而引起公共政策完善方面的诉求。值得注意的是，具有某种相似性的事件一再发生的时候，就更容易触发人们对普遍问题的追问。正因为如此，危机事件的后续处理和问责结果往往成为人们关注的焦点。

表 3.6　　危机事件中受众对政府后续处理行动的关心程度分析

类别	程度	人数	百分比（%）	累计百分比（%）
想知道后续处理问责结果	总是	1290	30.6	30.6
	经常	1314	31.2	61.8
	有时	1035	24.5	86.3
	很少	471	11.2	97.5
	从不	105	2.5	100.0

数据来源：本课题组的抽样调查。

根据表 3.6 中的调查数据可知，危机事件中有 31.2% 的被调查者“经常”

"想知道后续处理问责结果"，有30.6%的被调查者"总是""想知道后续处理问责结果"。危机事件中"从不""想知道后续处理问责结果"的被调查者只有2.5%。这表明，危机事件解决后各级政府都应该及时通过有效传播渠道把事件的后续处理情况和对相关人员的问责结果通报给广大民众。只有通过经验的总结和教训的反思，才能达到举一反三的教育警示的作用。

（三）危机事件中受众普遍关注领导人的行动

政府形象的"硬内核"离不开政府公关的"软包装"，特别是它与传媒之间的互动关系将直接影响民众对政府形象的评价。① 今天的媒体在领导人影响力上具有某种程度的决定性，媒体的工作可以框定一个领导人的社会认同程度。今天的媒介社会，很多领导者已经开始研究和分析其形象投射与媒体传播之间的关联性。在危机处理过程中，领导者不仅应该是危机传播政策的制定者，也应该是危机应对方案的发布者、解释者。② 领导者是政府形象的重要载体之一，是政府"人格化"的代表，良好的个人形象和政府形象可以互相映衬。领导者一般是组织的核心，对组织的存在与发展有着举足轻重的意义。危机事件中，政府领导良好的作风和亲民的形象不仅会对受灾群众起到积极的心理安抚作用，而且也会通过媒体在普通受众心中产生巨大的号召力，可以帮助更有效地实现危机管理的目标，更有利于提高政府的服务形象。

表3.7　危机事件中受众对政府官员行动的关心程度分析

类别	程度	人数	百分比（%）	累计百分比（%）
关心相关领导人的行动	总是	873	20.7	20.7
	经常	1138	27.0	47.7
	有时	1209	28.7	76.4
	很少	712	16.9	93.3
	从不	283	6.7	100.0

数据来源：本课题组的抽样调查。

---

① 汪涌：《政府在危机事件中的传播策略探讨》，硕士学位论文，华中师范大学，2007年。
② 钟新：《危机传播：信息流及噪音分析》，中国传媒大学出版社2007年版，第122—123页。

根据表3.7中的调查数据可知，危机事件中有27.0%的被调查者“经常”“关心相关领导人的行动”，有20.7%的被调查者“总是”“关心相关领导人的行动”。在危机事件中，只有6.7%的被调查者“从不”“关心相关领导人的行动”。这表明，危机领导力是领导干部领导力的重要组成部分，很大程度上体现了领导者的领导风范与水平。危机到来时，领导者的言行具有较平时更强的社会影响力，对民众起着更大的引导作用。

第二节　承受能力：影响受众情绪的内因

危机事件发生及其后一段时间内，人们出于“应激心理反应”①，会对那些可能威胁到自身安全的信息产生兴趣，并从外界主动或被动地获取这些信息并据此做出判断，这一过程就是危机信息的认知过程。人们的危机认知在很大程度上代表着全社会的危机意识。危机意识是一个社会有效防范危机事件发生或发展的必要条件。当危机事件爆发时，具有危机意识的个人比那些毫无所觉的个人更可能针对危机采取理性行为。危机事件的解决，需要人们更多的“内在性的自觉”，而不仅仅是外在性的强制。

一　心理承受能力的内涵

“心理承受能力”即心理耐力，是指普通个体能够承受的心理负荷程度。“心理承受能力”由个体身心反应和行为反应两部分组成。一般而言，越是了解相关危机信息，防范能力越强，应对危机事件的心理承

① 应激心理反应是指应激反应的一个方面。大体上可分为情绪反应、自我心理防御反应及行为反应。情绪反应中最多见的是焦虑，还有愤怒、内疚、恐惧、抑郁、习得无助等。个体在应付应激时，其内部心理活动中具有自觉或不自觉地解脱烦恼、减轻内心不安，以恢复情绪平衡与稳定的一种适应性倾向，即自我心理防御反应。

受能力就越强，处理能力也就越高。受众作为危机事件的直接或间接影响群体，其对于危机事件的认知，对危机状态下社会心理的稳定程度具有不容忽视的影响力，是危机管理方面重要的研究内容。

通过对危机传播的控制，政府或组织就能掌握和引导社会舆论及受众心理。社会舆论和受众心理的平稳有序是保证危机处理顺利进行的必要前提。我国媒体作为主要的信息拥有者和主流的信息支配者，对民众危机认知心理的准确把握，以及在此基础上的正确引导，对提高传播效力、稳定社会秩序、加强危机管理等都具有重要意义。通过对民众危机认知心理的分析与把控，政府或组织都希望能够实现以下目标：第一，与新闻媒体实现合作，按照民众的需求传递信息，让其对危机事件的发生发展能够做出准确预判；第二，抵制“流言”[①] 和谣言的影响，在危机事件中积聚正能量减少负面情绪，维持社会正常秩序；第三，培育受众的危机防范意识，通过普及危机应对知识，提升受众危机应对能力；第四，降低各方面的损失，通过社会力量的动员，实现快速反应、节约社会资源。在明确这些目标之后，发现、减少因受众认知偏差而造成的沟通障碍，从而有的放矢地进行危机管理和危机公关应当成为一项重要任务。民众对某一事件的关注度越高，意味着该事件造成的社会影响越大、受影响的人群就越多，越应该引起重视。

综上所述，危机传播的心理影响，是建立在民众予以认知进而采取相应行为的基础上的。受众心理研究的目的是服务于危机管理，对受众信息解读类型的研究将促进危机传播的改善和发展。

第一种是对于危机信息的正常化解读。某些受众的这种解读倾向于将任何事物都看成正常的，即使得到异常的信息，也尽可能从正常角度进行判断和解读。在现实生活中，受众的这种解读倾向往往会导致忽视

① 流言是一种信源不明、无法得到确认的消息或言论，通常发生在社会环境具有较高的不确定性，而正规的传播渠道（如大众传媒等）不畅通或功能减弱的时期。

媒体中所传递的危机信息，将客观存在的危险因素视作小概率情况，对社会生活中的潜在危险征兆视而不见，对媒体预警的危机信息当作正常新闻置若罔闻。

第二种是对于危机发展的乐观性解读。某些受众在接收到危机信息时，对危机的发生和发展的警惕性和判断能力不够。他们更倾向于将危机事件的有关信息看成一般社会状态，并相信最后都可以得到解决。从认知心理学角度来说，人们在意识到危机时，自己同时会感到压力，这种乐观倾向是受众为了减轻自己的心理负担而产生的无意识行为。但是这种信息解读往往会减少受众对自己周围危机的警惕，并轻视已发生危机的危害性。

第三种是对于危机危害的经验性解释。某些受众曾亲身经历过某种危机事件或者具有某种信息解读习惯，导致其乐于用已有经验来判断和解释危机信息。这些受众在判断危机事件的危害性时，自身以往的经验会极大地左右其判断结果。但是，如果面临的危机事件是个人未曾经历过的危机，那就很容易造成判断失误。

第四种是对于危机后果的悲观性解读。某些受众即使是对发生概率很低的危机也持有很深的危机感，尤其对危机事件带来的危害有过度化反应的倾向。在面对强烈地震、核电站事故、高危疾病流行等危机事件时，这些受众经常感到忧虑和恐惧，认为危机事件会给自己带来灭顶之灾。这些受众容易对危机信息反应过度，严重时会导致过激行为。这种情况下，某些受众生理上会出现疲倦、失眠、反应过度等现象；认知上会产生怀疑、犹豫、自信心减弱等状态；情绪上会出现恐惧、愤怒、悲伤等反应。

相关研究和调查表明，我国民众过去对危机的解释偏向于乐观性解释的特点。[①] 由于以前“化消极为积极”的危机报道和“人定胜天”的

---

① 王一牛、罗跃嘉：《突发公共卫生事件下心境障碍的特点与应对》，《心理科学进展》2003年第11期。

思想宣传，我国受众对危机事件的危害性往往认识不够，比较偏向于从乐观的角度出发理解危机，对危机事件的危害程度一般较少关注。目前来看，随着传播环境的变化和传播途径的增加，我国受众对危机事件的认知和解读已经发生了诸多变化。例如，受众通常根据危机事件范围的大小，受害者的多少，发生频率的高低等要素对事件产生不同的认知和解读，这些因素可以看成左右人们反应行为的重要因素。这些新变化都需要政府管理者和媒体从业者对受众的心理认知规律进行重新认识和把控。例如，2008 年 9 月，我国媒体披露的三鹿牌毒奶粉事件震惊世界。总的来说，尽管危机事件前期政府和媒体的表现有种种不足，但危机事件的中后期，政府和媒体的反应迅速及时，显示出政府危机处理的理智和媒体应对的敏捷。从 2008 年 9 月 12 日至 10 月 5 日，中央电视台《新闻联播》栏目高度关注三鹿牌毒奶粉事件，并展开连续的追踪报道，每天报道 2 条新闻，共报道 50 条。其后还播出了国家质检总局公布的检出含有三聚氰胺成分的婴幼儿配方乳粉企业名单，并处理了相关责任人，显示出政府高度负责和认真整改的决心。但是，三鹿牌毒奶粉事件影响非常深远，对于受众心理的冲击极其巨大。直到今天，我国政府和奶粉行业不论做出何种努力都难以彻底消除民众留下的心理阴影，导致的后果就是洋奶粉在市场奇货可居，国产奶粉举步维艰。

二　心理承受能力的分类分析

危机事件的影响是因人而异、因事而异的。对于同一危机信息每个人的承受能力有所不同，同一个人面对不同问题时反应情况也不一定相同。心理承受能力可以通过心理教育得到提高。教育的作用主要是改变个体的经验和认知的特点。人的认知具有很强的个性特征，这是其个体经历与教育经验的产物。在同样性质、同样强度压力的外界刺激下，不同个性受众的危机认知与行为反应是截然不同的，心理因素在其中会起到重要的中介调节作用。由于个体的心理中介因素存在差异，不同的信息带给人们的体验和影响也不同，相同的信息也会在人群中产生不同的心理反应。

第一，从性别角度分析，危机报道中的受灾信息对男性受众的刺激普遍强于女性受众。根据表 3.8 中的调查数据可知，“电视上的受灾画面”对男性被调查者的刺激程度最大，均值达到 4.97；“广播上的受灾情况描述”对男性被调查者的刺激程度排第二位，均值达到 4.89；“手机上的灾情信息”“报纸杂志上的受灾照片”对男性被调查者的刺激程度并列排第三位，均值达到 4.87。而对我国女性受众刺激程度最大的是“手机上的受灾信息”，均值达到 4.66；“广播上的受灾情况描述”对女性被调查者的刺激程度排第二位，均值达到 4.63；“电视上的受灾画面”对女性被调查者的刺激程度排第三位，均值达到 4.53。

表 3.8　　受灾信息对于不同性别受众的心理刺激程度分析

性别		电视上的受灾画面	广播上的受灾情况描述	网络上的受灾视频	报纸杂志上的受灾照片	手机上的灾情信息
男	均值	4.97	4.89	4.75	4.87	4.87
女	均值	4.53	4.63	4.30	4.36	4.66

数据来源：本课题组的抽样调查。

第二，从年龄角度分析，不同受众因媒体使用习惯导致受到的刺激并不相同。根据表 3.9 中的调查数据可知，“手机上的灾情信息”对“20 岁以下”和“21—30 岁”这两个年龄段被调查者的刺激程度排第一位，均值分别达到 4.81 和 4.86。这表明，“20 岁以下”和“21—30 岁”这两个年龄段的受众应该是以使用手机媒体来接收危机信息为主。“电视上的受灾画面”“广播上的受灾情况描述”“手机上的灾情信息”对“31—40 岁”这一年龄段被调查者的刺激程度排前三位。“电视上的受灾画面”“手机上的灾情信息”对“41—50 岁”这一年龄段被调查者的刺激程度排前两位，“广播上的受灾情况描述”“报纸杂志上的受灾照片”对被调查者的刺激程度并列排在第三位。“电视上的受灾画面”“广播上的受灾情况描述”“报纸杂志上的受灾照片”对“51岁以上”这一年龄段被调查者的刺激程度排前三位。这表明，31岁以上的被调查者应该是使用电视媒体来接收危机信息为主。同时，“电视上的受灾画面”对“41—50岁”这一年龄段被调查者的刺激程度排在第一位，均值达到4.92。这表明，现在使用电视媒体来接收危机信息最多的是“41—50岁”这一年龄段的受众。

表3.9　　受灾信息对于不同年龄段受众的心理刺激程度分析

年龄		电视上的受灾画面	广播上的受灾情况描述	网络上的受灾视频	报纸杂志上的受灾照片	手机上的灾情信息
20岁以下	均值	4.57	4.62	4.49	4.64	4.81
21—30岁	均值	4.78	4.84	4.64	4.72	4.86
31—40岁	均值	4.88	4.87	4.59	4.60	4.73
41—50岁	均值	4.92	4.71	4.49	4.71	4.77
51岁以上	均值	4.65	4.55	4.27	4.38	4.35

数据来源：本课题组的抽样调查。

第三，就文化程度角度分析，我国受众的受刺激程度与文化程度成正相关关系。根据表3.10中的调查数据可知，“手机上的灾情信息”“广播上的受灾情况描述”“报纸杂志上的受灾照片”对“初中及以下”文化程度被调查者的刺激程度排前三位。这表明，“初中及以下”文化程度的受众应该是以使用手机媒体来接收危机信息为主。“电视上的受灾画面”“广播上的受灾情况描述”“手机上的灾情信息”对“高中”文化程度被调查者的刺激程度排前三位。这表明，“高中”文化程度的受众应该是以使用电视媒体来接收危机信息为主。“电视上的受灾画面”“手机上的灾情信息”“广播上的受灾情况描述”对“大专、本科”文化程度被调查者的刺激程度排前三位。这表明，“大专、本科”文化程度的受众应该是以使用电视媒体来接收危机信息为主。“电视上的受灾画面”“报纸杂志上的受灾照片”“网络上的受灾视频”对“硕士及以上”文化程度被调查者的刺激程度排前三位。这表明，“硕士及以上”文化程度的受众应该是以使用电视媒体来接收危机信息为主。同时，“电视上的受灾画面”对“硕士及以上”文化程度被调查者的刺激程度排在第一位，均值达到5.23。这表明，“硕士及以上”文化程度的受众由于信息接收能力和解读能力的水平较高，导致其受刺激程度最大。

表3.10　　受灾信息对于不同文化程度受众的心理刺激程度分析

文化程度		电视上的受灾画面	广播上的受灾情况描述	网络上的受灾视频	报纸杂志上的受灾照片	手机上的灾情信息
初中及以下	均值	4.45	4.53	4.31	4.46	4.74
高中	均值	4.72	4.69	4.47	4.59	4.61
大专、本科	均值	4.88	4.86	4.63	4.69	4.87
硕士及以上	均值	5.23	4.98	5.01	5.10	4.95

数据来源：本课题组的抽样调查。

第四，就职业角度分析，农民、进城务工者的受刺激程度比另外群体要低。根据表3.11中的调查数据可知，“电视上的受灾画面”“报纸杂志上的受灾照片”“广播上的受灾情况描述”对“干部及领导”身份被调查者的刺激程度排前三位。这表明，“干部及领导”身份的受众应该是以使用电视媒体来接收危机信息为主。“手机上的灾情信息”“电视上的受灾画面”“广播上的受灾情况描述”对“私营或个体劳动者”身份被调查者的刺激程度排前三位。这表明，“私营或个体劳动者”身份的受众应该是以使用手机媒体来接收危机信息为主。“手机上的灾情信息”“电视上的受灾画面”“广播上的受灾情况描述”对“技术人员及一般职员”身份被调查者的刺激程度排前三位。这表明，“技术人员及一般职员”身份的受众应该是以使用手机媒体来接收危机信息为主。“手机上的灾情信息”“电视上的受灾画面”“报纸杂志上的受灾照片”对“工人、商业服务人员”身份被调查者的刺激程度排前三位。这表明，“工人、商业服务人员”身份的受众应该是以使用手机媒体来接收危机信息为主。“广播上的受灾情况描述”“手机上的灾情信息”“电视上的受灾画面”对“农民、进城务工者”身份被调查者的刺激程度排前三位。这表明，“农民、进城务工者”身份的受众应该是以使用广播媒体来接收危机信息为主。“广播上的受灾情况描述”“手机上的灾情信息”“电视上的受灾画面”对“学生及其他”身份被调查者的刺激程度排前三位。这表明，“学生及其他”身份的受众应该是以使用广播媒体来接收危机信息为主。从调查数据可得，媒体所发布的灾情信息对于不同职业身份的受众都有明显和普遍的影响，但是“农民和进城务工者”和“工人、商业服务人员”两个群体被调查者是受刺激程度最低的两种。这表明，在危机传播中，“农民和进城务工者”和“工人、商业服务人员”两个群体由于信息获取能力和信息解读能力的不足，导致其受刺激程度反而最小。

表 3.11　受灾信息对于不同职业受众的心理刺激程度分析

职业		电视上的受灾画面	广播上的受灾情况描述	网络上的受灾视频	报纸杂志上的受灾照片	手机上的灾情信息
干部及领导	均值	4.87	4.68	4.64	4.70	4.65
私营或个体劳动者	均值	4.82	4.81	4.55	4.66	4.84
技术人员及一般职员	均值	4.83	4.82	4.52	4.63	4.86
工人、商业服务人员	均值	4.72	4.54	4.47	4.61	4.85
农民、进城务工者	均值	4.53	4.65	4.25	4.52	4.59
学生及其他	均值	4.80	4.87	4.72	4.74	4.86

数据来源：本课题组的抽样调查。

三　心理承受能力低下的反应

面对危机事件，人们的心理反应是个人在直接或间接巨大威胁下产生的情绪状态。危机事件的危险性和突发性要求人们立即做出某种反应，所以会对人的心理构成巨大压力，使人被迫进入心理应激状态。因此，危机事件中人们的心理反应其实质是应激心理反应，是危机信息和个人认知相互影响的结果。受众的心理承受能力不仅取决于危机事件发生的种类、等级、发生的时间、发展的速度、持续时间等因素，更取决于受众的心理素质。面对危机事件，心理承受能力通常有赖于个体对应激的耐受性，每个人必然会出现不同的心理反应。同样，在危机信息的影响下，个人的心理状态也会发生微妙的改变，严重时甚至会导致生理、认知、情感等方面的连带变化。具体来说，危机信息的传播会给受众造成以下几种主要的心理反应。

第一种是恐惧并逃避。恐惧是危机发生时受众最容易出现的心理现象。危机事件中人们如果产生一定程度的恐惧心理，并能够激发起防备和解决的意愿，对于危机处理来说是有积极意义的。但是，如果某些群体由于过度恐惧而选择消极逃避，不愿意加入共同解决危机的群体性行动，这无疑对危机处理会产生消极影响。而且，这种消极逃避的恐惧心理如果发生集聚现象，将有可能导致整个社会对危机事件处理的信心的动摇。

第二种是过于自信。某些过于自信的受众会认为危机事件的发生与发展不会来到自己的身边或目光所及的范围之内。某些受众通常会依据自身认知经验而无视这种危险的存在，对于政府和媒体传递的警告或意见置之不理。这种过于自信的心理可能会导致人们预防措施的不足，既可能加剧危机事件的蔓延和扩散，也可能会给危机事件的解决留下隐患。

第三种是草木皆兵。某些受众的心理承受能力比较低下，对危机事件的威胁经常给予非理性的估计。这些受众容易受到流言或谣言的影响，出于对自身安全的考虑进行毫无根据的信息转发或情绪化评论。与此同时，这些受众会对危机事件中的受灾者进行无条件的排斥和孤立，使得抢险救灾的难度加大。当这种个体心理现象成为普遍现象后，有可能会导致某些受众做出非理性的群体性行为。

第四种是无助和绝望。某些受众在危机事件中会由于各种主客观原因产生无助和绝望的悲观情绪。这些受众会由于这种悲观情绪而影响其正常的社会生活，也会对政府或相关组织采取的措施熟视无睹、无动于衷。这些受众所怀有的灾难面前无能为力的态度，对于危机事件的处理将产生消极的负面影响，对于个人的命运可能做出极端的反应行为。

根据表3.12中的调查数据可知，在危机事件发生时，媒体报道数量与受众心理波动程度的相关程度依次是：与“总是”成正比关系的被调查者占12.0%，与“经常”成正比关系的被调查者占20.3%，与“有时”成正比关系的被调查者占35.6%。这表明，危机事件中媒体报道数量越多，我国受众心理波动程度越大。

表3.12　危机事件中媒体报道数量与受众心理波动程度相关性分析　单位：%

总是	经常	有时	很少	从不	合计
12.0	20.3	35.6	24.4	7.6	100.00

数据来源：本课题组的抽样调查。

根据表3.13中的调查数据可知，在危机事件发生时，媒体报道数量与受众行动程度的相关程度依次是：与“总是”成正比关系的被调查者占11.8%，与“经常”成正比关系的被调查者占21.1%，与“有时”成正比关系的被调查者占35.5%。这表明，危机事件中媒体报道数量越多，我国受众做出某种反应行动的可能性越大。

表3.13　危机事件中媒体报道数量与受众行动程度相关性分析　单位：%

总是	经常	有时	很少	从不	合计
11.8	21.1	35.5	25.0	6.6	100.00

数据来源：本课题组的抽样调查。

第三节　不良反应：刺激性画面的观看后果

随着市场经济的发展和竞争的日趋激烈，媒体为了自身生存和吸引受众的需要，开始加大了在新闻传播过程中对图像符号的使用力度。图像符号从其类型划分包括电视媒体的画面、纸质媒体的照片、网络等媒体使用的影像等；从其来源分析则包括媒体从业人员拍摄的照片，编辑人员后期处理的图片，特技人员设计制作的视觉符号，等等。从认知心理分析，在人类的感知信息中，视觉信息占据 83% 以上。20 世纪 70 年代末开始，伴随着摄影、摄像等影像记录技术的发展和普及，各种视觉符号开始渗透到社会的方方面面，图像正在和文字一起，成为人们感知信息的载体之一，社会跨越到前所未有的“读图时代”。美国学者指出，“今天的现实是，我们周遭的世界以视觉为主要媒介，我们对世界的理解不是通过文字，更多的是通过视觉信息”。①

一　危机传播中的影像流行

随着各种成像技术的发展及传播平台的不断成熟和多元化，危机传播中的影像拍摄已经得到了很大程度的普及。“有图有真相”已经不再是一个口号，而确实成为一种手段。在如今视觉传播大行其道的新闻传媒业，通过新闻影像的直观形象辅以简要的文字说明来传播危机信息，已经成为一种重要的新闻报道形式。危机事件中的影像拍摄之所以能够引起人们极大的关注，是因为影像在表现危机事件时，具有其他传播形式无法比拟、与生俱来的优势。

首先，影像技术可以满足危机事件中的受众信息需求。大脑接收图像刺激的速度比文字更快，因此图像比其他信息载体更容易吸引人的眼球。② 影像技术在将现实的危机事件信息转换成受众可见的二维或三维图像的过程中，以压缩时间与空间的形式，集中截取了历史横断面瞬间的画面形象。它可以直观地再现灾难现场，所传递的信息比用文字客观描述带来的内在想象空间更加巨大也更加真实。这种传递可以满足人们

---

① ［美］保罗·M. 莱斯特：《视觉传播：形象载动信息》，霍文利等译，北京广播学院出版社 2003 年版，第 446 页。

② ［美］斯蒂芬·阿普康：《影像叙事的力量》，马瑞雪译，浙江人民出版社 2017 年版，第 68—69 页。

在危机事件中希望亲眼所见和亲身可感的认知愿望。

其次，影像技术可以提供危机事件现场的真实信息。影像技术可以真实直观地表现灾难场景，现场感强，使受众感到真实可信。大多数的人都认同一个观点，就是影像可以满足受众“百闻不如一见”的心理欲求①。正如美国作家苏珊·桑塔格在《论摄影》中所言：“有些我们听说但生疑的事情，一旦有照片佐证，便似乎可信。”“一张照片可作为某件发生过的事情的不容置疑的证据。”② 照片尚且如此，影像的威力更不在话下。

再次，影像技术可以实现跨文化传播所需的素材。影像技术形象直观的表达方式，使其能跨越语言文字障碍，在不同民族、不同语种间迅速明白地传递信息。由于这个原因，灾难新闻摄影报道有着广泛的影响力。一些国际视野的优秀灾难新闻摄影作品，往往可以轻松跨越地域和文化的藩篱，在世界范围内引发人们的共鸣。从历年以来荷赛奖③的获奖作品就可以看到这种特质。

最后，影像技术可以提供相对新颖的视觉体验。运用影像拍摄技法，从不同角度和不同景别，媒体从业人员往往可以提供相对新颖的视觉体验，以此形成强大的视觉冲击力，进而形成不错的信息传播效果。如使用长焦距镜头拍摄的特写照片，或经报纸、杂志和网络编辑剪裁而成的特写画面，都可以最大限度地剥离被摄主体与周围环境的关联，使受害者的形象、情感和生存状态得到凸显，使有关灾难性事件的图像与受众日常的心理认知、视觉经验的常态之间形成巨大张力，增加灾难性事件的传播效果。④

---

① 参见黄匡宇《电视新闻语言学》，中国广播电视出版社2000年版，第241页。

② ［美］苏珊·桑塔格：《论摄影》，黄灿然译，上海译文出版社2008年版，第32页。

③ 世界新闻摄影比赛，由总部设在荷兰的世界新闻摄影基金会主办。该会成立于1955年，因为发起于荷兰，故被称为荷赛。被认为是国际专业新闻摄影比赛中最具权威性的赛事。

④ 苗艳：《论灾难新闻摄影的正面价值与负面效应》，《成都理工大学学报》（社会科学版）2006年第3期。

危机传播具有直观性、刺激性、现场性等特点，如果不能掌握好影像呈现的“度”，则可能引起受众的负面心理反应。某些媒体在利益驱动下不顾及受害个体及其亲属的切身感受和人格尊严，将血腥、痛苦、惨烈、扭曲的危机事件影像不断播出，就是对传统媒介伦理底线的挑战。例如，在美国“卡特里娜”飓风报道中，一张一个男子尸体漂浮在水面的照片分外刺人眼球，让人震惊。这张照片以这样“直白”的方式展现飓风灾害的程度，对于受众必然是一种巨大的心理冲击，极有可能引发受众身心的不适。

二　刺激性画面影响总体分析

现在，数字摄录技术的发展和普及已经导致影像制作的成本大为降低，每个普通民众都可以拥有和使用这项技术，而媒体从业人员使用该项技术的条件就更是得天独厚了。在汶川地震的新闻报道中，《人民日报》每天的头版上基本都会出现一到两张相关内容的新闻图片。危机报道属于一种典型而又不同于其他类型的新闻报道形式。它正是依靠其特殊的负面性、冲突性和震撼性内容，配合独特的新闻叙事方式而受到人们的广泛关注，并产生深远的影响。危机报道过程中一定含有国家及人民生命财产受到损失等令人痛心的内容元素，一些灾难新闻中出现的血腥、刺激性画面或文字会激起部分心理承受能力较差受众的“应激反应”[1]。本书的调查表明，观看到刺激性画面后，大约有2%至20%的受众会不同程度地在自己的饮食起居等方面受到影响。

---

① 各种紧张性刺激物（应激源）引起的个体非特异性反应。包括生理反应和心理反应两大类。生理反应表现为交感神经兴奋、垂体和肾上腺皮质激素分泌增多、血糖升高、血压上升、心率加快和呼吸加速等；心理反应包括情绪反应与自我防御反应、应对反应等。

表 3.14　　危机事件中受众受刺激性画面影响的分析

类别		人数	百分比（%）
失眠或整天想睡	总是	228	5.4
	经常	483	11.5
	有时	1116	26.5
	很少	1386	32.9
	从不	1005	23.8
睡觉时做噩梦，半夜容易醒	总是	114	2.7
	经常	300	7.1
	有时	951	22.5
	很少	1560	37.0
	从不	1293	30.7
常有头昏的感觉	总是	84	2.0
	经常	252	6.0
	有时	708	16.8
	很少	1476	35.0
	从不	1695	40.2
胃口不好、吃不下饭	总是	93	2.2
	经常	276	6.5
	有时	828	19.6
	很少	1386	32.9
	从不	1635	38.8

数据来源：本课题组的抽样调查。

根据表 3.14 中的调查数据可知，有 5.4% 的被调查者认为刺激性受灾画面使其“总是”产生“失眠或整天想睡”的感觉，有 11.5% 的被调查者认为刺激性受灾画面使其“经常”产生“失眠或整天想睡”的感觉。有 2.7% 的被调查者认为刺激性受灾画面使其“总是”产生“睡觉时做噩梦，半夜容易醒”的情况，有 7.1% 的被调查者认为刺激性受灾画面使其“经常”产生“睡觉时做噩梦，半夜容易醒”的情况。有 2.0% 的被调查者认为刺激性受灾画面使其“总是”产生“常有头昏的感觉”，有 6.0% 的被调查者认为刺激性受灾画面使其“经常”产生“常有头昏的感觉”。有2.2%的被调查者认为刺激性受灾画面使其“总是”产生“胃口不好、吃不下饭”的情况，有6.5%的被调查者认为刺激性受灾画面使其“经常”产生“胃口不好、吃不下饭”的情况。

由此可以看出，受众对刺激性画面是有一定的心理承受能力的，但这些画面仍然会影响少部分受众的生理、情绪。血腥、死亡或残败的危机事件现场画面，对于某些心理承受能力较弱的受众来讲依然会引发其不良心理反应。因此，在利用影像进行灾难传播的过程中，媒体要充分发挥“把关人”的作用，对灾难影像进行有效选择，使新闻报道既能满足受众的知情权、信息权，又能适应受众心理承受能力。

三　刺激性画面影响分类分析

目前来看，不同社会群体依据其文化程度、职业特性和年龄差异等自身特质对于刺激性画面的心理承受能力会出现明显的差异，对于画面信息的解读也会出现不同的倾向，这是根据受众各自的生活经历和认知水平的不同而导致的必然结果。

第一，从性别角度分析，刺激性画面造成的影响差异性不大。就男女被调查者的主要区别而言，男性被调查者一般会较多“一再想起以前或其他可怕的个人经验”，其比例比女性被调查者高出7.4%；女性被调查者一般会较多“不由自主地一再想起危机的情形”，比男性被调查者高出5.8%。其他各调查项的情况并无太大差异。

表3.15　危机事件中刺激性画面对于不同性别受众影响的分析①　单位：%

		A	B	C	D	E	F	G	H	I
性别	男	25.1	12.8	8.0	17.4	22.1	37.0	6.2	12.7	6.3
	女	22.1	13.1	5.3	17.9	14.7	42.8	4.5	15.7	9.5

数据来源：本课题组的抽样调查。

① 调查表中的符号代表：A：注意力不集中；B：不想去上班上学；C：容易与他人起冲突；D：对事情对人缺乏耐心；E：一再想起以前或其他可怕的个人经验；F：不由自主地一再想起危机的情形；G：时常想骂人或是打人；H：想起死去的受灾者情绪即无法抑制；I：依赖他人。

第二，从年龄角度分析，刺激性画面对青少年造成的影响比较大。面对刺激性受灾画面，“20 岁以下”的被调查者在“依赖他人”层面远超其他年龄，比重达到 11.1%。这表明，青少年受众对受灾画面的心理承受能力最弱，“20 岁以下”受众在受到刺激性画面的影响时需要得到外界的帮助以保持心理稳定。“21—30 岁”“31—40 岁”“41—50 岁”三个年龄段的被调查者在受到刺激性画面的影响时，最常产生的是“不由自主地一再想起危机的情形”和“注意力不集中”这两种情况。“51 岁以上”被调查者在受到刺激性画面的影响时，最常产生的是“不由自主地一再想起危机的情形”这种情况，“一再想起以前或其他可怕的个人经验”和“想起死去的受灾者情绪即无法抑制”这两种情况并列第二位。这表明，“51 岁以上”的受众受到刺激性画面影响时经常联系自身经历，容易产生情绪波动。

表 3.16　危机事件中刺激性画面对于不同年龄受众影响的分析①　单位：%

		A	B	C	D	E	F	G	H	I
年龄	20 岁以下	21.7	15.2	4.0	12.1	19.2	40.9	4.0	13.1	11.1
	21—30 岁	23.0	14.2	6.8	16.7	19.9	41.2	6.0	13.7	7.5
	31—40 岁	28.2	11.3	7.7	21.2	18.7	35.3	5.5	12.3	6.1
	41—50 岁	24.8	10.4	7.9	19.3	15.3	39.6	5.9	14.9	7.5
	51 岁以上	13.5	12.2	9.5	18.6	21.9	37.8	4.1	21.9	6.8

数据来源：本课题组的抽样调查。

第三，从职业角度分析，刺激性画面对“农民和进城务工者”群体造成的影响比较大。在所有职业中，“农民、进城务工者”身份被调查者在受到刺激性画面的影响时，在“容易与他人起冲突”方面的比例达到 10.1%，在“时常想骂人或是打人”方面的比例达到了 10.1%，在“对事情对人缺乏耐心”方面的比例达到 20.4%。这三个方面的调

① 调查表中的符号代表：A：注意力不集中；B：不想去上班上学；C：容易与他人起冲突；D：对事情对人缺乏耐心；E：一再想起以前或其他可怕的个人经验；F：不由自主地一再想起危机的情形；G：时常想骂人或是打人；H：想起死去的受灾者情绪即无法抑制；I：依赖他人。

查数据都是所有职业中最高的。这表明,“农民、进城务工者”对受灾画面的心理承受能力最弱,容易出现应激性心理反应,容易导致行为出现过激现象。应该说,“农民和进城务工者”是我们在进行危机传播时必须加以关注和研究的重点人群。

表 3.17　危机事件中刺激性画面对于不同职业受众影响的分析①　单位:%

		A	B	C	D	E	F	G	H	I
职业	干部及领导	23.3	16.5	7.6	16.9	20.8	41.1	5.9	11.9	4.7
	私营或个体劳动者	27.5	11.3	6.3	17.9	19.6	38.8	4.6	16.7	9.2
	技术人员及一般职员	19.8	11.5	6.9	20.3	14.9	41.8	5.9	13.9	6.8
	工人、商业服务人员	30.3	12.8	7.3	17.4	16.5	35.8	2.8	15.6	7.3
	农民、进城务工者	27.0	12.2	10.1	20.4	24.6	33.1	10.1	12.2	6.5
	学生及其他	21.9	13.5	5.9	14.0	19.7	40.2	4.5	13.2	9.8

数据来源:本课题组的抽样调查。

第四,从文化角度分析,刺激性画面对高学历人群造成的影响比较大。就学历而言,“硕士及以上”学历的被调查者在受到刺激性画面的影响时,在“不想去上班上学”方面的比例达到20.7%,同时“一再想起以前或其他可怕的个人经验”方面的比例达到26.1%。而“时常想骂人或是打人”方面的人群中“硕士及以上”学历的被调查者和“初中及以下”学历的被调查者比例最高,分别是10.9%和10.4%。这表明,“硕士及以上”学历的高知人群和“农民和进城务工者”一样也应该成为我们在进行危机传播时必须加以关注和研究的重点人群。

---

① 调查表中的符号代表:A:注意力不集中;B:不想去上班上学;C:容易与他人起冲突;D:对事情对人缺乏耐心;E:一再想起以前或其他可怕的个人经验;F:不由自主地一再想起危机的情形;G:时常想骂人或是打人;H:想起死去的受灾者情绪即无法抑制;I:依赖他人。

表 3.18　危机事件中刺激性画面对于不同文化程度受众影响的分析①　单位：%

		A	B	C	D	E	F	G	H	I
文化程度	初中及以下	25.7	12.6	11.5	16.4	19.8	37.7	10.4	11.5	8.2
	高中	24.1	11.7	6.5	19.4	23.1	36.0	4.5	15.4	7.7
	大专、本科	24.2	12.8	5.2	17.4	15.6	43.6	4.1	13.5	7.3
	硕士及以上	15.2	20.7	13.0	13.0	26.1	25.0	10.9	14.1	8.8

数据来源：本课题组的抽样调查。

综上所述，我国媒体对危机报道中的受众心理的认知和把握还显得较为薄弱，我国的危机传播较多的还是从管理者角度出发的“官本位”式传播，还缺乏对社会心理的理解和顾及。理解并尊重受众的心理感受才是有效危机沟通的前提。只有在自己的感受得到理解并被认同之后，普通民众才会产生依赖性和信任感，才能接受和理解媒体传达的信息。所以，重视和强调对这些传播心理因素的研究，无论是对于媒体传播本质的认识，还是对于具体危机传播规律的把握都具有十分重要的意义。

① 调查表中的符号代表：A：注意力不集中；B：不想去上班上学；C：容易与他人起冲突；D：对事情对人缺乏耐心；E：一再想起以前或其他可怕的个人经验；F：不由自主地一再想起危机的情形；G：时常想骂人或是打人；H：想起死去的受灾者情绪即无法抑制；I：依赖他人。

第四章　社会认知：传媒作用下的幻象

大众传播媒介并非独自存在，置身于改变我们社会的其他力量之外。媒介不只是塑造社会，亦被社会塑造。[①] 危机事件中受众接触媒体所传递的危机信息时，并不是凭空做出理解和判断的，而是在记忆中检索与危机信息最符合的认知结构，并与之相对照和匹配。只有危机信息与记忆中的认知结构能够发生联系，该危机信息才能够被理解和接收。当面对不熟悉的危机信息时，受众也是倾向于调动某种认知结构，利用其旧有的知识和经验来进行分析和认识，或者通过改变原有认知结构，甚至干脆建立一个新的认知结构，以接纳新危机信息。

第一节　心理把握：危机传播的作用基石

20 世纪 80 年代，社会心理学研究开始引入现代认知心理学的有关理论来探讨社会知觉的过程，产生了“社会认知”这一新的概念和研究领域。知觉以感觉为基础，并进一步发展为记忆和思维，逐步形成对人或事物的特征以及人或事物之间联系的心理反应，这一系列过程便构成了人的认知。

---

① 钟大年等：《香港内地传媒比较》，北京广播学院出版社 2002 年版，第 1 页。

一　民众认知的内涵分析

“社会认知”是指个体在社会环境中对自我、他人或群体的心理特征和行为规律进行感知、判断、评价、推断和解释以作进一步反应的过程。[①] 现代认知心理学从不同的角度对人的知觉和认知活动进行了研究，形成了各种理论。其中，结构主义知觉理论认为，知觉是一个“积极的构建过程”，即“利用从一些来自感觉器官的不稳定的数据片段和来自记忆的零碎信息去构建针对某一目标的知觉”[②]。瑞士学者皮亚杰（Jean Piaget）的“同化—顺化”认知发展模型将认知看成“是一个复杂有机体之于复杂环境的一种具体的生物适应形式”。为了适应环境，人的认知系统能够积极地选择环境信息，并对其加以解释、转换和重组，使环境信息“同化”于自己既有的知识结构，或者使自己的知识结构“顺化”于认知客体的特性。[③] 总结起来，这些理论从不同角度阐明了这样一个观点：人的认知活动，不仅取决于外界刺激信息的特征，而且在很大程度上有赖于认知者的既有知识经验、生活方式、文化背景、情感意志、兴趣爱好、认识方式、个性特征等多方面的主体因素。而所有这些主体因素的综合，便构成了人的认知结构（有时亦称之为图式[④]）。

社会认知过程离不开图式化和类别化。当面临新情境时，认知者总是倾向于将新情境与头脑中的社会图式作“相似性的匹配”和“类别

---

① 郑雪：《社会心理学》，暨南大学出版社 2004 年版，第 42 页。

② ［英］M. W. 艾森克等：《认知心理学》，高定国等译，华东师范大学出版社 2002 年版，第 78 页。

③ ［美］J. H. 弗拉维尔等：《认知发展》，邓赐平译，华东师范大学出版社 2002 年版，第 6—7 页。

④ 认知心理学家认为，人们在认知过程中通过对同一类客体或活动的基本结构的信息进行抽象概括，在大脑中形成的框图便是图式。

化处理”。[①] 综合运用图式化和类别化的手段，可以帮助人们更加快速便捷地认识和加工信息，从而大大简化社会认知的过程。不过，图式化和类别化的处理也可能导致一种特殊的情况发生，即“刻板印象”的形成，使人们对某个社会群体形成概括而固定的看法。对于社会认知而言，“刻板印象”有其积极作用，能够帮助人们快速形成社会认知，并指导社会行为。但是，“刻板印象”的弊端在于其具有较高的稳定性。如果人们仅仅依据“刻板印象”来解释和推论现有的认知客体，就会忽略个体间的复杂性和差异性而导致认知偏差。当然，认知偏差的形成原因除了认知者的主观性外，还可能来自认知客体、认知情境等多方面因素的影响。

人们进行社会认知的信息来源是多种多样的，总体可概括为两大类：直接经验和间接经验。但是，在有限的时间与空间内，通过直接经验而获取的社会信息是非常有限的，由此而产生的社会认知也就可能是片面的、肤浅的和狭隘的。因此，在现代社会，间接经验是人们进行社会认知的主要途径。

首先，间接经验主要来源于各种社会传播活动，而人际传播影响力巨大。现代都市里人际关系的传统纽带早已被现代科技切割，过去的面对面交往逐渐为“离散式交往”“隔膜式交往”所取代，QQ 聊天、手机短信、微博、微信等信息交流平台已经深入人心，被人们广泛使用。交流平台的广泛使用使得人际传播呈现出群体传播的趋势。在群体传播中，个人的才智和个性都被削弱了，异质性为同质性所吞没，致使群体在智力上总是低于孤立的个人，缺乏个人所具有的主宰自己的反应行为的能力。[②] 作为个体的受众在危机传播过程中往往由于信息缺乏或者从

---

① ［美］阿尔伯特·班杜拉：《思想和行动的社会基础：社会认知论》（上），林颖译，华东师范大学出版社 2001 年版，第 306 页。

② ［法］古斯塔夫·勒庞：《乌合之众：大众心理研究》，冯克利译，中央编译出版社 2000 年版，第 25 页。

众心理，无奈接受或者是盲目认可群体中多数人的见解，从而造成某种程度上的认知偏差或错误。我国非典疫情中的信息传播就是一个非常典型的例子。在社会环境具有较高的不确定性而正规传播渠道不畅通的我国非典疫情流行的初期，民众对非典疫情相关信息的认知，主要是以“道听途说”（56.7%），“与人交谈”（19.4%）和“网络”（14.2%）为主。①

其次，间接经验的获得受到大众传播的明显影响，因此传媒公信力至关重要。20世纪70年代以后，以“议程设置功能”理论、“沉默的螺旋”理论、“培养”理论等为代表的大众传播宏观效果理论，都将研究焦点由传者为中心转向了以受众为中心，研究的因变量由“态度改变”转向“认知”，对传播结果的强调重点也由“改变”（如态度改变、行为改变）转向“重构”。② 所有这些理论能够发挥作用的前提都是媒体具有公信力，没有公信力的媒体其传播的信息对于受众的社会认知来说毫无意义，有时甚至会起到反作用。公信力是传媒最有价值的内在品质，是传媒在市场竞争中制胜的关键性因素。公信力也是传媒舆论导向作用发挥的前提和保证。新闻媒介的职能是否能得到有效的发挥，在很大程度上也取决于媒体的公信力。传统意义上，媒体公信力有两大构成要素：可信赖程度和专业权威性。在未来的媒体话语权竞争中，谁的公信力高，谁就将处于优势地位。公信力已成为媒体竞争的关键因素。2013年四川雅安地震发生4分钟后的8时06分，《成都晚报》官方微博发布消息：“地震了？吓死了！”成为第一家发出地震消息（不确定）的官方媒体。4月20日9时开始，东方卫视启动特别报道机制，第一时间派出三到五路记者赶赴震区，不断发回现场报道，并不间断地直播至凌晨。至4月21日晚9点东方卫视已连续播出特别节目38小时。四

① 杜骏飞：《流言的流变：SARS舆情的传播学分析》，《新闻与传播》2003年第12期。

② ［美］沃纳·塞弗林等：《传播理论：起源、方法与应用》，郭镇之等译，华夏出版社2000年版，第15页。

川、湖南、浙江、江苏等台网都派出记者赴现场进行报道，报道的密度稍逊于中央级媒体，但是表现得有条不紊。传统媒体凭借其强大的采编阵容、专业的采编能力和先进的技术设备成为地震报道的主力军。实践证明，主流媒体的公信力是其他传播渠道无法比拟的。①

最后，间接经验的获得有赖于受众的媒介素养，而符号解读有其自我性。社会认知是受众对媒介信息进行接触和注意，再与自身的认知结构相结合，通过认知、判断和理解，形成自己观点和态度，并在此基础上转化为某种行为的过程。在危机认知过程中，受众并不是字面意义上消极被动的接受者，而是积极的解读者、参与者，“选择性心理”贯穿了认知过程的始终。媒体传播内容以文字、声音、影像等符号刺激作用于受众的感官，受众则根据自身的需要和媒介使用的习惯，“选择性接触”和“选择性注意”那些与其自身的社会认知结构能够完成匹配的危机信息。然后，受众从个体认知结构、思维方式、社会地位、生活方式、社会现实等多个角度出发，并且综合考虑自身所处的社会群体和社会关系的影响，对危机信息进行“选择性理解”，做出个性化的判断与评价。有学者指出，“对于所有的听众来说，完全相同的报道听起来也不会是同样的。由于没有完全相同的经验，每一人的领会也就有不同，每个人会按照自己的方式去理解它，并且掺入他自己的感情”。② 对于解读过的危机信息，受众会“选择性记忆”一部分信息，将其内容或观点内化、整合、存储到自身的认知结构之中，使认知结构得到补充、扩展、重组或者更新。以上的选择性心理过程具有自我性和独特性。危机信息在经过逐步过滤和接收之后，会影响受众个体的社会认知、社会态度，乃至社会行为。

---

① 张君昌等：《媒体舆论与全民动员——中国传媒抗击非典报道全景透视》，《现代传播》2003年第6期。

② ［美］沃尔特·李普曼：《舆论学》，林珊译，华夏出版社1989年版，第114页。

二 传媒对受众认知的作用

“认知结构”是在受众社会化过程中潜移默化形成的，它受到诸多因素的影响，除个体知识经验、生活经历等微观因素外，社会文化、政治经济等宏观因素也发挥了巨大作用。在媒介社会中，各种媒体反复向受众传递着各种信息并灌输各种观点，受众被包围在一个由信息和观点组成的世界里。这些信息或观点从不同侧面和不同角度影响着受众的认知、态度、情绪、价值观甚至社会行动，构建起一个强大的认知场。可以说，现代受众的认知结构是在大众传播媒介所展示的“媒介现实”基础上形成的。

首先，媒体可以为受众提供认知所需的三种成分。美国学者斯滕伯格（Robert Sternberg）提出了有关个体认知结构的三成分理论，他认为，认知结构具体包括三种成分：“元成分”、“操作成分”和“知识获得成分”。[①] 元成分的功能在于计划的制定、策略的选择以及对认知过程中其他两种成分进行调节。操作成分的功能在于完成处理特定问题的整个程序，包括编码、推理和应用等。知识获得成分的功能在于对特定问题环境下的传播信息进行选择、梳理，并将新获得的信息与受众脑海中已有的知识相匹配。个体认知结构的形成是三种成分相互激活、对信息不断作用的结果。实际上，受众感知到和接收到的信息来自媒体所折射出来的一个拟态世界，是一个经过加工的世界。因为媒体的报道不能做到百分之百地准确反映社会。因此可以说，受众依赖媒体所得到的社会认知，是其心理结构反作用于社会真实的一种意识性的折射。危机事件中，媒体传播的危机信息施加刺激，受众则利用最新获得的和已贮存

---

① 童清艳：《超越传媒——揭开媒介影响受众的面纱》，中国广播电视出版社 2002 年版，第 47 页。

的信息来主动提出一些可能的假设，并不断进行求证，直到获得某个正确的假设。这是一个媒体不断提供危机信息，受众随之进行连续滚动的“假设—求证”的过程。

其次，媒体可以促进受众知识记忆库的形成。人们在长期社会实践中所获得和累积的知识和经验以图式的形式贮存在个人的知识记忆库中。每个人知识记忆库的构建在很大程度上依赖于媒体的力量。研究结果表明，记忆不是一个单一的过程，而是一个由短时到长时的渐进的过程。有学者提出了记忆信息的“感觉记忆—短时记忆—长时记忆”的三级加工模型，认为三种记忆彼此独立而又互相联系，形成一个统一的记忆系统。① 感觉记忆又称为瞬时记忆，指感觉器官接受外部刺激所产生的感觉会进行瞬间贮存。在感觉记忆短暂保存的大量信息中，有一部分得到复述而进入短时存贮。进入短时记忆的信息改变了感觉记忆阶段的感官形式，即信息要进行转换和编码，因此能在感觉记忆中保持稍长时间的贮存。短时记忆内的信息，部分得以复述而被保存并且进入长时记忆。长时记忆是真正意义上的信息库，可以长期贮存大量信息。进入长时贮存中的信息相对地说是永久性的，因而又称为永久记忆。研究表明，生动的信息在长时记忆中能得到较好的保持，因为生动的信息更容易进入头脑，在编码时受到更完全的加工，因而记忆痕迹更强。研究还发现，记忆的结果不仅依赖对信息本身的加工，而且也依赖对信息上下文的加工。上下文越丰富，对于信息的加工就越精细，记忆也越清晰。危机传播中的新闻媒体大多依据此特点，提出了组合报道的传播手段，即在危机传播中不仅要告知受众事件情况，还要分析发生原因，甚至解读事件背景，从而制造一个“信息群”使大量隐含其中的信息进行集群式的发布，可以加深受众的记忆程度。这种对危机信息全面深入的挖掘，能够短时间内传播出最大数量的信息，使危机报道呈现出解释性、预测

① 高觉敷主编：《西方近代心理学史》，人民教育出版社 1982 年版，第 35 页。

性、实用性的传播功效，传授给受众新的知识，丰富受众的记忆库。

最后，媒体可以优化受众的认知图式。媒体不但对受众认知结构有建构作用，而且能提供适当的信息量激活甚至创建新的图式链接，使主体的认知结构逐步得到发展和优化。受众所积累的知识经验是以图式形式存在的，除少数活跃在意识范围内，大多数是潜存于记忆库中的。当新出现的信息需要识别时，受众会从记忆库中提取信息，利用已识别的图式来进行推论，填补一时出现的认知空缺。心理学中的“同化”，就是指受众对输入的信息进行过滤和改造，用原有的认知结构吸收新的来自外界的因素，并将其纳入已有认知结构中。这个过程的完成表示受众对新信息的认知和理解。但在媒体所提供的纷繁复杂的信息中，能被受众自动“同化”的毕竟占少数。大多数情况下，面对新信息，受众虽拥有相应的认知图式，但因为在记忆库中“搁置”太久，可能无法及时将其检索并提取到意识中，这时就需要媒体施加“激活”的作用：或提供相应背景和解释性内容，或激发受众动机使信息纳入已有认知图式中。人们认知能力的发展并非由于认知结构本身的变化所导致，而是由认知结构功能的不断被激活及各元素相互作用熟练程度的提高而逐渐实现的。[①]人们建立新的认知图式除主体自身的能动努力外，还需要媒体提供适当的信息量。美国学者香农（Claude Elwood Shannon）用概率函数表示出平均信息量的计算公式，用文字表述为：信息量等于可能性选择的概率的对数。[②] 因此，危机传播时既要控制危机信息的质量，防止“信息失真”的弊端，也要注意受众的承受能力，避免“信息轰炸”的出现。

三 受众认知的规律性分析

媒体在现代受众认知结构形成过程中发挥着重要的作用。它不但部

① 叶浩生主编：《西方心理学的历史与体系》，人民教育出版社 1998 年版，第 102 页。

② 刘京林：《新闻心理学概论》，北京广播学院出版社 2000 年版，第 79 页。

分地决定着受众认知成分的来源、记忆库的形成，而且影响着认知图式的激活和认知结构的丰富发展。在从社会现实到受众心理现实的转换过程中，“媒介现实”是一个不可逾越的中介和平台。在纷繁复杂、快速易变的媒介环境中形成的现代受众认知，也势必呈现出与这一时代相吻合的不同于传统主体的特征，主要表现在以下几个方面。

（一）受众使用媒体的主动性与依赖性各得其所

受众使用媒体的主动性是指随着大众传播媒介的发展，受众的主体意识已经觉醒。目前，受众在传播活动中的地位，已从被动的信息接收者，转变为主动的、有选择的媒介内容使用者。美国学者施拉姆认为，受众参与传播犹如在自助餐厅就餐，媒介在这种传播环境中的作用只是为受众服务，提供尽可能多的令受众满意的饭菜（信息），至于受众爱吃什么，吃多少，吃还是不吃，全在于受众自身的意愿和爱好。① 也就是说，受众使用媒介完全是基于自身的需求，受众对媒介的积极参与使用制约着整个传播过程。互联网、智能手机等新技术的发展，使受众与媒体从业人员一样能通过多种渠道轻易地获取危机事件的第一手材料，而且与媒体一样拥有随时发布信息、生产信息的能力。这些都充分说明现代受众主体意识的觉醒。

受众使用媒体的依赖性是指受众虽然有选择、加工信息的能力，但受众认知结构是媒体信息作用于人心理系统的产物，而所有信息都是媒体框定的，构成受众认知来源的信息最终无法逾越媒体所建构的“媒介现实”。也就是说，受众有选择信息的主动性，但主动性的范围是取决于媒体的。例如，今天一份《纽约时报》的信息量就相当于 17 世纪一个欧洲人一生所获得的信息。② 2015 年 8 月 12 日晚 11∶30 分左右，在天津保税区瑞海国际物流有限公司管辖的危险易爆物品仓库发生重大爆

① ［美］汉诺·哈特：《范式转变：大众传播研究话语中心的消解》，刘燕南、钱芹茹译，《国际新闻界》2002 年第 3 期。

② 潘知常、林玮：《大众传媒与大众文化》，上海人民出版社 2002 年版，第 265 页。

炸事故。截至 8 月 14 日晚，“天津滨海新区爆炸”在新浪微博上的热门话题点击量就达到了 17.3 亿次。

在这种媒介环境中，民众已经无法像传统社会那样，完全通过群体的规范和价值标准来进行分辨和评判信息的价值。为了寻找印证与归属感，受众只能更深地依赖各种媒体，以此寻找引导和参照。现代社会中，媒体与受众之间水乳交融般的紧密联系已是客观现实。

（二）受众社会认知的个性化与同质化相依相伴

社会认知的个性化特征是由受众个体知识结构和认知经验的迥异造成的，是指不同受众对同一信息会产生不同的理解。同质化则是指构成社会集合体的受众，由于身处共同的媒介环境，具有共同的时代背景，因而认知上也具有意识形态意义上本质的趋同性。

社会认知的个性化是指客体（信息）只有经过主体（受众）认知结构的改造加工才能进入主体的认识视野，主体对客体的认识程度从根本上取决于主体具有怎样的认知结构。[①] 一般而言，在知觉过程中，受众对熟悉的信息识别较快，他会选择自身熟悉的、感兴趣的、所期待的信息加以复述，其余信息则逐渐丧失。因此，受众面对新的刺激时，会优先调动自己熟知的与新刺激相关的图式，据此做出个性化的认知反应。例如，危机传播中受众通常会根据自己看到或听到过的类似事件对本次危机信息进行类比、解释、想象，对传播符号进行具象性的演绎和发挥，甚至将自身的经验、情感投射上去，从而产生某种个性化的评价。因此，同一个文字或影像符号对事物的描述，在不同的受众头脑中可以演绎出不同的形象。有时，一则危机信息会在传播过程中失真，就是因为受众在头脑中对信息进行了个性加工，将传播中原有信息与自己的经验混杂在一起。所以，媒体在对危机信息进行传播时往往需要辅以评论或背景材料，对危机信息进行明确，对

① 刘晓红、卜卫：《大众传播心理研究》，中国广播电视出版社 2001 年版，第 67 页。

受众认知准确引导。

社会认知的同质化是指虽然面对相同的媒介信息，不同受众会做出个性化的认知，但由于身处相同的时代背景和信息大环境中，他们的意识形态没有根本意义上的差别。正如“涵化理论”所描述的那样，受众在收看电视节目过程中，会被电视节目隐含的文化价值观“涵化”，形成受众头脑中的“观念现实”。[①] 因此，整个电视受众群体内部的差异会远远小于那些很少观看电视的社会群体。而且，现代受众对媒体的依赖使其自身失去了与传统群体的联系与依托，受众和媒体的紧密关系使其更容易受到媒体信息的感染。作为集合体来说，现代受众是同质化的大众。受众认知结构是在媒体所塑造的“媒介现实”基础上形成的，共同的认知来源势必造成个体记忆库中彼此类似的原型存在。由模式识别过程可以推论，类似的原型匹配必然会使受众对刺激得出同质化的认知。正如法兰克福学派批判的那样：“大众文化压抑了人的主体意识，压抑了人的创造性和想象力的自由发挥，助长了工具理性，进一步削弱了在西方业已式微的‘个体意识’和‘批判精神’。”[②]

（三）受众认知模式的稳定性与更替性同时存在

认知模式的稳定性是相对储存于个人长时记忆中的原型而言，它们受个人的集体潜意识的影响而不轻易改变。更替性则是相对于停留在意识范围内的新信息而言，它们受个人“浏览式”记忆方式的影响而不断更新。

受众认知模式的稳定性是指受众识别模式的原型一旦形成就不容易改变。对同一个体而言，内部认知因此获得了稳定性特征。由此可见，只要原型不改变，受众的个人认知就会始终处于相对稳定的状态中。悠久的历史长河中，人类所受环境的影响，所获得经验的印象，所形成的

---

① 尚大雷、柯惠新:《社会转型时期我国不同受众类型对实证研究的影响》,《现代传播》2002 年第 4 期。

② 万丹:《对现代传媒的文化批判》,《现代传播》2000 年第 3 期。

习惯和传统，遗传下来并储存在个人心灵的深处，从而构成了很大的潜意识部分。一是个人的潜意识，一是集体潜意识。[①] 集体潜意识是心灵的一部分，它不是个人习得的东西，不是来自个人的经验，而是通过文化积淀和意识形态的历史传承而存在的。这些民族的、种族的习性以原型的形式存在于个人意识中，可以使一个人在没有经验而出现类似情况时，与祖先们的行动相似。例如，现在要人们接受汽油价格进行上调的现实是比较容易的，但要民众相信当前的油价上调是合理的，就会困难得多。

受众认知模式的更替性是指随着时间推移、陌生信息不断补充，意识范围内的常用原型也会发生以新换旧的变化。新信息源源不断进入短时记忆，长时记忆库也不断得以丰富、更新。相应地，意识范围内停留的有限信息也每时每刻进行着更新。这一过程体现在整体认知结构上，表现为认知的更替性特点。现代社会中，快速的生活节奏使得人们用“浏览”习惯代替了过去的“阅读”习惯。信息数量的增多为受众提供了更多的选择可能性，但选择性的增加并没有导致记忆量的增加。正如美国学者托夫勒（Alvin Toffler）所指出的：“有时选择不但不能使人摆脱束缚，反而使人感到事情更棘手和更昂贵，以至于走向反面，成为无法选择的选择。一句话，有朝一日，选择将是超选择的选择，自由将成为太自由的不自由。”[②] 认知心理学认为，记忆库成分的更换和不稳定性导致了受众认知的更替性。主体认知的这种变更性在传播领域中表现为受众期待的改变。受众期待就是受众对传播媒介满足其需要的希望和要求。作为个体的受众所需要的信息是个性化和多样化的，很难想象一个传媒能够充分满足受众的各种不同需求。受众选择使用某一种媒体的原因只能是这种媒体从某一个方面很好地满足了受众的需要，从而得到

① 高觉敷主编：《西方近代心理学史》，人民教育出版社 1982 年版，第 396 页。

② ［美］阿尔夫·托夫勒：《未来的震荡》，任小明译，四川人民出版社 1985 年版，第 313 页。

受众的认可。相对应地，受众就会把这个媒体确定为满足自身某种需要的对象，并对它抱有相对应的期望。但这种期望不是固定不变的，受众的期望得到较好或较差回报后，期望值会相应提高或降低。

第二节　危机认知:媒体作用下的不同影响

“危机认知”是指人们对危机事件的感知方式和程度，直接影响民众对社会安全和稳定的认识，同时也与危机信息传播的效果有着密切的联系。作为危机信息传播的实践者，我国媒体也需要对现代受众的危机认知心理有所关注，这是风险社会中保证危机传播能取得较好效果的基本条件。

一　危机认知的中国特点

目前我国政府的危机传播机制中“官本位”的色彩还比较浓，媒体对我国受众的危机认知心理的研究和规律的把握还相对不足。在过去相当长的时间内，不管是政府还是媒体都不太重视危机信息的传播和危机事件的报道研究，我国民众的危机认知方面的媒介素质与国外相比可以说是不成熟的。我国部分民众的媒介素养水平不高，缺乏科学辨析的能力，有时不免会轻信上当，甚至相信流言蜚语和道听途说。这种现象的发生和我国受众相对缺乏危机管理知识有关，但是也和危机传播活动没有准确把握我国受众的危机认知规律有关。所以，作为危机信息传播的主导者，我国政府和相关组织应该了解我国受众特有的危机认知方式。

（一）信息发布中折射出的民众认知规律认识不足

危机事件中的新闻发布方式一般有以下几种：召开记者会、座谈会、发布新闻稿等方式。采用这种沟通方式的出发点是为了使人们能及时了解政府对危机的态度、决策和处理措施，消除民众对危机事件产生的不良心理反应，恢复对政府的信任，支持政府的举措。卓有成效的信息发布应该是在了解受众认知规律和媒体使用习惯层面上的传播，传受双方应该能够展开通畅自由的双向沟通。目前来看，我们国家的危机信息传播机制对民众危机认知规律的重视和把握还显得较为薄弱，在传播过程中不时可见政府新闻发言人忽视民众心理的言论。[①] 从这一现象可以说明，当下的政府信息发布大多数还是从管理者角度出发的“官本位”式传播，还缺乏对民众认知心理的体谅和顾及。现在我国政府经常采用以传播者为主导的单向传播模式，体现出从上到下的灌输式的传播特点。在这种传播模式中，受众始终处于被动地位，难以及时地将意见和需求加以反馈，致使传受双方在关系上呈现出极大的不对称。一方面，传播者掌握着危机信息但没有掌握受众的心理需求，发布的内容不是民众真正需要的，影响传播针对性。另一方面，民众找不到及时的反馈渠道，容易对发布的危机信息产生对抗心理，从而影响传播效果。例如，2010 年 3 月 28 日，辽阳市有关方面召开新闻发布会，解释网上“检察官殴打女学生”事件，整个发布会时间仅 5 分钟。2014 年 5 月 22 日上午，云南省公务员局为了说明一个公务员岗位考试仅一人有成绩，其余 22 人均为零分的事件，召开了仅持续 1 分 35 秒的发布会，被评价为“史上最简短有力的新闻发布会”。

（二）专家意见采信中体现出民众认知规律把握不当

一般而言，传播者越有权威性，其传播的影响力就越大，受众就越信从。传播者的权威性一般体现在四个方面：权力和地位、资历和威望、专业和特长以及能力和才华。[②] 如果，传播者在受众心目中是有关问题的专家，那么这位传播者就会比不具有专门知识的人更容易取得较

---

① 周之南：《清华北大是办给富人的?》，《新快报》2006 年 3 月 7 日。

② 邵培仁：《传播学》，高等教育出版社 2000 年版，第 80 页。

好的传播效果。不论是个人还是机构，只要被受众认为具有专业特长，他们在这个问题上的意见就容易产生权威性而为人们所接受。一般而言，具有专业知识和分析预测能力的专家是从具体的量化角度来定义危机的。对于危机的危害性，他们是从“带来危险的概率”和“危害的程度”这两个方面来分析衡量，用科学方法对相关数据进行分析和判断。但是，普通民众很少从科学角度或相关数据来看待危机，他们会根据自己的主观认识和生活经验来考虑日常生活中出现的危机。当危机事件发生时，专家和普通民众对危机事件的判断和认知方式就会产生差异。我国政府和媒体的危机传播比较重视专家学者的判断和结论，这些从专业角度出发的结论当然是很有价值的，有助于政府对危机事件进行科学的定位和处理。但是，危机传播过程中的目标受众是普通民众，政府更应该重视“一般民众基于直感对危机事件的危害程度的判断”这个角度。也就是说，政府危机管理和危机传播需要尊重普通民众对危机事件的认知规律，对普通民众的危机认知特点要有较好的把握，而不能单纯依赖专家的表述进行危机传播管理。例如，2009 年 5 月 7 日晚，肇事人员胡某驾驶改装后的一辆三菱轿车，在杭州文二西路违章飙车时发生特大交通事故，撞飞了经由人行道横穿马路的 25 岁大学生谭卓，致使谭卓当场死亡。警方当时调查认定，胡某承担全部责任。因为在该案调查期间，杭州交警召开新闻发布会提及“当时车速在 70 码（公里）左右”，这起交通肇事案因而被网友称为杭州“70 码”事件。与此同时，认定事故车在事发路段的行车速度在“84.1 公里/小时—101.2 公里/小时范围”的鉴定结论。引发社会舆论强烈不满，甚至一度出现存在“替身”的社会传闻。

（三）我国不同受众危机认知中存在明显的差异化情况

不同的受众具有各自不同的认知结构，因此就不可避免地会产生迥异的认知效果。在危机信息的认知过程中，南辕北辙的认知差异普遍存在。例如，观看同一个抢险救灾的新闻，有些人产生的是“人定胜天”

和“团结一心”的正面心理感受，有些人则可能感悟出“生命无常”和“及早享乐”的负面心理感受。美国学者司马贺指出，“刺激和当前的心理状态，这二者共同决定着主体做出什么反应”。[①] 由此可知，千差万别的认知模式和心理基础使得个体间理解同一文本的能力和角度截然不同。这种认知差异表明我国民众对事物的认识是有不同方向的，也就是说，我国受众的认知行为受某些因素影响会呈现出不同特点。

第一，我国有些受众危机认知习惯是以偏概全。某些受众群体的信息解析能力有限，不能同时接收和消化大量的信息。大量信息的涌入往往会阻碍他们快速形成自己的认识和判断。在危急时刻，对危机事件的认知和判断有时间上的要求，必须在短时间内拿出自己的判断。在两者矛盾的情况下，有些受众的危机认知结果就会基于部分信息而形成，可能是不全面的。

第二，我国有些受众的危机认知易受情绪的影响。研究结果表明，情绪是个体判断和决策的重要线索，尤其是在复杂的心理资源受到限制的决策情景中，情绪往往会起到一种启发式的作用。[②] 每个人都有自己的知识积累和价值判断，这种经验性的认知积累深入内心，会在很大程度上影响其在危机事件中的情绪和态度。情绪影响认知这种情况，在我国受众中较为普遍。我国某些受众比较喜欢按照某种感性而非理性的分析来决定自己的立场，对亲身经历过的情感往往留有较为深刻的记忆，并依此对同类型事件产生情绪化的判定。

第三，我国有些受众的危机认知多属于定性认识。由于社会环境和教育模式的影响，我国某些受众对于危机事件的判断更多是一种定性化的结论。经常使用“很严重”“严重”“不严重”等词汇而非具体数据

---

① ［美］司马贺：《人类的认知：思维的信息加工理论》，荆其诚等译，科学出版社 1986 年版，第 5 页。

② 刘金平：《理解 · 沟通 · 控制——公众的风险认知》，科学出版社 2011 年版，第 83 页。

和数学概率对危机事件进行评价。很多情况下，媒体传播的危机事件发生概率和危害具体程度，对他们来说也是个模糊概念。在危机事件中，人们并不是像理论预测的那样完全按照理性原则行动，很多时候人们是非理性的。①

第四，我国有些受众的危机认知有简单化倾向。我国某些受众由于教育水平和知识结构的原因，在解读危机信息时会产生简单化的倾向。也就是说，为了能够做出判断，某些受众只愿接受自己能够理解的信息，而忽略不能理解的关键信息。某些受众则会只记忆表象化的元素，而忽视信息所内含的本质元素。我国民众中媒介素养和知识水平较低的群体对危机事件的科学判断能力较低，理性程度较弱，安全感也比较低，面对危机事件中的谣言会有直接的反应，而且比较容易从众②。而调查结果发现，我国大学生对危机认知也有易于从众和依赖家长的特点。③

二　媒体对危机认知的影响分析

危机传播不是传播者一厢情愿的单方面的行为，而是传播者和受众之间互相感染、互相推动的双向互动行为。受众的原有文化、观点、态度和兴趣等，构成了作为个体的认知结构。这个原有的认知结构又进一步将外界的信息整合加工，从而影响受众对信息的感知、选择和理解。我国受众对媒体信息会产生一定的心理倾向性，或者持有“不信任”的态度渐渐疏远某种媒介，或者持有“信任”态度而亲近某种媒介。

---

① 刘金平：《理解·沟通·控制——公众的风险认知》，科学出版社2011年版，第213页。

② 王学义等：《SARS流行期间不同人群心理状况调查分析》，《健康心理学杂志》2003年第11期。

③ 谢晓非等：《SARS危机中公众理性特征初探》，《管理评论》2003年第4期。

第一，危机传播中受众最信赖的媒体是电视，其次是网络。当危机事件发生时，恐慌的受众面对复杂的危机信息，容易感到无力把握自己的生活，因此他们期待权威媒体能够引导他们看清事件的真相，将损失降到最低。从信息传播的角度来看，遭受危机事件破坏而发生断裂的社会稳定性使人们迫切需要权威的解释和方法的指引。根据表 4. 1 中的调查数据可知，在危机传播中受众对“电视媒体”、“网络媒体”和“网络的微博、论坛等”的信赖程度较高，被调查者选择的比例分别是 57. 1%，15. 3% 和 11. 2%。其中对“电视媒体”的信赖程度尤其突出，超过半数以上的被调查者认为其最信赖。相比之下，对“纸质媒体”“广播媒体”“手机媒体”的信赖程度较低，被调查者选择的比例分别是 6. 5%，6. 3% 和 3. 5%。这表明，我国电视媒体依托其权威性、范围广和声画结合的传播优势，在传递事实、指点迷津、释疑解惑方面依然占有主导地位。

表 4. 1　　危机报道中受众最信赖的媒体调查

类别	电视媒体	网络媒体	网络的微博、论坛等	纸质媒体	广播媒体	手机媒体
人数	2406	645	474	276	267	147
百分比（%）	57. 1	15. 3	11. 2	6. 5	6. 3	3. 5

数据来源：本课题组的抽样调查。

第二，危机传播中电视媒体对受众认知的影响力最大，其次是网络媒体。长期以来，电视作为我国传统主流媒体，依凭统一性的国家话语，理所当然地占据了话语主导权。学者指出，人们已经“越来越走向一个由电视来描绘并规定社会生活的天地。电视成了进入社会或政治生活的主宰”①。电视所生产的大众信息是我们文化和社会环境的一个活跃的组成部分。② 长期以来，我国电视媒体成为人们了解世界、感知

① ［法］皮埃尔·布尔迪厄：《关于电视》，许钧译，辽宁教育出版社 2000 年版，第 20 页。
② 石长顺：《电视传播学》，华中理工大学出版社 2000 年版，第 212 页。

现实的窗口，其天然化的传播特质为受众营造出了一个由电视媒体主宰的虚拟环境，引导着社会的主流舆论与价值观、审美观。根据表4.2中的调查数据可知，在危机报道中电视媒体对受众认知的影响力最大，被调查者选择的比例是57.2%。其次是网络媒体，被调查者选择的比例是27.3%。排在第三、四、五位的是报纸媒体、手机媒体、广播媒体，被调查者选择的比例分别是5.0%、4.8%、4.3%。

表4.2　　危机报道中不同媒体对受众认知影响的总体调查

类别	电视	网络	报刊	手机	广播	其他
人数	2411	1151	211	202	183	57
百分比（%）	57.2	27.3	5.0	4.8	4.3	1.4

数据来源：本课题组的抽样调查。

第三，媒体对受众危机认知的影响差异主要是基于其使用习惯。根据表4.3中的调查数据可知：（1）从性别角度分析，在危机报道中媒体对受众的认知影响上，男性被调查者与女性被调查者都认为电视媒体最大，比例分别是55.5%、59.2%。网络媒体的影响排第二位，比例分别是28.1%、26.3%。其他媒体的影响力相对较小。具体来看，广播媒体、网络媒体、报纸媒体对男性被调查者的影响力略高于女性，而电视媒体和手机媒体对女性被调查者的影响力略高于男性。这表明，女性受众观看电视和使用手机的比例高于男性受众。（2）从年龄角度分析，除去“20岁以下”这个年龄段，电视媒体、广播媒体和报纸媒体的影响力与被调查者的年龄成正相关关系，网络媒体的影响力和与被调查者的年龄成负相关关系。这表明，20岁以上的受众年龄越大越频繁使用传统媒体，年龄越小越频繁使用网络媒体。（3）从文化程度分析，电视媒体的影响力与被调查者的文化程度成负相关关系。网络媒体的影响力与被调查者的文化程度成正相关关系。报纸媒体的影响力与被调查者的文化程度成负相关关系。这表明，文化程度越低的受众越喜欢使用传统媒体，文化程度越高的受众越喜欢网络媒体。

（4）从职业角度分析，电视媒体和广播媒体对“农民、进城务工人员”身份的被调查者影响力最大。网络媒体对“学生及其他”身份的被调查者影响力最大。报纸媒体对“干部及领导”身份的被调查者影响力最大。手机媒体对“工人、商业服务人员”身份的被调查者影响力最大。这表明，危机事件中，所有的受众都是以最便于使用的媒体来获取危机信息的。

表 4.3　　危机报道中不同媒体对受众认知影响力的分类分析　　单位：%

		电视	广播	网络	报纸	手机	其他	合计
性别	男	55.5	4.9	28.1	5.7	4.8	1.0	100.0
	女	59.2	3.6	26.3	4.0	5.0	1.9	100.0
年龄	20 岁以下	57.1	3.5	28.3	3.0	5.1	3.0	100.0
	21—30 岁	54.5	3.0	31.6	4.1	5.0	1.8	100.0
	31—40 岁	55.8	5.5	28.8	5.2	4.3	0.3	100.0
	41—50 岁	64.4	5.9	16.8	6.9	5.4	0.5	100.0
	51 岁以上	64.9	8.1	12.2	10.8	4.1	0.0	100.0
文化程度	初中及以下	57.9	8.7	21.9	6.6	2.7	2.2	100.0
	高中	57.2	5.2	24.8	4.9	7.2	0.7	100.0
	大专、本科	57.0	2.8	29.4	4.8	3.9	2.1	100.0
	硕士及以上	52.2	4.3	32.6	3.3	6.5	1.1	100.0
职业	干部及领导	60.2	3.4	24.6	6.8	4.2	0.8	100.0
	私营或个体劳动者	60.8	3.8	24.6	3.8	5.0	2.1	100.0
	技术人员及一般职员	57.4	3.7	29.3	4.0	4.3	1.2	100.0
	工人、商业服务人员	50.5	6.4	28.4	6.4	8.3	0.0	100.0
	农民、进城务工者	63.3	7.9	19.4	5.0	4.3	0.0	100.0
	学生及其他	52.2	3.9	32.0	4.8	4.8	2.2	100.0

数据来源：本课题组的抽样调查。

三　危机认知影响的分类分析

危机传播过程中，有的受众能迅速捕捉自己所需要的信息，融会贯通；有的受众却唯媒体是从，表现出很大的盲目性和依赖性。这种差别是由两部分受众所具有的不同认知结构所决定的。认知心理学研究认为，个体的心理结构决定了其对媒体信息的注意程度，也决定着他解读信息、整合思维的态度和方式。可见，受众固有的知识框架、心理素质可以帮助受众对媒介信息进行归纳、组织。具有不同认知结构的受众在危机信息的解读方式和后果预判上会表现出很大的不同。

第一，根据表4.4中的调查数据可知，从性别角度分析，在危机认知上女性受众更加敏感。在危机报道所产生的负面认知影响中，女性被调查者在“对自己（人生）的未来感到悲观”“对于目前的生活感到无能为力”“觉得没有人或组织可以依靠”“对别人的不幸感到自责罪恶感”方面比例超过男性被调查者。男性被调查者在“对救灾过程充满愤怒与敌意”“觉得我们大家都很可怜很不幸”“觉得很少人可以帮助我们”方面比例超过女性被调查者。这表明，男女双方面对危机事件时，女性受众更加容易产生悲观的社会认知。

表4.4　危机报道中媒体对不同性别受众认知影响的分类分析　单位：%

		对自己（人生）的未来感到悲观	对救灾过程充满愤怒与敌意	觉得我们大家都很可怜很不幸	对于目前的生活感到无能为力	觉得很少人可以帮助我们	对别人的不幸感到自责罪恶感	觉得没有人或组织可以依靠	其他
性别	男	13.2	13.6	33.0	29.7	15.8	12.2	13.4	20.8
	女	13.6	10.8	29.6	33.6	13.9	12.6	13.6	21.6

数据来源：本课题组的抽样调查。

第二，根据表4.5中的调查数据可知，从年龄角度分析，在危机认知上中老年受众容易悲观。危机报道所产生的负面认知影响中，在“对自己（人生）的未来感到悲观”方面，“41—50岁”年龄段被调查者比例最高。在“对救灾过程充满愤怒与敌意”方面，“51岁以上”年龄段被调查者比例最高。在“觉得我们大家都很可怜很不幸”方面，“51岁以上”年龄段被调查者比例最高。在“对于目前的生活感到无能为力”方面，“20岁以下”年龄段被调查者比例最高。在“觉得很少人可以帮助我们”方面，“51岁以上”年龄段被调查者比例最高。在

“对别人的不幸感到自责罪恶感”方面，“21—30 岁”年龄段被调查者比例最高。在“觉得没有人或组织可以依靠”方面，“21—30 岁”年龄段被调查者比例最高。这表明，面对危机事件，40 岁以上的中老年受众容易产生悲观的社会认知，而“21—30 岁”的青年受众容易产生相应的行为反应。

表 4.5　　危机报道中媒体对不同年龄受众认知影响的分类分析　　单位：%

		对自己（人生）的未来感到悲观	对救灾过程充满愤怒与敌意	觉得我们大家都很可怜很不幸	对于目前的生活感到无能为力	觉得很少人可以帮助我们	对别人的不幸感到自责罪恶感	觉得没有人或组织可以依靠	其他
年龄	20 岁以下	13.7	12.1	31.3	32.3	8.1	9.1	7.6	25.3
	21—30 岁	13.7	13.1	29.6	32.1	15.9	13.7	16.0	19.0
	31—40 岁	12.6	11.7	28.5	30.7	17.8	12.6	13.8	23.0
	41—50 岁	14.9	11.9	38.1	30.2	12.9	11.4	12.9	20.8
	51 岁以上	9.5	13.5	43.2	29.7	20.3	10.8	8.1	20.3

数据来源：本课题组的抽样调查。

第三，根据表 4.6 中的调查数据可知，从文化角度分析，高层次受众容易对救灾过程产生反思。危机报道所产生的负面认知影响中，在“对自己（人生）的未来感到悲观”方面，“高中”文化程度被调查者比例最高。在“对救灾过程充满愤怒与敌意”方面，“硕士及以上”文化程度被调查者比例最高。在“觉得我们大家都很可怜很不幸”方面，“高中”文化程度被调查者比例最高。在“对于目前的生活感到无能为力”方面，“高中”文化程度被调查者比例最高。在“觉得很少人可以帮助我们”方面，“硕士及以上”文化程度被调查者比例最高。在“对别人的不幸感到自责罪恶感”方面，“高中”文化程度被调查者比例最高。在“觉得没有人或组织可以依靠”方面，“大专、本科”文化程度被调查者比例最高。这表明，面对危机事件，高层次受众会对抢险救灾过程重点关注并进行反思，而“高中”文化程度受众则容易产生悲观的社会认知。

表 4.6　　危机报道中媒体对不同文化程度受众认知影响的分类分析　　单位：%

		对自己（人生）的未来感到悲观	对救灾过程充满愤怒与敌意	觉得我们大家都很可怜很不幸	对于目前的生活感到无能为力	觉得很少人可以帮助我们	对别人的不幸感到自责罪恶感	觉得没有人或组织可以依靠	其他
文化程度	初中及以下	14.8	12.0	30.1	32.8	18.6	11.5	14.2	18.0
	高中	15.4	11.6	35.6	33.4	14.1	13.9	9.7	17.8
	大专、本科	11.9	11.5	30.0	30.1	14.0	12.0	15.5	24.3
	硕士及以上	14.1	25.0	28.3	29.3	20.7	9.8	12.0	16.3

数据来源：本课题组的抽样调查。

第四，根据表 4.7 中的调查数据可知，从职业角度分析，低层次受众容易对自身未来产生担忧。危机报道所产生的负面认知影响中，在“对自己（人生）的未来感到悲观”方面，“农民、进城务工者”身份被调查者比例最高。在“对救灾过程充满愤怒与敌意”方面，“干部及领导”身份被调查者比例最高。在“觉得我们大家都很可怜很不幸”方面，“农民、进城务工者”身份被调查者比例最高。在“对于目前的生活感到无能为力”方面，“工人、商业服务人员”身份被调查者比例最高。在“觉得很少人可以帮助我们”方面，“农民、进城务工者”身份被调查者比例最高。在“对别人的不幸感到自责罪恶感”方面，“农民、进城务工者”身份被调查者比例最高。在“觉得没有人或组织可以依靠”方面，“干部及领导”身份被调查者比例最高。这表明，面对危机事件，低层次受众特别是“农民、进城务工者”群体会对自身未来产生担忧并产生悲观的社会认知，而“干部和领导”群体会对抢险救灾过程重点关注并进行反思。

表 4.7　　危机报道中媒体对不同职业受众认知影响的分类分析　　单位：%

		对自己（人生）的未来感到悲观	对救灾过程充满愤怒与敌意	觉得我们大家都很可怜很不幸	对于目前的生活感到无能为力	觉得很少人可以帮助我们	对别人的不幸感到自责罪恶感	觉得没有人或组织可以依靠	其他
职业	干部及领导	14.8	14.8	30.5	28.8	17.8	12.3	19.9	15.7
	私营或个体劳动者	17.9	11.3	31.3	29.6	13.8	10.0	14.2	24.2

续表

		对自己（人生）的未来感到悲观	对救灾过程充满愤怒与敌意	觉得我们大家都很可怜很不幸	对于目前的生活感到无能为力	觉得很少人可以帮助我们	对别人的不幸感到自责罪恶感	觉得没有人或组织可以依靠	其他
职业	技术人员及一般职员	11.4	11.4	32.1	31.5	16.0	12.3	14.8	22.0
	工人、商业服务人员	9.2	10.1	35.8	38.5	14.7	13.8	10.1	20.2
	农民、进城务工者	18.7	14.4	37.4	32.4	20.1	15.1	10.8	12.9
	学生及其他	10.4	12.6	28.4	31.5	11.2	12.4	9.6	25.3

数据来源：本课题组的抽样调查。

第三节 认知偏差：媒体和受众的化学反应

在信息传播过程中，有时会出现实际的传播效果与传播者的意图不一致，受众的理解与传播者的意图会发生偏差。这样的话，就意味着传播效果的大打折扣甚至逆反。可见，受众在接收信息时，基于本身认知结构的局限，一定程度的认知偏差是必然存在的。但是作为意图明确的危机传播，应该尽力减小这种认知偏差，使受众准确理解传播者意图，达到预期传播效果。

一 认知偏差的心理基础

“认知偏差”是指受众在接收信息时，头脑中不自觉地形成的对传播者或对新闻信息的误解，从而导致其对传播意图的认知偏离。受众产生认知偏差有其必然性。确定的危机信息帮助民众形成确定的危机认知，而确定的认知指导确定的应对行动。[①] 当接收到信息，信息刺激人

① 钟新：《危机传播：信息流及噪音分析》，中国传媒大学出版社 2007 年版，第 241 页。

们再现信息被约定俗成的意思，受众根据自己的经验、阅历并结合语境产生意义。基于不同的体验、经历和文化背景，对于同一信息，每个人所读取的意义也就可能有差异，甚至相反。如果受众对于信息的理解和传播者的意图出现背离，这就构成了认知偏差。我国受众在接收新闻信息特别是危机信息时会产生各种各样的心理活动，这些心理活动折射到大脑的认知上，便会产生各种各样的认知偏差。

（一）移情效应引起的受众认知偏差

“移情”一词最早译自德文，又称“感情移入”“移感”“输感”等。“移情”中的“情”即情绪情感，而“移”则为移动、流动、交流之意。[①] 移情效应主要包括两个层面的意思：其一是指站在接受者的角度去思考问题，从而体会其思想情感；其二是指将自己内心的情感传染给接受者，让其共同体会。危机报道过程中往往存在这样的现象，某些人或事感动了媒体从业人员，而媒体从业人员则通过自己的报道使其感动受众，这就是危机传播中的“移情”。但是需要注意的是，传播者在报道中的角度和手法应该是客观合理的，信息应该是准确无误的，否则极易“画虎不成反类犬”，产生负面影响。例如，某些新闻报道在宣传抢险救灾人员的事迹时，有的极力渲染他们徒手开挖废墟，满手鲜血，浑身伤痕；有的仔细描述他们省下自己的口粮，接济群众，自己忍饥挨饿。这种精神的确可嘉，读后却令人心痛！当部分受众移情进入危机报道那些令人心痛、令人心酸的情节时，就会产生一种失望和恐惧，而高学历受众经常由此对我国的抢险救灾保障水平产生严重的质疑。所以，为了进行有效传播，传播者一定要了解受众，精心选择新闻报道角度，淡化处理那些为产生“轰动效应”而选择的容易产生负面影响的信息内容，尽最大努力减小受众的认知偏差。

---

① 刘京林：《新闻心理学概论》，北京广播学院出版社2000年版，第46页。

（二）逆反心理引起的受众认知偏差

逆反心理主要指受众在接触、接受信息过程中，产生的一种与传播者意图相抵触的情绪，对传播的新闻信息与观念持怀疑、否定态度，得出与原结论相反的观点，并做出相应的行动。逆反心理会导致传播产生负效应。大众传播中的逆反心理有以下三种：评价逆反、情感逆反和行为逆反。信息传播过程中，如果受众形成逆反心理，极易形成某种心理定式，以至于在接收相似传播内容时，就产生已准备好的判断和行为，这样就必然造成认知偏差。危机传播中经常出现这样的报道模式，即媒体从业人员不是去报道危机事件的实际情况、危机发生的原因以及造成的人员和财产损失，主要篇幅都是用来报道危机事件发生后组织或个人的英勇抢救行为。这种正面宣传的新闻，或许能使受众在精神上、道德上受到鼓舞，产生积极的传播效果，但是过度使用这种传播方式就会让受众反感。例如，我国“十五”建设期间，投资兴建了有史以来最大的防灾减灾工程——中国数字地震观测网络，这个台网总投资 22 亿元。该网络通过验收并投入试运行 31 天后，汶川地震发生了。面对“8 级地震为何毫无征兆？”的质疑，中国地震局地质研究所所长张培震曾如此向媒体阐释：“从震前的监测结果来看，没有发现‘显著的’、‘大范围的’、能够依据现有经验做出判断的前兆异常。”[①] 这一表述引发社会舆论的强烈反弹。民众不断进行追问：“他们为什么不能避免这场灾难的发生？”这表明，民众对此事已经产生了评价逆反和情感逆反心理。

（三）期待落差引起的受众认知偏差

作为个体的受众，是一种社会角色。社会对每种社会角色都持有一种希望和要求，称之为“角色期待”，也就是在社会中角色应该扮演的方式。社会对不同的社会角色有不同的角色期待。传播过程中，媒体从业人员具有双重角色——“职业人”和“社会人”，一定的条件下这两

① 《汶川地震预报缘何集体“失手”?》，《南方都市报》2008 年 10 月 15 日。

种角色就会发生冲突。在电视新闻里，这种角色冲突会显得更加突出。观看屏幕时，观众会忘记记者想要揭示的问题，转而对记者在现场的行为进行评判，对记者的行为表示赞许或失望。媒体从业人员作为社会个体，有着自己的价值观和人生追求，在处理“职业人”和“社会人”角色冲突时，不同的人会有不同的第一选择。危机报道的复杂性需要媒体从业人员妥善处理职业道德和伦理道德之间的关系。某些媒体从业人员在危机事件现场过度的演绎不仅会损害人们对传播者角色期待的心理定式，而且会对媒体的公信力造成极大的损害。例如，在某些台风来袭的报道中，相关媒体单位派出多路女记者出现在事件现场，以其柔弱的身躯顶风冒雨进行直播活动，所传递的新闻信息没有多少价值，主要是追求所谓的轰动效应。[①] 媒体从业人员的“职业人”和“社会人”两种角色并不是矛盾的，在履行自己的职业职责时，要把握好自己的角色定位。他们想要真正扮演好自己的角色就要全方位、多层面、立体化地将社会角色渗透到文字、符号和影像之中，利用传播的力量来使其言论所反映的意见得到重视和解决，真正成为社会的“瞭望者”。

（四）思维定式引起的受众认知偏差

人们的生活和社会环境密不可分，不同社会条件和文化背景下的受众对相同的事物会呈现出不同的理解和认识。造成这种差异的根源就在于受众所处的社会语境，包括社会文化、民俗习惯、价值观念、社会心态、舆论环境等诸多方面。它渗透于整个传播过程之中，使长期处于该环境之下的人们形成了一定的思维定式。思维定式对于受众的接受行为，有着不可低估的影响。某一种社会语境中的受众对于危机信息的选择和理解会呈现出某种思维定式，危机报道中某类信息会受到特别的关注和分析，某类信息则容易被习惯性忽略。2011 年日本“3・11”大地震发生后，日本政府和东电的福岛核事故联合对策室召开新闻发布会，

① 《多家电视台派女记者报道台风引争议》，《南国早报》2012 年 7 月 27 日。

内阁府政务官（副大臣级）原田康博在会上饮用了经过净化的福岛第一核电站5、6号机组机房地下室的低辐射积水，以强调其安全性。喝完后他说了一句："事实证明，处理过的水是安全的。"但"官员喝水"这一动作同现代受众所处的语境相结合，人们就读出了另一种信息：作秀。[①] 我国受众出现这样的解读结果原因在于长期社会生活中的"官本位"思想造就了一种思维定式。

由此可以看出，在不同的语境下，人们对同一问题会有不同的理解。在传播过程中，传播者如果不考虑具体的语境，而盲目地进行传播，受众不仅不能准确理解传播者的意图，反而会使效果适得其反，容易导致受众的认知偏差。

二　新闻报道偏差的表现

新闻是对客观现实的反映，而任何偏离事实的反映都是一种报道的"失真"。在一定的语言符号系统中，符号有确定的意义，符号与符号之间的组合也有一定的规则，这样能保证人们在使用符号传播信息时畅通无阻，传播者的编码和受众的译码有可能达成一致。如果传播者作为认知主体，因为某种原因导致他的认知与客观事实产生了偏离，就会导致新闻报道出现偏差。媒体从业人员的认知系统，在构建新闻真实过程中，扮演了第一层的把关角色。新闻是经过媒体从业人员认知行为的加工，对事实进行主观选择后的产物。如果新闻报道不体现社会真实，会导致整个危机报道从源头上就出现了偏差。

（一）新闻报道失实

新闻报道失实就是指对新闻信息的报道与客观新闻信息不完全相

---

① 《日本官员当众喝下核电站净化水被指作秀》，中国新闻网，http：//www.chinanews.com/gj/2011/11-01/3428417.shtml，2011年11月1日。

符，未能准确反映客观新闻事实真相的现象。新闻报道内容的整体真实，是指“所有具体新闻组合而成的‘全体’新闻，全体新闻描绘并反映着报道对象的整体面貌。如果全体新闻如实反映了对象的整体面貌，那么报道的内容就达到了整体真实；如果没有如实反映对象的整体面貌，那么即使构成全体新闻的每一则具体新闻都是真实的，那么报道在整体上也是失实的”。[①] 一个新闻事件往往是由不同的事实部分和不同的侧面要素构建起来的。如果单纯地用孤立和片面的角度进行报道和解析，而不发掘其内在的联系和本质的原因，就容易导致新闻报道的整体失实。例如，2008 年“3·14”西藏打砸抢事件中，某些西方媒体怀着某种偏见进行新闻报道，并将其独有的价值观渗透其中，就导致了对整个事件的新闻报道失实。又如，2013 年 8 月 28 日，《南风窗》刊发报道《村官腐败透视》一文。开头就有这样一段话，“这个村，有一半都是我的娃”。9 月 2 日，这篇报道被网络媒体以《村支书性侵村民留守妻子：村里一半都是我的娃》为题大量转载。9 月 7 日晚，《南风窗》杂志社致函三门峡市委宣传部，承认《村官腐败透视》一文存在问题，并向广大读者致歉，称：“本刊第 18 期文章《村官腐败透视》一文，存在采访不够深入、把关不严的问题，其中提及村支书称‘这个村，有一半都是我的娃’，把这句私底下吹牛的话写入文章，造成了不良影响，特向广大读者致歉。”此文的作者是颇有经验的资深媒体从业人员，但就是这样一个细节没有认真对待，就造成了新闻报道失实的结果。

（二）新闻价值偏差

新闻价值是衡量一个事实能否成为新闻的本质性标准。媒体从业人员在对事实进行选取并报道时都应该有一个相对稳定的新闻价值标准。如果价值标准正确则能够把握事物的本质，充分发挥传播的正能量；如

① 杨保军：《新闻真实论》，中国人民大学出版社 2006 年版，第 51 页。

果价值标准偏差则不能掌控事物的本质，只能产生消极的社会影响。媒体从业人员的新闻报道活动如果由于专业素质和价值判断等方面的原因，不能进行理性思考和全面分析，导致新闻价值判断出现偏差，必然会对广大受众的社会认知带来不利影响。例如，2010 年山西王家岭煤矿透水事故的救援直播报道，满足了观众了解事态进展的心理需求，尊重观众的知情权，具有绝对的权威性，并制造了良好的舆论环境。然而这次报道在网络上也出现了一些负面评价。这些负面评价就反映出报道中的新闻价值选择偏差：其一是有网友认为新闻报道过于强调领导的作用。镜头中多次出现获救工人蒙着双眼感谢党中央和政府的画面。其二是山西省省长去看望获救矿工，不问身体状况只说转达主席总理的问候（显然媒体在报道时只选择了这点来放大，忽略了其他更有感人力量的素材）。其三是中央电视台《新闻联播》节目强调，"是党中央国务院的英明决策，创造了这场世界救援史上的奇迹"。这些强调引起了公众的反感，以致有人认为这种报道有"喜庆"的色彩。① 主题先行的危机报道需要注意专业性和导向性的平衡。媒体在进行议程设置时如果只顾及政府的舆论导向而不顾及民众的感受，无疑是一种对新闻价值判断的偏差，是一种对受众认知心理的误读。

（三）舆论导向偏差

新闻报道的偏差会误导受众并且形成错误的舆论导向。"一切事情都有它的个别情况，如果不是从客观联系中去掌握事实，而是截取片段随便挑出来，那么，任何事实都只能是一种被利用的证据，而不是现实的必然事理。如果把个别事实、少量事实当作普遍、大量事实来渲染，或者不报或少报普遍、大量事实，掩盖客观事物的主导倾向，都会使受众在报道中看不到客观世界的真实面目。"② 新闻报道会引发人们对于

---

① 赵歆喆：《突发事件直播报道中媒体议程设置的核心作用》，载宫承波主编《新传媒》第 3 期，中国广播电视出版社 2010 年版，第 154 页。

② 刘建明：《现代新闻理论》，民族出版社 1999 年版，第 35 页。

事件的评价，评价进而有可能引发相应的社会舆论。危机报道为受众营造了媒介现实，客观情况越复杂，受众对媒体的依赖性就越强，传播效果影响也就越为强烈。受众将媒介现实等同于社会现实，而偏差就会误导受众对事实的认知。如果认知偏差改变了受众的态度或看法，使受众对事物表现出一种错误的倾向性就会导致错误的社会行为并形成消极的舆论氛围。例如，2013 年 4 月初，各媒体的重要位置出现了一则题为《长春老人菜市场晕倒 178 人跨过　仅一女子停下守护施救》的消息。[①]某些媒体甚至将该新闻刊登在版面头条，用三分之一的版面和加粗的最大字号进行突出报道。而新闻事实中有一个私营业主马上拨打了 120 急救电话和第 53 个路过的白衣女子守护老人的关键性细节则被有意或无意地忽略了。这样类似的报道导致的结果就是，受众不断阅读后在大脑中形成了一个简单化的认知结论：救人极可能被讹诈。这是社会道德沦丧还是媒体舆论导向失误？这应该是一个媒体从业人员需要反思的问题。

三　新闻报道偏差的原因

新闻报道作为一种事实再建构的方式，其内涵就是媒体从业人员在对事实进行整体认知时所形成的事实再现。导致新闻报道偏差的原因有很多，从整体上分为主观原因和客观原因。客观原因主要是由于新闻事件的客观环境导致的偏差，包括技术条件的限制、报道环境和报道对象的干扰等。媒体从业人员在长期的报道活动中，由于业务的熟练和经验的积累，逐渐对各种社会事物进行分类化处理，并把对每一类事物的认知简化为一种思维的定式。这种思维定式本身包含了一定的合理的、真

---

① 《长春老人菜市场晕倒 178 人跨过　仅一女子停下守护施救》，凤凰网，https：//qd. ifeng. com/xinwenzaobanche/detail_ 2013_ 04/09/695884_ 0. shtml，2013 年 4 月 9 日。

实的成分，基本反映了事实的整体轮廓，有助于简化媒体从业人员的认知过程并帮助其快速地把握事实的整体性，缩短信息采集的时间，争取新闻发布的时效。但是，如果媒体从业人员总是倾向于使事实符合某种定式而不是作为单一信息处理，不会应时而异和应事而变的话，就会产生很大的问题。因为这种思维定式具有一定的刻板性和偏向性。

（一）媒体从业人员的情感因素导致新闻报道偏差

新闻报道本身是一个对事实进行认知的主观意识活动。媒体从业人员对事实的认知并非完全出于理性，非理性因素也不可避免地参与其中。媒体从业人员在新闻报道中表达某种情感应该以社会情绪基调为标杆，过分强调个人情感必然会导致报道的片面。如果依据情绪因素来报道新闻事实，符合其情绪要求的事实容易被采用，不符合其情绪要求的则容易忽略，这可能导致新闻报道在信息采集上的不平衡。例如，对某些案件的报道只注重描述犯罪过程以及造成的社会危害，而很少关注这种违法行为背后深刻的社会根源。原因也许是最重要的发人深省的事实，却常在媒体从业人员的情感筛选过程中被忽略掉了。例如，2007年发生的一个“史上最恶毒后妈虐童”新闻事件，媒体从业人员在现场能够看到年仅六岁的女孩躺在病床上口吐鲜血、遍体鳞伤，在得到“小孩身上的伤肯定是他伤”的信息后，根据思维惯性推理是其继母所为。7月17日，该事件的新闻被各种媒体大量刊发。事后，相关医院对女孩进行了全面检查后发现，淤血是由凝血功能障碍造成的，并非殴打所导致，而后母虐童更是子虚乌有。[①] 可以说，在这一事件中媒体从业人员的情绪受到了某种程度的过度感染，在缺乏依据的情况下进行报道，最终导致新闻报道出现偏差。又如，危机报道中记者和主持人经常出现一些感情色彩强烈的言辞和观点，而这种言辞过激的情况往往导致受众的认知偏差并引发不当的受众情绪反应。

---

① 贾亦凡等：《2007年十大假新闻》，《新闻记者》2008年第1期。

（二）媒体从业人员的动机因素导致新闻报道偏差

“报道动机”是指媒体从业人员内心怀有某种目的或需要，在这种内部动力的驱使下来完成新闻报道活动。动机可以划分成内在动机和外在动机。媒体从业人员的内在动机是指为了挖掘事实、探明真相而进行新闻报道，这是其职业素养的体现。而媒体从业人员的外在动机是基于外在奖励或压力时，才产生新闻报道的兴趣，这是利益驱动下的活动。出于这种动机驱使，只要符合某些受众口味的题材就会被纳入报道范围之内，不会顾及题材内容是否低俗。有些媒体从业人员在危机报道中，为了达到某种传播影响而有意夸大事实，或者为了营造戏剧化范围而突出矛盾冲突，甚至为了产生一种煽情效果而忽视采访对象的感受造成情感伤害。也有某些媒体从业人员为了个人或集体盈利而对事实进行选择和修改，凭借报道权来进行寻租。媒体从业人员也会经常受到内部规定的限制，常为了完成报道任务而甘于被某种消息来源主导，成为某种利益集团的臣服者。这种现象易使新闻媒体惯于反映某些组织或团体的利益。[①] 例如，现在的危机事件报道中不时出现尸体以及凶杀的影像。2003年，伊拉克战争期间各种媒体发布的凶杀画面数量相当多。伊拉克前总统萨达姆的儿子乌代、库赛被美军击毙的时候，某些电视节目中就播出了乌代、库赛的尸体画面。2014年8月19日，叙利亚ISIS极端组织在网上发布了美国记者福利被斩首的视频，画面血腥，令人发指。而不少国外媒体在报道该事件时竟引用了原视频或者没打马赛克的视频截图，这种做法既违反职业操守，对被害人家属实施了二次伤害，也对广大受众进行了心理打击。有些人看了视频以后出现恶心和呕吐的反应，可见这种血腥影像对受众生理和心理的影响。[②]

① 臧国仁：《新闻报道与真实建构：新闻框架理论的观点》，《新闻学研究》1995年第50期。

② 参见刘鹏《灾难报道中的人文关怀——从〈一名新记者的困惑〉谈起》，《新闻记者》2005年第1期。

（三）媒体从业人员的知识结构导致新闻报道偏差

每一个专业媒体从业人员的知识结构都由两部分组成，一是个人独有的文化素养，二是接受新闻专业培训后所具有的新闻职业素养。媒体从业人员的知识结构决定他看待事物的方式，并内化为一种新闻报道思维。“在新闻传播过程中，媒体从业人员的知识结构在一定程度上影响着新闻报道的思维。因此，在事实的传递过程中离不开传者主体的中介作用，正是由于传者思维的介入、使客观形态的事实转化为渗透着主体情感、意志和情绪的主观形态的事实。”① 媒体从业人员的知识结构有很大的差异性，尤其是高校的专业教育对思维方式的形成有着重要影响。知识结构组成较为合理的媒体从业人员在发现问题时容易对事物进行综合的考虑，尽可能挖掘事实多方面的因素，使报道内容更加全面、客观。知识结构不合理或知识面欠缺的媒体从业人员对事物的理解较为偏激，只看到事物的一面或部分事实，处在其知识结构盲区的事实则不容易被发现，使报道的内容出现不够完整的情况，容易导致新闻报道的失实。例如，2012 年 1 月，《温州商报》和《温州日报》详细报道了温州商人林春平收购美国银行一事。此后几天，全国各地报纸杂志、广播电视、网络媒体等纷纷开始介入。实际上林春平只是以近乎零成本的代价买了家已宣布破产、与财务沾点边的经营性公司。3 月 13 日，林春平召开媒体沟通会，公开向民众道歉。6 月 10 日晚 10 点 30 分，潜逃广东省珠海市的林春平被押解回温。在这个过程中媒体主动放弃了查实这些内容真伪的责任，媒体从业人员也无力甚或不愿进行查证，致使误信消息来源而导致虚假新闻出现。

（四）媒体从业人员的价值取向导致新闻报道偏差

媒体从业人员在报道新闻时，对于新闻事实的选择往往受制于其自

---

① 江山：《新闻思维主体的指向》，《新闻前哨》2004 年第 10 期。

身的价值取向。价值取向决定了新闻信息的质量，行业的特殊性要求媒体从业人员在报道事实时要有民众利益至上的价值取向。① 具体实践过程中媒体从业人员个人的价值取向往往会影响新闻价值的判断。一般来说，一线媒体从业人员对于新闻价值取向的影响是最直接的。一线媒体从业人员的个人价值取向一般会决定其对新闻事实的基本评价。如果这种评价是全面客观的，那么新闻报道所呈现的事实大多就是真实有效的。如果这种评价是片面的，那么新闻报道中的事实呈现就可能是有所偏颇的。如果这样的事实被采用并形成在新闻文本中，就极容易导致错误的舆论导向。例如，2018 年 7 月 19 日的《鲁中晨报》刊发《淄博从未进过长春长生生物生产的疫苗》，报道称：淄博没有引进过该企业生产的疫苗，市民不管是接种百白破疫苗还是狂犬病疫苗都是安全的。但是新闻见报后，有淄博市民在网上晒出了自己孩子的接种记录。此时报社才发现该条新闻把关不严，核实不够，报道有误。最后，《鲁中晨报》社进行了道歉并对相关人员进行了处理。

现在这个媒介社会，媒体在社会生活中发挥的作用越来越突出，人们时时都离不开对信息的需求。不断发展的传播媒介满足了人们的需要，已成为人们了解外部信息不可替代的工具。政治的和谐、经济的繁荣、文化的整合，无一不依赖媒体的力量，人们无法忽视传媒的巨大影响力。作为危机信息传播的主导者，拥有巨大影响力的媒体既能造福社会，也会误导受众。只有准确把握民众的危机认知特点，科学调控媒体的危机传播活动，传媒才有可能为社会、为受众服务。

① 李洁等:《从“封口费”现象看记者的价值取向》,《新闻世界》2009 年第 6 期。

第五章　情感波动：传媒影响下的反应

情绪作为人类的一种心理过程，可以看作生物学基础上的社会性反映。从根本上说，情绪是对外部刺激的一种反应，认知则是外部刺激和情绪之间的中介，是情绪产生的根本条件。

第一节　行动指南：情绪导致的意愿特征

美国学者伊扎德（C. Izard）认为，“为情绪下定义必须包括生理基础、表情行为和主观体验三个方面。情绪与有机体的需要相联系，在种族发生上具有明显的生物学适应价值；情绪又是有机体在社会环境中特别是在人际交往中发展起来的，从而又具有很强社会性”①。我国学者也认为情绪包括内在体验、外显表情和生理激活三种成分。② 因此，情绪既是体验，又是反应，它是行为主体的一种复合心理状态，是心理体验、生理变化以及表情姿态表达的高度统一，缺少任何一个因素，都不能完整地理解情绪。认知调节情绪的心理过程可以划分为三种不同水平的加工图式：一是物理刺激直接引起情感性反应；二是物理刺激与表象

---

① ［新］K. T. 斯托曼：《情绪心理学》，王力译，中国轻工业出版社 2006 年版，第 396 页。

② 孟昭兰：《情绪心理学》，北京大学出版社 2005 年版，第 4 页。

的匹配诱导情感性反应；三是刺激意义诱发情感性反应。①

一　情绪与决策的解读

人们的生活中无时无刻不面临着决策，它渗透到我们生活的各个层面，人类的一切行为都是决策的结果。危机事件中，从家庭到社会，从机关到企业，在面对纷繁的信息和挑战时，无不需要人们做出科学合理的决策。人们在决策过程中，往往有两种情况存在：一个是确定性情况，这时有几个选择可供挑选，受众可以凭借其自身的价值判断做出决断；另一个是不确定性情况，这时没有明确的选择方案，也就是说每个选择的价值或结果是没有办法预知的。显然，在危机事件中，人们面临更多的是不确定情况下的决策。

（一）决策内涵的解析

"决策"是指为了完成某一目标，采用一定的科学方法和手段，从两个以上的方案中选择一个满意方案的分析判断过程。而危机事件中的决策需满足以下条件：其一是决策者的目的必须明确清晰；其二是应该存在两个或两个以上的选择方案；其三是决策者应该具有进行分析和判断的能力和手段。不确定性是危机事件中决策的本质特征。在现实生活中，通常存在两种决策情境：一种是确定性情境，该情境中的几种方案是确定的，个体根据客观价值和主观偏好做出决策，如危机中的逃避决策等；第二种是不确定性情境，该情境中的几个方案是不确定的，即每个方案的客观价值或成功概率是不确定的，如危机处理过程中灾害评估和救援方案的确定。不确定情境中的决策又分为两类：已知概率的不确定性决策，通常称为风险决策；未知概率的不确定性决策，通常称为模糊决策。危机事件的决策中，人们总是很难去获得决策选项的具体的概

① 孟昭兰：《情绪心理学》，北京大学出版社 2005 年版，第 94 页。

率信息，因此，模糊决策是危机事件中最常见的决策任务。

（二）情绪概念的解读

人们对情绪的表述和研究应该说是辞藻丰富、历史久远。“情绪”两个字符的连用最早可以追溯到我国南北朝时期，古文中“绪”是丝端的意思，古人以此来形容情感细致绵密如丝如绪。古人形容愉快、悲伤、恐惧、憎恨、热爱和忧虑等方面的诗词歌赋车载斗量、不可尽数，唐诗宋词中的情感表述已达到古代文明的巅峰。情绪是一种复杂的心理活动，许多心理学家对其有不同的理解和定义。国内有的学者认为，情绪是人对待认知内容的特殊态度，它包含情绪体验、情绪行为、情绪唤醒和对情绪刺激的认知等复杂成分。有的学者则从生物、机能、认知、组织和社会文化等角度，对情绪理论的发展做了总结。① 而国外学者也总结和介绍了100多种情绪理论。② 本书认可的“情绪”定义是：情绪是情感，是与身体各部分的变化有关的身体状态，是明显的或细微的行为，它发生在特定的情境之中。③ 因此，本书在同等意义上使用这两个概念，文中出现的“情绪”与“情感”具有相同的内涵。

（三）相关理论解读

英国学者吉登斯的“结构化理论”认为，“社会系统的结构化特征，既是其不断组织的实践的条件，又是这些实践的结果。结构并不是外在于个人的……它既有制约性，同时又赋予行动者主动性”④。根据他的结构化理论，社会系统的结构性特征，既是其不断组织的实践的结果，又是这些实践的结果。一切社会行动都包含结构，而一切结构都有社会行动的介入。可见，社会情绪必定来源于结构（社会现实），社会

① 罗峥、郭德俊：《当代情绪发展理论述评》，《心理科学》2002年第3期。

② ［新］K. T. 斯托曼：《情绪心理学》，王力译，轻工业出版社2006年版，第72页。

③ ［新］K. T. 斯托曼：《情绪心理学》，王力译，轻工业出版社2006年版，第2页。

④ ［英］安东尼·吉登斯：《社会的构成：结构化理论大纲》，李康等译，生活·读书·新知三联书店1998年版，第290页。

情绪的表达自然也影响结构（社会本身）。近年来，情绪形成和社会影响方面的研究越来越多。它们为人们理解情绪是如何在当下的社会结构中、如何在各种社会条件的共同作用下、如何在具体场景的传受互动中的产生提供了理论基础。

第一，拟剧与文化情感理论。该理论强调文化对限制如何感受和表达情感的重要价值。该理论把人看作舞台上的表演者，依据文化脚本进行表演，并试图让他人相信自己是根据感受和表达规则以及更多一般的情感意识来展现自己的情感。实际上，人们经常处于他们实际感受到的情感与表达规则的要求不一致的冲突状态中。社会的情感文化构成了一系列人们在不同类型的情境中应如何体验的复杂观念。这种文化将从情感意识上对基本行为的适当的态度、感受和情绪反应给予限制。①

第二，符号互动论者的情感理论。该理论将微观情感和宏观社会结构进行了对接。它通过社会整体氛围微观、中观和宏观社会组织，中观和宏观的社会组织规定着微观层面的情绪体验；反过来，微观层面的情绪体验被镶嵌于中观的社会结构之中，并由此进入或影响宏观社会结构。人类的普遍需要推动所有的互动，并决定情感的产生。当人们的需要获得满足时，将体验到积极情感；当人们的需要没有实现时会导致消极情感。当人们经历消极情感时，为了避免个体痛苦会激起防御机制。个体的防御机制主要有两种方式：一是抑制，二是归因。

第三，社会运动理论中的情感分析。该理论的早期观点认为，“一个理性智慧的人一旦进入集体就会被集体情感所裹挟而变得情绪化和非理性化”。因此，“在勒庞看来，聚众的上述特征所导致的社会运动和革命的后果必然是消极的”②。其后，学者布鲁默在勒庞理论的基础上

---

① ［美］乔纳森·特纳等：《情感社会学》，孙俊才等译，上海人民出版社2007年版，第30页。

② 赵鼎新：《社会与政治运动讲义》，社会科学文献出版社2012年版，第62页。

创建了集体行为形成理论。他把聚众形成过程分为三个阶段：集体磨合、集体兴奋和社会感染[①]。20 世纪 70 年代后的情感分析更强调情感的社会建构性，“强调情感的文化性和社会性，强调特定情感的形成和展现都深受社会和文化因素的影响，而不像集体行动理论那样把情感视为一种本能和个性”[②]。

第四，情感社会结构理论。该理论关注社会结构如何决定情感唤醒和唤醒进程。该理论的观点是，“个体在社会关系中的相应权力和地位及其变化，对于个体的情感状态有着极其重要的影响”[③]。它认为，情感动力取决于个体实际掌握的权力和地位、在互动中得到和失去的权力和地位以及互动中预期的权力和地位。据此该理论区分了结构性情感、情景性情感和预想性情感。当人们在社会关系中获得权力和地位或者增加了权力和地位时，他们将体验到积极情感；如果他们在社会关系中没有权力和地位或者失去了权力和地位时，将体验到消极情感。总之，对该理论而言，情感始终与社会关系中的权力和地位相连。

第五，“心境一致性”效应。该理论的研究结果认为，受众倾向于选择和接收某种和自己情绪状态保持一致性的信息。也就是说在人高兴时乐于接收使人愉悦的信息，在人悲伤时则愿意接收令人哀伤的信息。近年来，该理论得到了国内外普遍的研究，主要集中在心境依存性记忆、心境一致性加工两个维度。

第六，“情绪即信息”假说。该理论的研究结果认为，当情绪看起来与判断有高度相关且没有其他信息可以获得时，例如目标不熟悉时或认知依据较少时，受众通常依赖于自己情绪所提供的信息进行判断和分

---

① 赵鼎新：《社会与政治运动讲义》，社会科学文献出版社 2012 年版，第 64 页。

② 冯仕政：《西方社会运动理论研究》，中国人民大学出版社 2013 年版，第 314 页。

③ ［美］乔纳森·特纳：《社会学理论的结构》，邱泽奇等译，华夏出版社 2006 年版，第 417 页。

析。也就是说，当信息较少时，受众依赖自己的情绪进行直觉性判断即“对这个问题我感觉怎么样”；当信息丰富时，受众会凭借信息进行理性化的分析即“对这个问题我应该怎么样”。这是由于情绪参与决策可以使判断简单化和快捷化。

第七，“心境修复”假说。该理论的研究结果认为，在某些条件下，受众会出现心境一致性反转现象。也就是说处于消极情绪中的受众会通过参与某些积极的工作并做出某些积极的决策而使自己的情绪趋向积极。该理论的研究中包含了受众自我调节情绪的内在要求，并认为该内在要求会对受众的行为选择产生影响。

二 情绪对于决策的影响

情绪分为正负两种趋向，正面趋向是积极情绪，负面趋向是消极情绪。该理论的研究结果认为，受众进行决策时的情绪将会使风险决策产生与情绪相一致的效应。也就是说，积极情绪状态下，受众会倾向于冒险并相对应地低估可能的风险；而在消极情绪状态下，受众会倾向于保守并相对应地高估可能的风险。本书出现的“积极情绪”和“正面情绪”、“消极情绪”与“负面情绪”具有相同的内涵。

（一）积极情绪与决策关系研究

心理学的研究都支持了“积极情绪”与“消极情绪”的二维划分。学者认为，“积极情绪是与某种需要相联系，通常伴随愉悦的主观体验，并能提高人的积极性和活动能力”。[①] 积极情绪其本质特性在于，该类型情绪对于受众而言是愉悦性质的，它能够强化并引起某种愉悦体验行为发生的频率。有学者认为，积极情绪会占用认知系统资源而损害系统性认知过程，干扰系统性信息处理过程，导致浅层思维模式的发

① 孟昭兰：《人类情绪》，上海人民出版社1989年版，第102页。

生，从而影响决策的水平。与此相反，消极情绪由于其具有强烈的唤醒和破坏作用，使得受众会对信息进行细致周密的分析，从而导致决策的全面。

更多的学者认为，积极情绪对社会的发展和文化的进步具有巨大的推动和促进意义。他们认为，在相当多的情况下，积极情绪可以促进受众的认知灵活性，从而使得问题的解决更加快捷和科学。研究结果表明，积极情绪会使个体在风险决策情境中表现出“谨慎乐观主义”，即当潜在损失较大时，即使发生可能性非常小，处于积极情绪状态的人们也极少冒险；而当潜在损失较小时，即使发生可能性较大，他们也比中性情绪状态下的人们更积极。学者们还对积极情绪产生风险规避现象的原因进行了探究。[①] 例如，在商务谈判活动中，具有积极情绪的人会倾向换位思考，进而推动谈判的顺利完成。而在成本核算活动中，具有积极情绪的人会进行全盘考虑，不会局限于原有的计划成本，这样反而使得方案能够切合实际。可以说，积极情绪对风险决策的影响是目前决策研究的一个热点。

（二）消极情绪与决策关系研究

“消极情绪”指的是个体体验到的一种不良的、令人不满意的状态，包括愤怒、恐惧、悲哀、紧张、焦虑、痛苦等。研究表明，不同的消极情绪对决策的影响作用是不一样的。学者们通过诱发情绪实验的方式探讨了愤怒和恐惧情绪对赌博决策的影响，发现愤怒使人高估风险的概率，表现出较高的风险规避偏好；恐惧则对风险决策没有明显的影响。[②] 我国学者通过实验研究方式探讨了愤怒和恐惧情绪对决策的影响，发现愤怒情绪下的被试更倾向于冒险；恐惧情绪下的被试更倾向于

① 徐辉：《情绪对风险决策和判断的影响的实验研究》，硕士学位论文，华东师范大学，2005 年。

② 庄锦英等：《论消极情绪对决策的影响》，《沈阳师范大学学报》（社会科学版）2005 年第 5 期。

风险规避。[①] 从研究中的不同结果可以发现，消极情绪对于决策影响的结果和机制目前没有一个公认的结论，这是目前世界范围内决策研究的一个难点。但是，在消极情绪与决策关联性的研究中，有以下两种情绪一直受到研究者们的持续关注。

第一种是"后悔情绪"。后悔是一种基于认知判断而诱发的高级社会情绪，也是一种大众能够普遍感知的消极情绪。[②] 在行为经济学研究中，经典后悔理论认为，后悔情绪在经济决策中的影响是，人们为了避免出现可能的后悔预期，经常使得自己的经济决策趋于保守。学者提出这样的一个问题：对同样不利的决策结果，人们体验到的由"做"导致的后悔与由"不做"导致的后悔，哪一类后悔程度更强？研究结果显示，前者比后者明显更强。这种所谓的"做效应"，不仅适用于由决策产生的不利结果导致的负性情感体验上，而且适应于有利结果产生的正性情感体验上。[③] 研究结果显示，在实际结果与意愿结果很接近时更可能体验到后悔情绪，且体验强度较高，在实际结果与意愿结果相差较远时更可能体验到失望情绪，且体验强度较低。[④] 这表明，决策失利后实际结果与意愿结果接近程度不仅影响决策后情绪的性质，而且调节着情绪的强度。

第二种是"焦虑情绪"。焦虑是人们在面临不确定性情况时出现的紧张和忧虑等情绪反应。焦虑大致可以分为两类：一是状态焦虑，指的是临时性的情况所激发的焦虑，也就是我们所说的由某一个事件所引发的焦虑情绪，这是暂时和阶段性的；二是特质焦虑，指的是人本身具有的一种人格特质，这和外界刺激没有关联性，是长期和稳定的。近年来，许多学者努力探寻焦虑情绪影响风险决策的内在作用机理，他们分

① 严霞：《愤怒和恐惧情景对风险决策的影响研究》，硕士学位论文，西南大学，2008 年。
② 徐晓坤等：《社会情绪的神经基础》，《心理科学进展》2005 年第 13 期。
③ 张结海等：《"状态改变：状态继续"与"做：不做"》，《心理科学》2004 年第 27 期。
④ 索涛等：《后悔的认知机制和神经基础》，《心理科学进展》2009 年第 2 期。

别从生理、认知、动机等不同层面着手，提炼出可能存在的各种影响要素，例如信息丰富程度、信息加工水平以及自身情绪取向等。一般认为，特质焦虑水平较高的受众，在面临相同的事件时往往比一般受众更容易产生焦虑情绪。特质焦虑水平较高的受众通常会高估危机事件所潜伏的危险，他们在进行风险决策时会出现更加保守的倾向。

三　情绪与行动关系的分析

情绪在某种程度上影响着受众的行为方式，并且是人们如何认知和应对危机时的反应基点。情绪是由外在刺激和内心变化所引起的，它更容易扰乱人的心灵。通过情绪，人们能体会身心的微妙变化。与相关情绪结合在一起，自身行动的力量或得到增强或被减弱，或得到援助或被阻碍。

第一，危机事件中受灾画面对受众情绪有较大的消极影响。情绪变化的感知可以使我们知道受众认知心理的起伏，有助于媒体帮助受众个体适应复杂的危机环境。本书的调查结果表明，受灾画面会一定程度影响受众的心理活动及生理活动，但不会对其生活产生极端的影响。根据表5.1中的调查数据可知，观看受灾画面，36.0%的被调查者“会有失落的感觉”；20.3%的被调查者“会出现莫名其妙的焦虑的感觉”；15.8%的被调查者“觉得很沮丧”；15.0%的被调查者会出现“一天之中常有情绪起伏现象”；14.1%的被调查者会“对很多事情失去兴趣”；12.4%的被调查者会“情绪空白冷漠不想去做什么事”；12.3%的被调查者会“容易紧张神经绷紧”；10.1%的被调查者会“小事情容易激动愤怒”；9.5%的被调查者会“没有理由地出现害怕恐惧”。这表明，受灾画面或多或少都会对我国受众的情绪形成消极影响，程度会有所不同，但是覆盖面不小。

表 5.1 危机报道中受灾画面对受众情绪影响的总体分析

情绪类别	人数	百分比（%）
会有失落的感觉	1518	36.0
会出现莫名其妙的焦虑的感觉	855	20.3
觉得很沮丧	666	15.8
一天之中常有情绪起伏现象	633	15.0
对很多事情失去兴趣	594	14.1
情绪空白冷漠不想去做什么事	522	12.4
容易紧张神经绷紧	519	12.3
小事情容易激动愤怒	426	10.1
没有理由地出现害怕恐惧	402	9.5

数据来源：本课题组的抽样调查。

第二，危机事件中受众的行动决策容易受到媒体报道的激发。心理学认为决策是人做出选择，由于在现实生活中不存在真正的“理性人”，危机事件中的决策时必然会受到信息不完全、时间压力和情绪等诸多因素的影响，这就导致了决策行为的“有限理性”。而媒体提供的信息量无疑对于危机事件中受众的行动决策具有相当重要的激发作用。根据表 5.2 中的调查数据可知，（1）从文化角度分析，“硕士及以上”文化程度的被调查者“总是”“经常”性地因为“报道越多而越可能采取行动”的比例最低为 26.0%；“大专、本科”文化程度的被调查者“总是”“经常”性地因为“报道越多而越可能采取行动”的比例最高为 34.1%。这表明，有三分之一的受众反应行动与危机报道的数量成正相关关系。（2）从职业角度分析，“工人、商业服务人员”身份的被调查者“总是”“经常”性地因为“报道越多而越可能采取行动”的比例最高，为 40.4%；“农民、进城务工者”身份的被调查者“总是”“经常”性地因为“报道越多而越可能采取行动”的比例排第二，为 36.0%。这表明，低层次受众的反应行动更容易受到危机报道数量的影响。（3）从年龄角度分析，“41—50 岁”的被调查者“总是”“经常”性地因为“报道越多而越可能采取行动”的比例最高为 41.8%。“51

岁以上”的被调查者“总是”“经常”性地因为“报道越多而越可能采取行动”的比例排第二，为37.9%。这表明，中年人的反应行动更容易受到危机报道数量的影响。

表5.2　危机事件中媒体报道数量与受众行动的相关性分类分析　单位：%

		总是	经常	有时	很少	从不
文化程度	初中及以下	12.7	20.4	33.1	21.5	12.2
	高中	12.4	19.9	36.2	25.6	6.0
	大专、本科	11.1	23.0	35.5	25.6	4.8
	硕士及以上	13.0	13.0	37.0	25.0	12.0
职业	干部及领导	13.6	21.6	37.3	22.5	5.1
	私营或个体劳动者	13.4	19.3	38.7	20.6	8.0
	技术人员及一般职员	9.3	21.4	36.5	26.6	6.2
	工人、商业服务人员	10.1	30.3	25.7	27.5	6.4
	农民、进城务工者	18.0	18.0	27.3	27.3	9.4
	学生及其他	9.9	20.3	37.5	26.5	5.9
年龄	20岁以下	9.1	17.8	38.6	28.4	6.1
	21—30岁	10.3	18.7	37.5	27.0	6.5
	31—40岁	12.9	24.2	32.5	22.1	8.3
	41—50岁	14.9	26.9	31.8	22.4	4.0
	51岁以上	17.6	20.3	33.8	18.9	9.5

第二节　情感释放：我国受众的情绪波动

社会是联系的，每个人都不可避免地与他人产生联系。当就某一事件的意见、情绪、态度和评价在人群中进行沟通时，就会产生不同的“化学反应”。不同的意见、情绪、态度和评价产生交锋，基本相同的就会有认同感，并得到进一步强化。每个人都是某一群体中的一员，群体意志和情感也会影响到个人。

一　认知水平提升后的需求

一方面可以说，媒体的发展导致受众对媒体的使用日益多样化，对信息的认知水平不断提高。从另一个方面可以说，当代受众的媒介素养和认知结构都处于历史上前所未有的高水平。受众个体认知水平的提高和认知需求的增强，反过来一定会对信息传播提出更新和更高的要求，这是不言而喻的。学者指出，“参加传通关系的人，都带着一个装满一生经验的头脑来，用以解释收到的信息，决定怎样反应。两个人若要有效地互通，必须双方储存的经验有若干相同的地方”。①

（一）受众选择水平提升后对信息的精需求

个体神经系统高级中枢的加工能力相对有限，也就是说，在对外界大量信息的加工过程中，个人的处理能力可能出现“瓶颈”现象。只有部分信息可以进入高级分析阶段，而其他信息则有可能被暂存甚至过滤掉。这种过滤器效应体现出注意力的选择功能，这就是“过滤器”模型。② 一般认为，新奇的、刺激强的和具有生物意义的信息容易通过“过滤器”，受到注意和加工。现代传播中，受众的主动性日益明显，不仅表现为对信息的解读和选择，而且进一步表现出探索、追究的心理需求。危机事件中受众会对媒体发布的信息保持深层的求知心理，往往在接受过程中产生不满足感，自觉或不自觉地探求更多的信息、挖掘更深的内幕，追求新闻“5W”之外信息元素的心理动机。如果媒体提供了满足这种探究心理的信息，受众就会通过自己的认知结构对媒体信息进行深层的理解和消化，调动相关图式对作用于不同感觉通道的传播符号进行整合处理，满足自身不断提升的认知需求。反之，受众就会放弃

① 蔡骐：《论媒介认知能力的建构与发展》，《国际新闻界》2001 年第 5 期。

② 刘京林等主编：《传播·媒介与心理》，北京广播学院出版社 1999 年版，第 64 页。

对这一媒体的选择，通过其他渠道获得相关信息。我国比较成功的危机传播案例是2010年山西王家岭煤矿透水事故的危机报道。3月28日，王家岭煤矿透水事故造成153名矿工被困，4月5日，115名矿工成功升井获救。中央电视台新闻频道打破常规编排，全程直播被困矿工获救的过程。《新闻联播》播发了长达15分钟的报道并配发新闻评论。包括CNN、BBC等在内的国内外众多媒体都引用了中央电视台的电视直播内容。2010年4月6日，美国弗吉尼亚州也发生了近30年来最严重的矿难，29人死亡。中央电视台新闻频道因势利导地在王家岭煤矿透水事故的系列报道中，特别增加了各国矿难救援的对比报道内容，既提供了背景信息，增长了知识，也开阔了受众的视野，为化解怨气和矛盾、引导舆论做好了铺垫。电视观众积聚多日的焦虑和逐渐加深的紧张情绪，得以缓解和释放。

（二）受众认知水平提升后对传者的高要求

受众的认知偏差归因于原型匹配过程中的思维一致性倾向。在受众的记忆库中贮存着代表某种客体内部表征的模板—原型[①]，外部刺激与原型进行比较，只要得到近似的匹配，外界刺激就能够被识别。原型匹配提高了受众识别信息的速度和效率，也因此使受众面对某类信息时因原型的同一性而体现出认知的归类性特征。从受众具有保持自己的认知一致性倾向这一前提出发，学者们认为：人的认知结构是平衡的、和谐的，该和谐原则贯穿于人接收信息的始终。一旦出现不平衡、不和谐，主体就会生发一种内趋力，去改变这种状态。[②] 这种追求认知一致性或降低认知失调程度的倾向，就导致了一系列受众认知反应的发生。首先，受众会按照一定的标准选择媒体信息，使信息与自己的态度和价值观保持和谐一致。在认知心理作用下，受众会有意无意地选取那些与他

---

① 指神话、宗教、梦境、幻想、文学中不断重复出现的意象，它源自民族记忆和原始经验的集体潜意识。

② 潘知常、林玮：《大众传媒与大众文化》，上海人民出版社2002年版，第265页。

们固有的态度、价值观相符的信息，排斥和忽视那些与他们固有态度、价值观相抵触的信息。其次，受众在接收信息前，就会有一种心理期待。当受众对媒体从业人员或新闻报道内容的这种期待不能得到满足时，受众就会根据已形成的心理定式去衡量新闻的效果，以恢复认知系统的内在一致性。这就往往会导致受众认知偏差的产生。例如，现在的某些灾难和事故的新闻报道，媒体从业人员已经不适合按照传统模式进行“反面文章正面做”。这种报道方式已经不能适应现在受众的认知水平，生硬地使用甚至会产生逆反心理。例如，2012 年 12 月 14 日，河南光山县发生小学校园伤害事件，22 名小学生被砍伤。这一恶性事件发生之后，当地政府封锁消息，而本地的《信阳日报》在头版赫然刊出《光山：努力办好人民满意的教育》。当地工作人员加紧赶稿，因为“在事件中涌现了一批开车自愿救送学生的英雄”，要大力宣传。[①] 最终，在受众的批评声中，《信阳日报》进行道歉表示，“对民众舆论形成误导”“工作责任心不强”。由此可知，即使是正面宣传也要适可而止，报道角度应与事件性质相适应，与受众的认知水平相适应。

（三）阶层分化后受众对传媒功能的新要求

认知心理学研究认为，个体的心理结构既决定其对媒介信息的注意程度，也决定其诠释信息、整合思维的态度和方式。在传播中，这种认知能力的差异明显存在于不同素质水平受众间对信息的理解和接受效果上。首先，与普通受众相比，社会精英的记忆库中贮存的“组块”[②] 数量多，而且每个组块中包含的图式内容也较多。因此，社会精英对媒介信息能够更准确地把握，他们所积累的知识能够为媒介信息找到更多的匹配模式，对信息的识别也更迅速有效。而弱势群体因为知识储备少，

---

① 《反面文章正面做?》，解放军日报网，https：//www. jfdaily. com/journal/2016-01-15/getArticle. htm? id = 165810，2016 年 1 月 15 日。

② 是短时记忆容量的信息单位。指将若干单个刺激联合成有意义的、较大信息单位的加工过程，即对刺激的组织与再编码。因此，组块是加工处理若干刺激的意义单位。

信息接收效率低，无力进行深度理解。久而久之，两类受众的认知能力差距会日益显著。其次，认知能力影响受众对信息的加工方式，进而使传播的长期效果分化。学者提出了个体的“场依存性”和“场独立性”概念。当要求个人从整体材料中抽出一部分内容进行感知时，有些人会感到非常困难，那么他就具有“场依存性”的知觉特点；相反，若个人能较快地从整体中抽出部分内容并对其进行认知，那么他就具有“场独立性”。[①] 依据这种认知方式上的差异，受众对媒介的态度可分为两种类型：依赖型和研究型。研究型受众多为场独立性较强的个体，他总是以自己的意见为中心来选择媒介手段和媒体信息，有能力对一个议题从多个不同的角度进行推论和评价。而依赖型受众则恰恰相反。我国依赖型受众主要集中在经济地位低、教育素养差的弱势群体中。本书的调查结果表明，这一类受众明显地体现在“农民、进城务工者”等群体身上。

目前，在选择获取信息的媒介方面，低知识水平、低经济收入的“农民、进城务工者”仍将普及程度高、价格要求低的媒介作为自己的首选目标，并容易受到其影响。但是，目前我国媒体不仅给社会弱势群体提供的信息资源极为有限，还总是有意无意地将他们置于媒体注意力的边缘地带。例如，2007 年的山西黑砖窑事件被揭露出来之前，相关媒体都做过零星报道，但是都没有引起社会的关注和震动。该事件一直到河南电视台都市频道展开追踪报道才得以揭露。我国媒体应当注重对弱势群体的服务，在媒体定位、传播策略与传播内容上进行改进，有针对性地改变自己的一些传播倾向。与此同时，鉴于受众认知层次上的差异，媒体的危机报道也必须从受众的实际心理承受力出发，讲究层次性，追求针对性。只有让更多的弱势群体通过媒体获得知识、获得信

---

① ［英］尼格尔·多德：《社会理论与现代性》，陶传进译，社会科学文献出版社 2002 年版，第 94 页。

息、获得愉悦、产生更多的社会认同感，才能在更大范围形成社会共识，促进社会进步。

二 危机认知中的情绪波动

危机管理中的“涟漪效应”表明，“当一个危机引起另一个危机时，就叫作连带效应。因为这些危机就像一粒石子投入池水中引起阵阵涟漪那样，对外部会产生一系列的负面影响。初始危机就像投入水中的石头，所引起的冲击破坏包含了石子撞击池底，在水面及周边溅出水花和涟漪而引起波动”。① 以前的传统媒体时代，一种社会情绪的酝酿和聚集是比较困难的。但是当网络媒体发展起来以后，社会情绪的传染和爆发就变得相对简单，并且可能导致情绪促发型群体事件的发生。在危机事件发生时，网络的传播优势使得受众可以轻而易举地通过网状通道实现群体汇聚和情绪感染，引发网络情绪急速蔓延，并可能点燃现实世界。

第一，危机认知过程中，受众的情绪波动是普遍现象。根据表 5.3 中的调查数据可知，（1）从文化角度分析，“硕士及以上”文化程度的被调查者“总是”“经常”性地因为“报道越多而越容易情绪波动”的比例最高，为 34.8%；“大专、本科”文化程度的被调查者“总是”“经常”性地因为“报道越多而越容易情绪波动”的比例排第二，为 32.9%。这表明，在受众的情绪波动方面，受众文化程度与危机报道的数量成正相关关系。（2）从职业角度分析，“工人、商业服务人员”身份的被调查者“总是”“经常”性地因为“报道越多而越容易情绪波动”的比例最高，为 37.6%；“农民、进城务工者”身份的被调查者“总是”“经常”性地因为“报道越多而越容易情绪波动”的比例排第

① ［美］罗伯特·希斯：《危机管理》，王成等译，中信出版社 2004 年版，第 9 页。

二，为35.2%。这表明，低层次受众的情绪波动更容易受到危机报道数量的影响。(3) 从年龄角度分析，“41—50岁”的被调查者“总是”“经常”性地因为“报道越多而越容易情绪波动”的比例最高，为36.6%。“31—40岁”的被调查者“总是”“经常”性地因为“报道越多而越容易情绪波动”的比例排第二，为33.8%。这表明，中年人的情绪波动更容易受到危机报道数量的影响。

表5.3　危机事件中媒体报道数量与受众情绪波动的相关性分类分析　单位：%

		总是	经常	有时	很少	从不	合计
年龄	20岁以下	9.1	20.7	35.9	25.8	8.6	100.0
	21—30岁	11.4	20.2	35.2	26.4	6.8	100.0
	31—40岁	12.0	21.8	38.0	19.6	8.6	100.0
	41—50岁	17.3	19.3	30.2	26.7	6.4	100.0
	51岁以上	10.8	17.6	41.9	18.9	10.8	100.0
文化程度	初中及以下	11.5	18.0	35.0	26.2	9.3	100.0
	高中	12.4	20.0	37.9	21.5	8.2	100.0
	大专、本科	12.2	20.7	34.5	25.7	6.9	100.0
	硕士及以上	10.9	23.9	33.7	23.9	7.6	100.0
职业	干部及领导	12.3	22.5	33.5	22.0	9.7	100.0
	私营或个体劳动者	11.3	19.6	38.3	23.8	7.1	100.0
	技术人员及一般职员	12.3	17.9	36.1	26.2	7.4	100.0
	工人、商业服务人员	16.5	21.1	28.4	26.6	7.3	100.0
	农民、进城务工者	12.9	22.3	36.0	20.1	8.6	100.0
	学生及其他	10.7	20.8	36.2	25.8	6.5	100.0

数据来源：本课题组的抽样调查。

第二，危机认知过程中，受众情绪容易与网络传播行为发生联系。根据表5.4中的调查数据可知，危机事件中，被调查者“有强烈情绪时”转发帖子行为的比例为25.8%。被调查者“有情绪时”转发帖子行为的比例为18.3%。这表明，超过40%的受众会由于情绪波动产生危机信息“二次传播”的行为。根据表5.5中的调查数据可知，被调查者“总是”和“经常”产生“情绪越强烈，发帖和留言时用的语言越激烈”这一行为的比例是26.0%、28.4%。这表明，超过50%的受众在进行评论时会出现情绪越强烈则言辞越激烈的情况。被调查者“总是”和“经常”产生“危机某事件的网络讨论越激烈，自己的情绪就越激动”这一现象的比例是15.6%、19.2%。这表明，超过三分之一受众的情绪与自己的网络传播行为和网络语言修辞有关联性。

表5.4　危机事件中受众情绪状态与转发帖子行为相关性分析①　单位：%

有强烈情绪时	有情绪时	略有情绪时	基本平静时	平静时	不确定	合计
25.8	18.3	10.6	6.4	8.6	30.2	100.0

表5.5　危机事件中受众情绪强度与语言激烈程度相关性分析②　单位：%

类别	程度	百分比	累计百分比
情绪越强烈，发帖和留言时用的语言越激烈	总是	26.0	26.0
	经常	28.4	54.4
	有时	25.7	80.1
	很少	11.7	91.8
	从不	8.2	100.0
某危机事件的网络讨论越激烈，自己的情绪就越激动	总是	15.6	15.6
	经常	19.2	34.8
	有时	33.3	68.1
	很少	20.4	88.5
	从不	11.5	100.0

数据来源：本课题组的抽样调查。

三　网民情绪的评价指标

社会情绪是社会心理学中一个重要的研究范畴，有着鲜明的特征，它在舆论生成过程中扮演着重要的角色。事件的影响越大越真实，相关

① 黄鸣刚：《公共危机中的网络舆论预警研究》，中国广播电视出版社2009年版，第182页。
② 黄鸣刚：《公共危机中的网络舆论预警研究》，中国广播电视出版社2009年版，第183页。

性和重要性越大，情绪的强度越大。[①] 社会情绪由“情绪”延伸而来，是一种促使群体凝聚的力量。社会情绪的表达现象以及由此引发的许多相应问题，无论在国内还是国外，都日渐凸显。网络媒体发展起来以后，社会情绪的酝酿和传染变得相对简单，并且会对危机事件的处理带来巨大的影响。网络事件的发生是一个情感动员的问题[②]，而情感在群体行为的形成过程中往往起着关键的作用。针对这一点，本书设计了相关指标用于对危机事件中网民情绪强度进行评价。

（一）通过用词强度进行情绪评价

用词强度指的是网民留言中所用词汇的情绪激烈程度，反映了舆论受关注的程度以及社会情绪趋势变化状态的特性。用词强度指标反映的是舆论信息在众多网络传播信息中受关注的情况。由预设的敏感关键词和用词强度的变化两个因素决定；敏感关键词是由危机管理者对其关注的舆论内容的重要程度判断，对其赋予不同的数值表示其引起注意的程度。用词强度指标通过网络舆论监控技术进行智能分析，对网络留言内容中的情绪化词语进行分析，按照一定的标准得出一个数值表示其用词强度程度的大小。通过本书的实证调查，网民的用词强度基本与其情绪强度成正比。表达式如下：

$$y = kx$$

其中 y 表示网络情绪强度，x 表示用词强度，y 随 x 成正比例变化。此公式反映出网民用词强度越强，即用词激烈程度越大，表示网民的情绪越大，社会情绪也越大，则网络舆论强度越大；反之，网民用词强度越小，即用词激烈程度不大，语言温和，表示网民的情绪不激烈，社会情绪也平稳，相应的网络舆论强度也不大。

网络传播具有信息量大、传递速度快、链接性、实时性、检索性等

---

① 焦德武等：《微博情绪表达与舆论治理研究》，安徽大学出版社 2017 年版，第 72 页。

② 杨国斌：《悲情与戏谑：网络事件中的情感动员》，《传播与社会学刊》2009 年第 9 期。

特点。利用搜索引擎技术可以测量这种包含情绪化词语的网页，主要是根据不同通道的来源来抽取网民发布言论的语料，可以抽取论坛、微博、微信、电子邮件、短信等进行搜索和分析。搜索引擎技术为网络舆论的用词强度的计量提供了技术支撑。通过元搜索引擎对多个独立搜索引擎的整合、调用、控制和优化能够很好地实现各种类型信息的搜集。这一指标基本可以反映网民的情绪状况。相比较而言，一个心理稳定、健康的人，对于各种社会不公或突发事件的承受力要更强，判断也更理性。如果网民的情绪已经发生变化，变得激动和骚动，则突发事件演变成危机事件的前兆就已经出现了。

（二）通过表达频率进行情绪评价

危机事件中，网民在接收到危机信息后，往往根据自身的情况，对之做出对应性的心理反应和行为反应。网络传播的隐匿性导致网民的反应能够真实及时地在网络中显现。网民情绪的增强在网络上传播的结果就是各种传播渠道反应危机信息数量的增多和包含民众反应的留言数量的增多。通过本书的调查，网民的留言数量基本与网民情绪的强度成正比。表达式如下：

$$Q = \frac{L_y}{D_j} \times 100\%$$

其中：L_y 表示留言数，是赞成者、反对者和中立者之和，反映网民情绪的活跃程度；D_j 表示议题或信息的点击数；Q 为两者比值。Q 越大，则表示在一定点击率基础上，留言的人数（包括赞成者、反对者和中立者）越多，则关心此问题的人越多，网民情绪的活跃度越大，网民情绪强度就越大。反之，表示关心此问题的人少，网民情绪的活跃度小，网民情绪的强度就小。

在公共危机的前期，假设网民留言不受任何限制，如留言数量、留言内容、身份限制等，则点击数就能发挥其内生增长能力，留言数量就会迅速增加。表达式如下：

$$p=\log_a(t+1)$$

其中：变化率为$\frac{dp}{dt}=\frac{1}{(t+1)\ln a}$。$p$为留言数量，$t$为时间。$\frac{dp}{dt}$表示留言数量随时间的变化比率，即直线的斜率。危机事件的初期，网民关心和留言的人数都不会很多，随着危机信息的传播和扩散，网民关注事态和留言人数就飞快成长。关键指标就是$\frac{dp}{dt}$即留言数量随时间的变化比率，比率越大就表示留言上升的速率越快，关心此事件的网民数量上升越快，此事件导致的网民情绪就快速增长。反之，就表示此事件受关注程度不高。

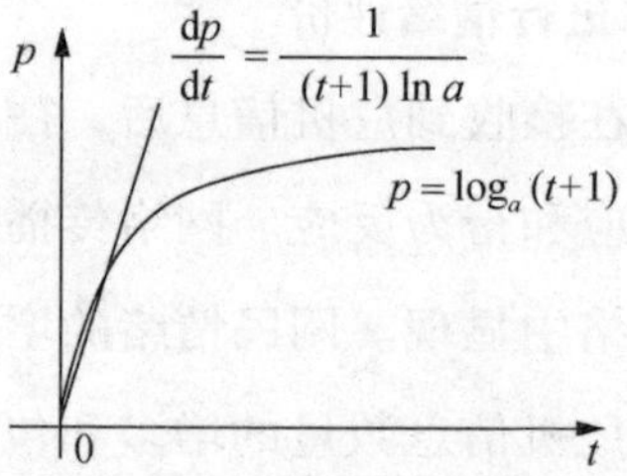

图 5.1　网民留言数的增长规律示意

（三）通过变化趋势进行评价

网民情绪的动态性表现在作为情绪主体的人数每时每刻都在变化，每个人的情绪也在不断变化中。没有任何一个事件中网民的情绪是静态的，保持某种情绪的人数不可能是永恒的。一些网民虽然持有某种情绪，但可能没有兴趣把这种情绪向别人扩散。另一些网民则可能认为同样的事件令人激动，处于兴致勃勃的转发状态。任何一种网民情绪作为认知体系很难具有明确的界限，难以确定情绪扩散到哪一步才算完备。作为一个整体的社会情绪，它的内核—集合意识一旦形成，在一定时空中是不会改变的。微观的情绪表达体现在数量上的增减。这种增减一旦形成宏观上的趋势，则将影响基于某事件的网络情绪性质的变化。

本书认为，网民情绪和网民对该危机事件发表评论的发帖数量有着明显的对应关系。所以危机事件中网民情绪的变化趋势可通过记录该危机事件的发帖数量来进行衡量。一般来说，当网民在浏览到某条危机信息并激发其情绪后，部分浏览者将转引或加工这个信息，进行二次传播和三次传播，其具体表现就在于发帖数量的增长。然而，发帖数量不可能在较长时间内按几何级数增长。当发帖数量在一个有限时空内增长时，随着数量的上升，受网站数量、规模、情绪的兴衰、其他热点话题的影响等条件的变化，必然会影响到发帖数量的增长。这样，随着时间的推移，由于受各种复杂因素的制约，其增长曲线通常为 S 型。对于这种 S 型增长曲线，其表达式为：

$$p = \frac{k}{1 + ce^{-rt}}$$

其中，发帖数量变化率为：$\frac{\mathrm{d}p}{\mathrm{d}t} = \frac{kcre^{-rt}}{(1 + ce^{-rt})^2}$。$p$ 为发帖数量，r 为发帖数量增长比率，c 为一个常数（取决于网民对不同危机类型的关注程度），p_0 表示初始状态时包含该危机信息的发帖数量，k 代表该危机信息能够达到的最大发帖量。从曲线的斜率来看，开始变化速度慢，在网络情绪达到一个阈值后，变化速率加快，之后又逐渐变慢。

关键指标就是$\frac{\mathrm{d}p}{\mathrm{d}t}$即发帖数量随时间的变化比率，比率越大就表示发帖数量上升的速率越快，网民情绪的感染速度越快，其影响人群的速度就越迅速，此事件影响力就越大。反之，就表示此危机事件的网民情绪感染速度不快，其影响人群的速度就较缓慢，事件影响力就不大。

对于政府危机处理来说，初始发帖数量 p_0 是政府部门通过不同媒体所发布的信息数，初始发帖数量越多，则政府影响力扩散越快，到达影响力极限的时间就越短，负面情绪影响时间就越短，社会情绪产生负面效应的时间就少。反之，初始发帖数量越少，则政府影响力扩散越慢，到达影响力极限的时间就越长，负面情绪影响时间就越长，社会

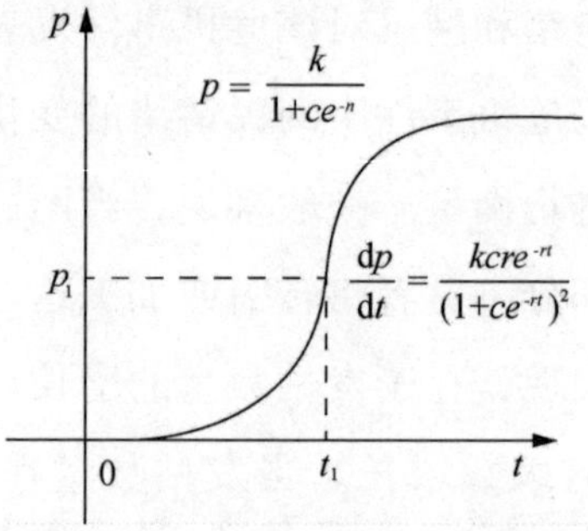

图 5.2　网民发帖数的增长规律示意图

情绪产生负面效应的可能性就大。这也就是说，政府在危机处理过程中需要及时决策，提高第一时间危机信息发布的渠道数量和信息数量，这样可以缩短被其他危机信息源干扰和影响的时间，尽快使网民情绪得以平复。

第三节　角色微调：我国媒体的新任务

当今世界从政治、经济、军事到社会文化的各个层面，都在经受互联网的冲击。但是危机事件中人们最终是渴望通过权威消息来消除心中的不确定性，这就要借助于政府和传统主流媒体的信息权威。目前来看，我国主流媒体仍然担当着控制和化解危机的重任。有学者指出："当信息来自权威，或以绝对形式的语言表达时，我们通常不会质疑，只会照单全收，然后被困在固定的思考模式中……"① 在中国，各种媒体的实质没有变，它仍然是主流的大众交流模式。在对媒体功能的研究中，角色和功能是一个相互关联的整体。每一个功能描述的背后，就是体现对某种角色的框定，"只有当我们把注意的焦点从对个体的分析转

① ［德］埃伦·兰格：《学学艺术家的减法创意》，颜湘如译，中国人民大学出版社 2007 年版，第 11 页。

移到对社会整体的分析上时，大众传播某些特定方面才变得突出出来。一旦这样做，我们就开始思考大众传播在社会中扮演的角色，以及大众传播对整个社会发挥的功能”。[①]

一　风险社会中的传媒角色

“角色”一词主要使用于戏剧影视表演方面，在《现代汉语词典》中的解释有两个：第一是指戏剧或电影、电视中，演员扮演的剧中人物；第二是比喻生活中某种类型的人物。[②] 现在，角色的概念已经被延伸到传播学与心理学的研究中。按照传播学功能论的说法，媒体通过发挥环境监测、意见协商、地位赋予、知识传承和文化娱乐等作用，在社会系统中扮演着“共识动员者”的角色。有学者认为，媒体不仅是现代社会的“叙事者”，而且是缓和社会各异质要素矛盾与冲突的熔炉，是维护社会共同准则的文化武器。[③] 本书认为，处于媒介社会运作体系中的个体或机构都扮演着一定的社会角色，社会角色的确定实质上是一种社会关系的明确。对于个体或机构来说，角色呈现出某种动态的稳定，会伴随社会的变动而发生转变。

媒体作为社会系统中的重要部分，从拟人或类比的角度来看，也有一定的角色扮演。本书着重从媒体的功能方面入手，阐述媒体角色的相关概念。媒体的功能是指媒体的传播活动在人类社会生活中产生的作用。1957 年，美国学者赖特（Charles Wright）在《大众传播：功能的探讨》一书中补充了媒体的第四项功能——娱乐。这样，人们一般所认同的大众传播的四个主要功能就包括：（1）信息的功能：守望或监

① ［美］沃纳·塞弗林等：《传播理论：起源、方法与应用》，郭镇之等译，华夏出版社 2000 年版，第 336 页。

② 《现代汉语词典》，商务印书馆 1996 年版，第 689 页。

③ 参见李良荣《传播学概论》，中国传媒大学出版社 2007 年版，第 396 页。

视环境的雷达功能；（2）协调和管理的功能：推动政策制定和执行，反映社会舆论，以促进社会机制的运转；（3）教育功能：教育社会成员，传播文化知识、社会道德规范和价值观念；（4）娱乐功能：摆脱工作和现实烦恼的娱乐，附带起着教育和社会化的功能。[①] 当代中国的发展呈现出知识化、网络化和媒介化的特质，作为其中重要的组成部分和影响分子，从“风险社会”的角度观察可以发现媒体在其中扮演着多重角色。

首先，媒体在风险社会中扮演着“知识库”的角色。人类社会发展到今天，可以说社会系统已经相当成熟和精密。社会系统的运行和发展无时无刻不需要知识的润泽。如果从社会风险的角度观察，危机的发生、发展和处理都是与相关领域的科学知识密切相关。如果说“危机”和“灾害”是一种可见的、显性的社会冲击，那么“风险”就是一种潜在的、隐性的社会隐患。对于风险的认知和对于危机的处理只有依靠专业知识的普及和提高才能得到准确解决，这就是“知识依赖”特点。从这一角度分析可知，掌握着信息和知识传播权的媒体理所当然地可以凭借其传播平台，联合相关专业组织和专业人士，在突发事件的处置中扮演“知识库”的角色，依据所积累和搜集的材料提供对应的建议和意见。

其次，媒体在风险社会中扮演着“联系者”的角色。世界存在普遍联系，社会本身就是各个组织和个体交织而成的关系体。在网络时代，这种全方位的联系已经走向全民化和全球化，社会联系的强度与密度已经超越了过去任何时期。网络社会的形成已经使得“蝴蝶效应”成为一种司空见惯的现象。人们的活动和交往也已经呈现出一种“行动的网络结构”，[②] 这就注定了危机事件所导致的社会风险亦具有牵连

① 冯健总编：《中国新闻实用大辞典》，新华出版社 1996 年版，第 49 页。
② 张锋：《高科技风险与社会责任》，《自然辩证法》2006 年第 12 期。

性和扩散性。不论承认与否，媒体的传播对于危机信息的扩散，对于社会力量的动员都起到了一个联系节点的作用，可以导致“放大效应”、“多米诺骨牌效应”或“雪崩效应”等社会影响。危机传播本身难以造成本质上的物质损失，最大影响还是在社会秩序、政治文化以及民众心理层面。恐惧感和不信任感能够沿着传播系统升级扩散，造成负面情绪大面积爆发。

最后，传媒在风险社会中扮演着“沟通者”的角色。媒介化社会是一个全部社会生活、社会事件和社会关系可以在媒介上展露的社会。[①] 德国学者贝克（Ulrich Beck）指出，“全球风险社会各种灾难在政治层面上的爆发将取决于这样一个事实，即全球风险社会的核心含义取决于大众媒体，取决于政治决策，取决于官僚机构，而未必取决于事故和灾难所发生的地点”。[②] 其中，媒体之所以居于沟通者的位置，是因为现代媒介技术的高度发达，使得原来的彼时彼地变成了即时即地，任何组织和个人都可能被卷入全球性的“在场”。危机事件中的沟通是危机管理者通过各种媒体向民众传递政府对危机事件的处理情况。这种沟通的目的是民众能及时了解政府对危机的态度、决策和处理措施，消除危机事件产生的不良心理反应，恢复对民众政府的信任，支持政府的举措。应该说，在媒体参与的危机传播过程中，沟通是必不可少的工作。不管是危机事件的预警，还是危机事件的处理，甚至是危机事件的善后，每一个环节都需要传受双方进行准确和流畅的双向沟通。沟通的成功与否对于危机事件的处理往往能够起到决定性作用，而其中媒体的工作占有很大的比重。

---

① 孟建等：《媒介融合：粘聚并造就新型的媒介化社会》，《国际新闻界》2006 年第 7 期。

② 参见李明德等《大众媒体在化解社会风险中的作用》，《长安大学学报》（社会科学版）2008 年第 4 期。

二 我国媒体现有角色分析

在信息时代，媒体在社会生活的各个方面扮演着重要的角色，并可以通过各种手段促进危机事件的解决。从现实要求看，快速传播准确的信息，减少危机的负面影响，积极化解社会的矛盾，促进和谐社会的建设，应该是我国媒体的重要使命。当然，媒体活动是在一定的社会环境中展开的，政治因素、经济影响和技术发展都会对其产生或多或少的牵制作用。

（一）从本质意义上讲是“党和人民的喉舌”

现代社会中的媒体活动都是存在于不同利益集团博弈的环境中，其传播活动不可避免地会留下或明或暗的印记。无产阶级也同样如此，并在具体新闻传播实践中体现为党性原则。在延安整风时期，中国共产党关于新闻工作中如何坚持党性原则就提出了具体而现实的要求，也就是要求新闻传播在思想上和党保持一致；在政治上和党保持一致；在组织上和党保持一致。[①] 到了 1959 年，毛泽东在和吴冷西的谈话中再次明确了“政治家办报”这一理念。毛泽东指出：“马克思主义新闻学的立足点是新闻有阶级性、党派性。无产阶级的新闻政策和资产阶级的新闻政策，有一个共同点，这就是新闻有阶级性、党派性。”[②] 经过多年的发展和完善，我国媒体已经形成了多层次、多样式、多种类的新闻传播事业架构。危机传播中我国媒体能够贯彻社会公益原则，努力实现最佳传播效果。例如，2009 年“6·17”石首事件的新闻报道中，6 月 17 日相关媒体为了维护社会秩序的稳定并防止谣言流言的泛滥，没有对事件进行详细全面的报道。6 月 19 日爆发群

① 程世寿等：《现代新闻传播学》，华中理工大学出版社 2000 年版，第 60 页。

② 朱清河等：《“政治家办报”的历史起点与逻辑归点》，《新闻与传播研究》2009 年第 4 期。

体事件后，才发布内容相对简略的信息，而且将事件归咎于“不明真相的群众”。[①] 直到6月22日事态基本得到控制以后，相关媒体上才开始进行大规模报道，这在主观上是出于保证安定和谐的社会秩序，实现人民群众心态平和的需要，但是客观上其传播时机和传播内容是值得商榷的。

（二）从传播意义上说是危机事件的“第一见证人”

“倘若一个国家是一条航行在大海上的船，新闻记者就是船头的瞭望者。他要在一望无际的海面上观察一切，审视海上的不测风云和浅滩暗礁，及时发出警告。”这是美国著名报人普利策（Joseph Pulitzer）对当时报纸媒体社会功能的一个形象和贴切的比喻。在风险社会中，这个“瞭望者”的角色就显得尤为重要。在危机事件爆发初期，如果媒体能够及时地向民众和政府发布关于事件的信息，引起有关部门的注意，及时采取行动，就有可能防止事态扩大，把危机事件的损失降低到最小。例如，伊拉克战争爆发的第一天，中央电视台就以电话连线、同声翻译、双视窗、背景、专家点评等新闻手段，在中央电视台1套、中央电视台4套和中央电视台9套的节目中对战况进行了几乎不间断的直播。由主持人轮番交叉在演播室主持，结合来自前线的现场电视实况信号，随时介绍事态最新进展。第一天的直播整整持续了12个小时，符合国际通行的报道风格，是和国际接轨的危机报道。危机事件中，亲历者之外的民众都是通过媒体对事件进程加以关注的，所以媒体作为事件“第一见证人”的角色显得至为重要。

（三）从管理意义上看是危机处理的“监督者”

舆论监督是我国媒体的一项重要职责，也是法治社会建设的一个重要方面。随着网络化社会的来临和法制化社会的建设，媒体的舆论监督

---

① 《石首事件，群众再次“不明真相”》，南方网，http://opinion.southcn.com/soc/content/2009-06/22/content_5279579.htm?COLLCC=4181746837&COLLCC=2336253077&，2009-06-22。

将凭借其独有的广泛性和参与性而日益受到民众的关心和关注。它可以通过媒体对危机事件中的偏差行为及对其他不良社会现象进行批评和制约，促使其修正错误。① 在我国，社会主义法治的完善是一个循序渐进的过程。从党的“十三大”到党的“十七大”，“舆论监督”这一名词连续不断地出现在党的代表大会的政治报告中，其背后所蕴含的深意不言自明。在当下国家法律体系和行政监督机制尚有不足的现实背景下，我国媒体也必须发挥其特有的舆论监督力量，以推动危机事件的预防、处理和解决。例如，在2009年“6·17”石首事件的新闻报道中，各家媒体充分发挥了舆论监督的力量。6月24日，《人民日报》刊发评论“石首事件中政府新闻发布语焉不详”。6月25日，《南方都市报》刊发社论“石首事件缘于政府与民众缺乏有效沟通”。7月2日，《南方周末》刊发评论员文章“打造县级社会安全岛尤为紧要”。8月5日至7日，《湖北日报》连续发表三篇社论强调维护社会安定团结的重要性。可以说，危机传播过程中的舆论监督可以使正确意见得到弘扬，消极情绪得以遁迹，错误言论不攻自破，实现社会舆论的净化。

（四）从心理意义上讲是民众情绪的“安慰者”

危机事件中，受众的情绪波动是引发其反应行为的重要因素。媒体如果在危机事件中任凭流言和谣言的传播，却没有进行科学的舆论引导，没有进行合理的情绪疏导，就会导致受众情绪的失衡，更可能导致社会秩序的失控。例如，2009年“6·17”石首事件中酒店厨师涂远高的死因受到民众的质疑，并导致社会情绪的激化，最终引发大规模的情绪触发型群体事件。这一群体性事件的根本原因是由于信息发布的不及时和不全面导致受众的情绪发生了剧烈的波动。据不完全统计，在这个事件发生后的约80个小时里面，传递官方权威信息的只有3篇新闻稿。而在网络传播方面，仅某网站的贴吧就出现了相关内容的近500个帖

① 程世寿、刘洁：《现代新闻传播学》，华中理工大学出版社2000年版，第274页。

子，某些播客网站还出现了多条网友拍摄的手机视频。6 月 22 日开始，官方媒体开始对石首事件进行全面翔实的报道。7 月 25 日上午，石首市市委书记和公安局局长因处理该危机事件不力被免职。相对应的是，新冠肺炎疫情事件发生的时候，我国媒体有针对性地进行了报道，努力安抚人心，平复受众情绪。各个媒体使用专家访谈和学者分析的形式，通过各种传播平台进行传播，让受众了解新冠肺炎的相关知识，帮助受众树立战胜疾病的信心，为疫情的逐步解决营造了良好的社会环境。可以说在风险社会，由于“蝴蝶效应”的存在使得每个人都可能成为危机事件的利益相关体。如果在危机传播过程中，媒体的角色出现错位导致信息传播上的缺失，既不可能有助于事态的平息，也不可能缓和受众的情绪，在某种程度上甚至会导致受众的过激反应并引发群体事件。

（五）从组织意义上讲是政府形象的“塑造者”

美国危机管理专家罗伯特·希斯（Robrt Heath）指出：“任何危机都需要形象管理。”① 国外的相关理论能帮助人们更好地认识和把握危机事件的内涵与特点，为我们提供研究政府形象的一些思路，有一定的借鉴意义。但国外的理论还不能完全解释和解决我国的现实问题，还需要我们不断的努力，进行更切题的研究。在我国，媒体在社会认同建构过程中起到了重要的作用。从危机管理的角度分析，认同过程包括三个方面：一是人们自然产生的对强大组织的依赖并形成对政府的认同；二是对社群的归属感形成身份的认同；三是对维护自身利益的需要形成制度认同。危机事件中的政府形象塑造是在非常态、非常规环境下进行的。危机事件中的政府需要从加强自身的行政能力入手，提高形象塑造意识，优化形象塑造方式。例如，2011 年导致民间信任危机的“郭美美”事件虽然没有出现人员伤亡，也没有具体的财产损失，但是却对红十字会形象形成一次打击。相对应的是，汶川地震的抗震救灾工作虽

---

① ［美］罗伯特·希斯：《危机管理》，王成等译，中信出版社 2004 年版，第 29 页。

然不是完美无缺，但却是得到了国内外民众与媒体的高度肯定。美国《时代杂志》以“中国立起来”作为封面故事，认为汶川地震中的抢险救灾工作及时迅速、公开透明，社会动员有效有力、上下一心，某种程度上改变了中国以往的负面国际形象。英国 BBC 在此次事件的系列报道中，对中国政府危机事件处理持正面评价。两起事件体现出政府形象塑造的两个方向：一起事件由两张照片引发，无任何人员伤亡与财产损失，最后的结果却是政府公信力遭到质疑；一个灾难造成生命与财产损失巨大，因为信息公开和救援及时，政府形象得以改善，国家认同感剧增。

三　角色扮演中的问题解析

社会责任理论要求作为社会公器的新闻媒体必然要承担一系列重要的社会公共职能，其中首要的一项就是摆正自己定位，引导社会舆论。总的来讲，危机传播中我国媒体的舆论引导实践取得了许多成绩，但由于当前社会舆论以及受众心理的复杂性，致使我国舆论引导在一定程度上没有完全按照科学规律行事，导致工作中会出现偶发性失误。某些新闻传播机构在危机报道工作中的失误，虽然有媒体操作上的问题，更多的却是角色定位、报道理念、运营机制和制度建设上的问题。

（一）“有闻不报”是媒体角色扮演中失职的表现

网络时代，人际传播更多地依赖于网络平台，已经超越了过去口头人际传播的地域和时空局限。危机事件面前，有些主流媒体会在相当长的时间内、甚至是永久地保持沉默。但是众多的案例表明，对于社会舆论热点特别是危及公共安全的危机事件，如果主流媒体不及时报道，不仅不会出现某些政府或是主流媒体所希望的稳定局面，反而会出现“大道不通，小道泛滥”的局面。例如，2012 年 6 月 30 日，天津蓟县莱德商厦发生火灾事故。该事件发生后，本地媒体没有进行及时报道。天津卫视当天对该事件没有进行报道，网络媒体相关信息也非常少。各种地方媒体对于受灾情况的具体细节和事故原因等也是三缄其口。正是由于地方媒体的“集体性失语”，使得各种流言谣言四处蔓延，引发了当地民众的负面情绪。民众负面情绪的集聚，最终引发了该火灾事故“头七”那天的民众集会。因此，我国应建立科学合理的危机报道机制，以确保信息传播的及时性、适度性、合理性，对民众情绪起到安抚作用，对社会舆论起到引导作用。

（二）“热点冷报”是媒体角色扮演中失当的表现

危机事件一直是传播热点和新闻高地，你不占领总会有人去占领，你不介入总会有人去介入，谁先占领谁就有了新闻舆论引导的主动权、话语权和优先权。但是由于某些媒体从业人员在实施新闻舆论引导时，忽视了公共议程对媒体议程的反作用，经常导致新闻传播工作出现一些不尽如人意的地方。有时媒体从业人员会把民众不需要、不认可或不认同的观念或典型，通过生硬的手法强加于民众，结果在一定程度上影响了民众的正确认知和风险评估。以我国非典疫情的前期报道为例，2003年2月的时候，我国南方地区的非典疫情已经形成了一定规模。2月11日中新网的新闻中给出的数据是，广东省某个地市出现的病例是305个，其中医务工作者的病例是105个，死亡的患者是5个。对于这一公共卫生方面的危机事件，同一时间段的《新闻联播》却没有相应的反应。一直到2月14日的《新闻联播》中的第10条新闻才报道称“广东非典型肺炎已得到有效控制，多数病人痊愈”，并解释其为一种常见病，希望群众不必担忧。2月18日，《新闻联播》国内新闻第15条新闻报道称“广东非典型肺炎病因基本确定”，依然突出的是病因基本确诊，建议民众注意个人防护、防寒保暖、增强体质等信息，对于疫情本身和防疫措施没有任何涉及。从某种意义上讲，这样的危机报道和此后的民众心理恐慌和盲目行动是存在一定的关联性的。非典疫情暴发初期，国内媒体的缺位使一些人转向国外和中国香港媒体了解疫情。这些媒体对内地疫情的报道有很多不实之处，这对党和政府的形象造成了负面影响，也对国内媒体的公信力造成了损害。①

（三）“扭曲报道”是媒体角色扮演中越位的表现

信息对一个社会而言是至关重要的，尤其是当我们进入信息时代以后，信息的产生、处理和传递已经成为生产和权力的基本来源。② 新闻媒体的市场化使得危机报道成为各种媒体争夺民众注意力的“战场”，成为提升品牌影响力的绝佳途径。市场化媒体之间的竞争包括新闻竞争、广告竞争、发行竞争、管理竞争等，但最终是广告收入的竞争。而媒体广告收入决定于受众的数量。于是，某些媒体追求故事化的表现手法和亲近性的写作方法，在危机报道中刻意突出矛盾冲突、设置悬念、强调策划。某些媒体强调报道中的记者体验和情感交流，在危机报道中凸显人物情感、转述内心独白、强化画面。例如，人们可以经常看到在危机报道中，媒体从业人员会在第一时间贸然采访和拍摄获救的幸存者，第一时间不经选择地传递惨烈的受灾场景，却忽视采访对象的心理感受和普通民众的承受能力。一方面，某些媒体为了最大限度地追求轰动效应，会刊发一些令人不忍细读的图片和视频。另一方面，某些媒体为了规避不必要的传播风险，又会进行浅层化报道并忽视反思性的后续报道。这样的危机报道结果就是，真正有感染力和思辨性的新闻不多，真正有人文关怀和人性光辉的报道寥寥。2013 年我国雅安地震的危机报道中，有专家指出以下不足：其一是现场记者的报道同质化现象严重；其二是事件中后期的调查性报道不够深入、细致；其三是事件后期的正面报道技巧和配比还需深入研究；其四是有些卫视的演播室主持人缺乏驾驭能力，与现场记者的连线、对演播室嘉宾的访谈流于形式③。

---

① 张晓群：《从缺位到归位——对 SARS 危机中媒体表现的评价》，载胡鞍钢主编《国情报告·第六卷 2003 年（下）》，党建读物出版社 2012 年版，第 593 页。

② ［英］卡伦·桑德斯：《道德与新闻》，洪伟等译，复旦大学出版社 2007 年版，第 180 页。

③ 常江等编：《记录与透视——中国传媒热点事件访谈录》，北京大学出版社 2014 年版，第 128 页。

危机事件报道水平与媒体组织的核心竞争力和社会影响力是紧密联系在一起的，唯有进行有针对性的特色化传播才能建立其足够的权威性和公信力，才能服务好社会民众。

（四）“过度报道”是媒体角色扮演中错位的表现

所有的事物发生发展都需要一个量的把控，过度或不足都会引起不良的反应。危机传播中的新闻舆论引导也是如此，过度的传播数量和过大的传播频率都可能产生事与愿违的相反效果。媒体的正能量传播如果超过了一个合适的数量界限，受众就可能产生信息接收上的疲劳，甚至产生信息解读上的逆反。能否把握好这个新闻传播的“度”，对于传播效果的实现至关重要。媒体从业人员的新闻舆论引导工作忽视对“度”的把握主要有力度不足和过大两个主要情况：如果力度不足，就难以引起足够的心理反应，新闻舆论引导就是零效果。如果力度过大，就可能超过受众的心理负荷，导致受众出现“逆反心理”。例如，2013 年湖南卫视《四川雅安芦山地震特别直播》的报道中，主持人邱启明全程以嘶哑的声音进行报道。在抒情的背景音乐的烘托下，邱启明用煽情的语言讲述地震事件中的感人故事。解说词时而催人泪下、时而慷慨激昂，加之有意增加的背景音乐，很大程度上模糊了对于危机事件主体的报道，使得关键信息湮没于设计的煽情报道之中。可以这样讲，如果危机事件的报道中高频率地进行无选择的新闻播出，高强度地使用煽情性话语符号，必将会因为过度渲染和过量传播加重受众担忧、紧张、害怕和悲伤等负面心理。

综上所述，媒体角色的定位和扮演得当是危机传播最终成功的关键因素之一。正视和解析当前新闻舆论引导中的现实偏差，才能在现实工作中不断地消除偏差，强化我国媒体的影响力，有效实施危机控制和管理。因此，从心理学和传播学视角出发研究如何通过传播手段引导民众，提高他们适应环境的抗压能力，增强抵抗挫折的心理耐力，是具有很强理论和现实意义的。

第六章　后果延伸:信息传播中的误区

人类认知的产生对后期态度的形成和行为的形成具有最初的影响意义，而在一定条件下考察的社会认知更可能把这种影响力推衍到具体的社会实践当中。从认知角度分析，危机状态是一种由关键利益关系人所认知且主观认同的非常态情况，经常导致群体心理共享的经验、信仰、价值观破灭或丧失，因而要求组织和媒体迅速做出反应。从这一层面分析，媒体影响力的研究应该对于我国媒体树立危机意识、创新传播模式、安抚受众心理具有借鉴意义。

第一节　逐渐分化:媒体影响力的实证分析

心理状态在人们的行为活动中起着重要的作用。民众使用媒体的原因在于，他们认为媒体可以满足其某个方面的认知和心理需要。相对应的是，媒体也总是想方设法地通过各种方式去了解民众的需要，并且在其实践中努力迎合民众特定需要，从而使得自己的传播活动能够得到某种回报，取得相应的传播效果。

一　传播效果的一般影响因素

各国的媒体都需要贴近生活、服务民众，但是满足民众的需求不是简单地等同于“需要至上”，让民众的需求来牵着媒体的鼻子走。民众的需求是参差不齐、与时俱进的，媒体一定要能够科学分析、理性对待，只有这样才能够成为和谐社会的“调节器”和“减压阀”。研究传播过程中的媒体影响力可以给媒体从业人员的实践带来一定的启示。信息传播的目的在于使民众的态度、行为、心理等方面产生传播者所期望的那种变化。那么，撇开传播中的其他因素，传播者本身应具有怎样的因素才能产生更好的传播效果呢？从对受众心理的研究结果分析，以下几点是影响传播效果的主要因素。

（一）传播者身份的权威性

当信息来自权威，或以绝对形式的语言表达时，我们通常不会质疑，只会照单全收，然后被困在固定的思考模式中。[①] 由于传统文化的影响，使得中国人心理上比较崇拜权威，在行为上会对权威形成依赖。因此，传播者越具有权威性，相对应的其传播影响力就越大，受众就越容易信服。传播者的权威性概括起来包括四点：其一，它表现在权力和地位上。传播者的权力越大、地位越高，受众越容易接受其信息和观点。如果传播者的权力和地位是通过正当途径和正常手段得来时，受众通常会发自内心地相信其论断。阿里巴巴的马云就是一个典型的案例，其语录某种程度上已经成为IT业者奋斗的指南。依靠权力和地位释放能量是从两个方面进行的：一是通过权力左右受传者的处境和命运，进而左右其态度和行为；二是通过权力控制信息性质、流量和流向，左右受传者的心理和认知。其二，它表现在资历和威望上。资历和威望的影响力形成于受众已有的认知惯性，植根于特定的思想体系、价值观念和文化传统。其三，它表现在专业特长上。在尊重精英文化的传统下，人们不讨厌被自己视为专家的人影响。[②] 如果某位传播者是有关问题的专

---

① ［德］埃伦·兰格:《学学艺术家的减法创意》，颜湘如译，中国人民大学出版社2007年版，第11页。

② 胡河宁:《组织传播》，北京大学出版社2010年版，第261页。

家，那么这位传播者就会比不具有专业知识的人更容易取得较好的传播效果。不论是个人还是机构，只要被受众认为具有专业特长，他们的意见就容易产生权威性而为人们所接受。其四，它反映在能力和才华上。能力和才华是传播者素养和智慧的体现，它在言行中的流露具有诱人的魅力。传播者如果德才兼备并且能说会道，那么很快会受到受传者的喜爱，并容易在民众的心目中确立其权威性的地位。例如，2020 年的“新冠肺炎疫情”事件中张文宏医生的影响力就是一个佐证。

（二）传播者传递信息的可信性

古希腊思想家亚里士多德（Aristotle）在《修辞学》中用“精神气质”来描述听众对演讲者的感觉，而可信性则是与态度友善、道德高尚等概念关联在一起的。可信性既可以认为是受传者对传播者是否信任的一种感觉，也可以认为是受传者对传播者是否认可的一种程度。在危机传播过程中，传播者越是让人亲切可信，民众越是愿意按照其提供的信息和指导去行动处事。“汶川地震”事件中，我国领导人的出色表现就可以说明信任能够产生社会合力。传播者如果想得到受传者的信任，一定要言而有信、信而有征，绝对不能欺骗撒谎、捏造事实。1972 年的水门事件中，美国前总统尼克松就是栽在这个问题上。信誉是一个宝贵的财富，树立起来需要漫长的时间和艰苦的努力，毁掉则只需一瞬间的工夫。研究结果表明，一个缺乏信誉、不值得信任的传播者，不论其言辞多么华丽出彩，都会被民众打上一个大大的问号。正直是传播者应该具有的高尚品格，同样也是增强自身可信性的重要砝码。例如，2007 年实地调查山西黑砖窑事件的记者崔松旺就具有这种刚正不阿、伸张正义的职业素养。

（三）传播者与受众的接近性

接近性是指传播者在信仰、民族、籍贯、专业、个性、情趣、距离上与受众越接近、越相似，就越容易产生好的传播效果。[①] 这种接近性

---

① 邵培仁：《传播学》，高等教育出版社 2000 年版，第 82 页。

或相似性会使受传者产生一种“同体观”倾向，把传播者看作“自己人”，从而在传播中也易造成传播者同受传者意见是一致的情境。说服理论认为，差距越大，说服者促使被说服者态度改变的潜在压力就越大。传播学的研究证实，随着时间的推移和交往的增多，在社会的态度和观点上保持一致的人比物理意义上接近的人，更容易成为朋友和盟友。只要传播者与特定受传者之间情趣一致、意气相投，传播内容就容易得到接受和认同，彼此之间也会产生好感。心理学实验表明，观点的类似程度与好感之间是一种正相关关系，即相似性越增加，对其好感的程度就越高；反之，则可能会在感情上产生隔阂。例如，山西省大同市原市长耿彦波从被称为“造城市长”到“现实版李达康”就是一个例子。

（四）受众对传播者的熟知性

关系在任何社会中都存在，但是在中国社会中关系的作用却远远超出其在其他社会中的影响。中国人的人际关系可以分为三类：家人关系、熟人关系和生人关系。不论何种目的的传播，要达到良好的传播效果，都应该将传播者的思想、观点、看法和态度，以某种形式传播出去，让受众了解并熟知。这样做，既可产生熟知性效应，又可产生权威性和可信性的效应。无论对人还是对事，接触的时间越久，产生好感的概率就越大。① 对于从未谋面的人或事，人们往往用小心谨慎的态度展开了解。只有在多次接触以后，伴随着熟知性的逐步增加，亲近和认同的可能性才会增强。在传播活动中，只要传播者多露面、增加与受传者接触的次数和信息互动的频率，就会产生“熟人”印象，形成亲切的感觉。当代政治传播中的常见做法是将受传者分为亲近类、中间类、分离类，然后按类别集中起来，依据不同情况进行公开说服。政治人物的熟知性越高，他对受众态度改变的可能性就越大。当然，这并不意味着无限度地增加接触就一定能带来好感程度的持续增长。传播学研究表

---

① 邵培仁：《传播学》，高等教育出版社 2000 年版，第 83 页。

明，传受两者的接触保持在一定的限度内才会有好的效果；接触一旦超过限度，受众的厌烦心理就会出现。例如，华为技术有限公司创始人兼总裁任正非在各种短视频 App 上的频繁亮相无疑增加了国内民众对华为通信技术的了解和华为手机产品的好感。

（五）传递信息者的悦目性

自亚里士多德以来，人们一直在研究传播者的悦目性对传播效果的影响。一般认为，传播者容貌漂亮、风度翩翩，那么他（她）本人及其所传信息则容易被受传者接受和喜爱。美国学者曾做过一项实验：让一个外貌平平的生理学教授和一个形象出众且善于言辞的大学生，同时做关于正常人应当减少睡眠时间的演讲。研究结果表明，生理学教授虽然有权威性和可信性，但是因为没有悦目性这一特质，导致听众只记住了几个演讲要点；相对的是，形象出众的大学生凭借其悦目性上的优势，导致听众被其吸引并记住了他演讲中的主要观点和详细论断。[①] 德国现任总理安格拉·多罗特娅·默克尔曾表示，“政治归政治，我不会为了政治而改变容貌”。结果，她为自己的“固执”付出了惨重代价：2002 年，她在总理候选人争夺战中输给了党内对手。2005 年夏天，随着她发型的改变，德国人在竞选海报、电视媒体上发现，默克尔变漂亮了。德国《明星》周刊当时评论说，默克尔正以新的形象示人；《彩色画刊》认为，默克尔“比以往更有魅力”；很多女性杂志都要采访她，并说在她身上看到了“由内而外散发的光芒”。目前，学者正在用电脑模拟的方法，挑选以不影响传播内容为前提的“漂亮适中”“恰到好处”的形体或容貌特征，用于新闻播报之中。虽然通过面貌揭示人的性格特征和人生走向的迷信做法已经过时了，但悦目性对传播活动能产生一定的影响作用，则是毋庸争辩的事实。

① 邵培仁：《传播学》，高等教育出版社 2000 年版，第 84 页。

二 危机传播中的关键影响因素

良好舆论环境的营造一定程度上还需要借助媒体巨大的影响力。[①] 因此，我国媒体在进行危机传播中除了需要遵循一般的沟通原则，即第一时间迅速反应，发布全面准确的信息，适时发布新闻和及时反馈[②]之外，还有一些特殊原则必须加以注意：其一是媒体要坚守公共利益原则。关注公共利益始终应该是我国媒体最主要的职责，绝不能像企业一样单纯地以盈利为出发点。在危机事件中，我国媒体应该通过自己的努力给受众以战胜困难的信心，及时帮助处理危机给民众造成的困扰。秉持公共利益原则，既有助于我国媒体打响品牌、赢得公信力，也有助于全社会齐心协力共同解决面对的困难。其二是媒体要维护诚实守信原则。我国媒体的性质使得其迥异于企业单位，企业在危机公关中可以使用回避、推卸责任的手法，媒体在进行危机传播活动中一定要坚持诚信原则。政府在危机信息的发布中要坦诚相见，及时沟通。相对应的媒体有责任和义务告知民众真实信息，宣传危机处理措施，正确引导社会舆论，科学安抚社会心理，以营造危机处理的良好氛围。其三是媒体要使用适度控制原则。在当今社会，信息封锁已经不可能。媒体封锁信息会激发民众通过非正规渠道获取信息的欲望，而媒体过分翔实的报道有时也会引起民众不必要的心理恐慌。因此危机发生后，媒体应主动与政府沟通，依靠政府的权威信息，依托主流传播渠道宣传政府的政策。但同时也需要对报道加以适当的控制，把握舆论的主要方向，采用合理的传播强度，防止因新闻偏差引发次生危机，给危机处置带来难度。

综上所述，一方面，政府应建立及时的信息披露机制，创造一种让

---

① 王亚男等:《传播学视野中的政府形象力刍议》,《新闻界》2005 年第 6 期。

② 叶秉喜等:《考验——危机管理定乾坤》，电子工业出版社 2005 年版，第 39—40 页。

媒体公正介入危机事件的秩序，保持合理的新闻自由度，满足民众的知情权，完善社会的自我修复机制。另一方面，我国媒体应根据危机不同阶段的不同特点采取相应的报道形式，做出相应的报道强度、频度和重点安排，与政府、民众形成良性互动，化危机为转机。

对于以“劝服”为目的的传播活动来说，传播效果意味着传播者影响受众态度的转变和同化。而态度改变问题恰恰与民众心理影响是紧密联系的，本书的调查也是从这个角度出发进行探讨的。

第一，媒体上反映危机事件现场的细节情况对民众影响最大。根据表6.1中的调查数据可知，在危机报道中，媒体中“受灾者细节”的记录对民众的影响程度最大，均值达到4.14。由此可见，在危机事件报道中，通过细节的描绘来反映人物或事件的某种特质，常能起到“以小见大”的作用，这也是新闻报道中最常用的表现手段。多用细节，少发议论，让议论隐藏在细节中，让画面说道理、摆事实，让思想从行动中流露出来，比媒体从业人员直接站出来评论事物常常具有更强的说服力。

第二，媒体上反映国家领导人参与救灾的信息对民众影响不小。根据表6.1中的调查数据可知，在危机报道中，媒体中反映“国家领导人参与救灾”的信息对民众影响力巨大，均值达到了4.05，排在第三位。危机事件的发生要求较高的领导者素质。领导者素质本身的高低直接影响到危机事件的应急管理的成败，有时甚至是决定因素。因此领导者全面素质的展现在此时显得相当重要。塑造领导者的良好形象，根本在于其内在素质的培养和提升。对于领导理论不存在道德中立的基础，因为领导总是涉及价值和有关合适影响形式的潜在假设。①

第三，国外媒体发布的救灾信息对我国民众有明显的影响力。根据

① ［美］加里·尤克尔：《组织领导学》，陶文昭译，中国人民大学出版社2004年版，第475页。

表6.1中的调查数据可知，在危机事件中，“国外各种媒体发布的灾情信息”对我国民众的影响程度甚至超过我国权威人士（专家）的影响力，此现象不容小觑。在全球化时代，我国媒体在危机传播中要注重平衡多方观点，注重国际、国内等多种视角的结合，主动表态，积极引导。如果一味屏蔽信息，不能做到平衡报道，就会让国内外民众产生不信任感，影响媒体公信力。危机报道中的新闻立场要做到客观、公正、全面和中立。

表6.1　危机事件中不同媒体内容对民众影响程度的总体分析

类别	受灾者细节	受灾情况	国家领导人参与救灾信息	政府部门发布的救灾信息	国外各种媒体发布的灾情信息	权威人士（专家）发表的意见
均值	4.14	4.07	4.05	3.99	3.85	3.74
标准差	1.543	1.581	1.801	1.682	1.698	1.662

数据来源：本课题组的抽样调查。

三　媒体影响因素的分类分析

危机事件的特性和媒体的特质决定了媒体在危机中是非常活跃的一个因素。新闻事业的内在特质要求媒体在第一时间采集具有新闻价值的危机信息，并迅速传播给尽可能多的普通民众。媒体对民众施加影响的形成过程极其复杂，一方面，它在众多的人群中具有共性的特征，这种共性和民众的信息需求动机有关。另一方面，它又具有明显的差异性，这种差异性是与民众所拥有的认知结构息息相关的。针对这种差异，本书尝试把媒体的影响因素进行分类分析，希望能够对危机传播效果的提升有所帮助。

第一，根据表6.2中的调查数据可知，从性别角度分析，不同的媒体内容造成的影响差异性不大。从性别上看，男性和女性被调查者受“不同媒体内容”影响程度的均值之差都在0.01到0.1之间。“不同媒体内容”对于男性和女性被调查者的影响程度都是按照“受灾者细节”“受灾情况”“国家领导人参与救灾信息”“政府发布的救灾信息”“国外各种媒体发布的灾情信息”“权威人士（专家）发表的意见”依次递减。

表 6.2　　危机事件中不同媒体内容对不同性别民众影响程度的分析

			受灾情况	受灾者细节	权威人士（专家）发表的意见	政府部门发布的救灾信息	国外各种媒体发布的灾情信息	国家领导人参与救灾信息
性别	男	均值	4.06	4.12	3.74	4.02	3.89	4.08
	女	均值	4.09	4.17	3.75	3.96	3.79	4.03

数据来源：本课题组的抽样调查。

第二，根据表 6.3 中的调查数据可知，从年龄角度分析，年纪越大的民众越容易受到媒体内容的影响。从年龄上看，“41—50 岁”年龄的被调查者受“国外各种媒体发布的救灾信息”影响最大，其次是“31—40 岁”和“21—30 岁”的被调查者，受影响程度并列第二，“51 岁以上”的被调查者受影响程度排第四，“20 岁以下”的被调查者受影响程度排第五。其他的媒体内容对被调查者的影响都呈现出年龄和受影响程度成正相关性的特点。

表 6.3　　危机事件中不同媒体内容对不同年龄民众影响程度的分析

			受灾情况	受灾者细节	权威人士（专家）发表的意见	政府部门发布的救灾信息	国外各种媒体发布的灾情信息	国家领导人参与救灾信息
年龄	20 岁以下	均值	3.91	4.04	3.36	3.72	3.65	3.74
	21—30 岁	均值	3.99	4.11	3.70	3.91	3.88	3.95
	31—40 岁	均值	4.14	4.16	3.82	4.12	3.88	4.20
	41—50 岁	均值	4.27	4.24	3.98	4.15	3.93	4.26
	51 岁以上	均值	4.28	4.34	4.11	4.41	3.76	4.54

数据来源：本课题组的抽样调查。

第三，从表 6.4 中的调查数据可知，从文化角度分析，文化程度越高的民众越容易受到媒体内容的影响。从文化程度上看，“受灾者细节”对“大专、本科”和“硕士及以上”文化的被调查者影响程度最大。“权威人士（专家）发表的意见”对“硕士及以上”和“高中”文化的被调查者影响程度最大。“政府部门发布的救灾信息”对“硕士及以上”和“高中”文化的被调查者影响程度最大。“国家领导人参与救灾信息”对“高中”和“硕士及以上”文化的被调查者影响程度最大。“国外各种媒体发布的救灾信息”“受灾情况”对被调查者的影响都呈现出文化程度和受影响程度成正相关性的特点。

表 6.4　危机事件中不同媒体内容对不同文化程度民众影响程度的分析

			受灾情况	受灾者细节	权威人士（专家）发表的意见	政府部门发布的救灾信息	国外各种媒体发布的灾情信息	国家领导人参与救灾信息
文化程度	初中及以下	均值	3.86	3.99	3.72	3.84	3.60	4.01
	高中	均值	4.02	4.06	3.81	4.08	3.68	4.23
	大专、本科	均值	4.12	4.22	3.70	3.95	3.90	3.96
	硕士及以上	均值	4.33	4.13	3.84	4.24	4.68	4.08

数据来源：本课题组的抽样调查。

第四，从表 6.5 中的调查数据可知，从职业角度分析，不同的认知结构造成的差异性明显。“受灾情况”对“干部及领导”和“技术人员及一般职员”身份的被调查者影响最大。“受灾者细节”对“干部及领导”身份的被调查者影响最大，“技术人员及一般职员”“工人、商业服务人员”身份的被调查者受影响程度并列第二。“权威人士（专家）发表的意见”对“工人、商业服务人员”和“农民、进城务工者”身份的被调查者影响排在前两位。“政府部门发布的救灾信息”对“技术人员及一般职员”和“农民、进城务工者”身份的被调查者影响排在前两位。“国外各种媒体发布的灾情信息”对“干部及领导”和“技术人员及一般职员”身份的被调查者影响排在前两位。“国家领导人参与救灾信息”对“干部及领导”和“工人、商业服务人员”身份的被调查者影响排在前两位。这表明，民众的认知结构与媒体内容的影响程度有一定的相关性，如“干部及领导”受“国家领导人参与救灾信息”的影响较大，而“工人、商业服务人员”和“农民、进城务工者”群体可能会因认知结构影响，缺少媒体内容的深度解读能力，因此受权威人士（专家）在媒体发表意见的影响较大。

表 6.5　　危机事件中不同媒体内容对不同职业民众影响程度的分析

			受灾情况	受灾者细节	权威人士（专家）发表的意见	政府部门发布的救灾信息	国外各种媒体发布的灾情信息	国家领导人参与救灾信息
职业	干部及领导	均值	4.23	4.25	3.81	4.08	4.18	4.28
	私营或个体劳动者	均值	3.94	3.97	3.60	3.83	3.61	4.13
	技术人员及一般职员	均值	4.20	4.22	3.92	4.22	3.98	4.04
	工人、商业服务人员	均值	4.18	4.22	4.01	4.07	3.71	4.17
	农民、进城务工者	均值	3.96	4.13	3.98	4.19	3.73	4.12
	学生及其他	均值	3.95	4.09	3.45	3.74	3.76	3.80

数据来源：本课题组的抽样调查。

第二节　摇摆不定：传统媒体的传播失衡

对于媒体的理解，只关注其受众覆盖率显然是不够的，在更科学的评价中媒体对受众层面所造成的认知、态度、观念和行为上的影响力，才能真正彰显其“主流”的价值。应该说，媒体所影响的并非仅仅是主流的受众，其权威性和公信力应该成为全社会民众产生社会认同的精神和智力依托。对于危机传播的实践，我们必须冷静地总结涌现的经验，客观分析存在的问题。只有这样才能更好地服务民众，满足民众的认知需求，以达到最大的传播效果。

一　危机信息传递的不平衡

在构建和谐社会的要求下，应该说危机报道是考验媒体传播能力的一个关键性的命题。对交流的有效管理如同处理危机本身一样重要。[①]媒体对受众的传播，并不是数量越多越好，信息传播强度和频率要适度。本书的调查结果表明，民众对我国媒体的不良感受产生原因较多但相对平均，其中最容易让民众产生不良感受的三个因素分别是悲剧色彩太浓、有诱导情绪嫌疑和报道时间过长。

（一）危机信息的超载与短缺并存

危机事件一旦发生，不确定因素就激增，使得信息传播往往是大量的。在各种危机报道中间，往往呈现出互相矛盾的两个方面：一是危机信息的同质化超载，媒体的无序竞争和相互攀比，就会使大量无序的信息充斥各种媒介渠道，各种雷同的数据与相似的受灾图片在各种媒体上反复出现。这种超载现象容易造成民众的“视觉疲劳”[②] 与心理倦怠。民众不得不接收各种媒体的信息轰炸，而因此变得麻木迟钝。另一方面却是危机信息的个性化短缺。在巨大灾害面前，每个人都有自危意识。在这种意识促使下，人们投入的注意力增加，所以即使信息再多，也容易让人产生一种信息短缺现象。[③] 信息短缺的原因不是因为信息的绝对数量小，而是因为内容相对单一。面对危机事件，媒体往往首先比拼的是速度。这就极易导致危机报道中“重现象轻原因，重后果轻反思”的情况出现。这种短缺是信息失衡，是关于危机事件本身的有效、有用信息的缺失，即表面现象多，深度分析少；宏观数字多，微观细节少；英雄模范多，普通群众少。由于信息来源不一致，还往往存在危机信息相互冲突，前后矛盾，导致民众接收信息的混乱。例如，2013 年 3 月发生在上海的黄浦江死猪事件，在百度搜索中输入“黄浦江死猪事

---

① ［美］罗伯特·希斯：《危机管理》，王成等译，中信出版社 2001 年版，第 187 页。

② 有两种含义：一种是指眼睛的视觉疾病综合征；另一种是指感情上、心理上的疲劳，也就是说，任何新事物被过分滥用之后，都会引起“视觉疲劳”。

③ 彭剑：《非本地灾难报道与媒体策划思路——以“印度洋大地震大海啸”报道为例》，《新闻前哨》2005 年第 2 期。

件”，得到的网页数量达到 127 万。但是在众多新闻报道中，会发现信息重复率相当高，而有深度的内容并不多。此次危机报道中，媒体都非常注重加大报道量，表面上看信息似乎已经达到饱和状态。但分析发现，某些媒体过分依赖新华社通稿，消息来源显得较单一，有深度与感染力的稿件并不多见。此次危机报道中，还出现了关键信息的相互冲突，事件原因与死猪数量也出现不一致的版本。可以说，信息短缺和信息超载的并存体现出的是，有用的高质量信息少，民众渴望知道的信息少，而成千上万的垃圾信息则堵塞了传播通道。因此，提高危机报道质量，创新危机报道方法，刻不容缓。

（二）预警报道的缺位和滞后同在

美国著名报人普利策指出，“记者要善于观察社会，观察现实，善于发现问题，发现异常情况，及时而且毫不保留地如实报道”。[①] 古话说“凡事预则立，不预则废”，媒体应对危机事件的先行手段，就是要加强预警预报，即在最短时间内尽可能快速地报道危机信息。及时发出社会不良运行的各种警报，昭示决策者和民众快速了解情况，查找问题原因，果断采取措施，力争把问题解决在危机和风险爆发之前。[②] 对于自然灾害而言，预警性报道有利于相关部门做好充分准备。对于群体事件来说，预警信息可以提醒相关部门及时采取措施进行预防和疏导。现阶段，我国媒体快速报道危机事件的能力有了很大提高，但是预警性报道还是做得不够。例如，2007 年山西黑砖窑事件涉及近千名民工，辐射三个地市。长达四年的时间里，黑砖窑主及其雇用的监工（准确地说是打手），残酷折磨来自全国各地被拐骗来的民工。这件轰动全国的事件当地媒体没有报道，反而是河南电视台都市频道记者在寻找失踪少

---

① 董天策等：《媒体应当如何面对自然灾害——以南方雪灾报道为例》，《新闻研究导刊》2008 年第 3 期。

② 盛沛林等：《印度洋海啸灾难爆发时的信息传播——兼论媒体的新闻舆论预警机制》，《军事记者》2005 年第 3 期。

年时发现后报道的。2008 年我国华南地区的雪灾报道中，可以说将预警性报道不足的问题呈现的比较明显。在雨雪天气出现之初，国务院就根据气象预报发布了紧急通知，可是全国大多数媒体没有重视这些通知，没有将此作为预警新闻播报出来，以便于民众做好防灾抗灾的准备。在百度搜索中输入“地震预警”，得到的新闻类的网页只有两篇“地震提前预警 57 秒 我们可以做什么?”和“日本强震前 1 分钟发出地震预警”。无论是自然灾害还是人为事故，都有一个量变到质变的过程，发生之初一定有种种迹象和预兆。媒体从业人员应该仔细观察身边的事物，及时进行突发事件的预警报道，不要等到危机爆发的时候才展开工作。社会中的各个领域相互依赖，牵一发而动全身，“多米诺骨牌”效应越来越显著。为了生存和发展，人们越来越需要预警，以避免某些危机事件的发生，即使不能避免，也能降低其危害程度。①

（三）反思报道的漠视和稀少同行

人类是在不断总结以往的经验教训中不断进步的。危机事件中，媒体应该适时展开反思报道，“让民众有能力对公共领域本身和国家的诸项实践进行批判性的思考”。② 媒体可以组织进行危机事件背后的机制问题，相关部门的措施，社会公共政策以及国外处理方法等方面的公开讨论。媒体应该适时地展开评论，勇于发现和揭露相关问题，将危机事件真正置于“阳光”下，给民众一个了解事件，探讨问题的平台。只有这样，人们才能够从危机事件中吸取教训，避免惨剧再次发生。例如，2014 年8 月2 日江苏昆山爆炸事件发生后，当地党报和都市类媒体的新闻调查不断出现。从“工厂调查：一直存隐患从未停止生产”“工厂曾被举报但一直未整改”等反思性报道中可以看到我国媒体的成熟

① 盛沛林等:《印度洋海啸灾难爆发时的信息传播——兼论媒体的新闻舆论预警机制》，《军事记者》2005 年第 3 期。

② ［英］尼克·史蒂文森:《认识媒介文化——社会理论与大众传播》，商务印书馆 2001 年版，第 81 页。

和进步。各种媒体的有力报道促成了政府对事件的问责，包括对责任人的法律追究。但是，客观地讲，我们依然存在一些媒体为了政治安全，不敢反思危机事件背后所隐藏的问题，不愿探究危机事件深处所深埋的弊端。面对行政阻力时，不少媒体从业人员识趣退缩，乖乖地退出报道。一些习惯于“听招呼”的媒体甚至形成了惯性思维，危机报道中的“套话”“官话”一大堆。相对应的是，美国各界每年都纪念“9·11”事件，媒体也进行全面的反思，不断推动危机事件善后措施的完善。2010 年 12 月，美国国会通过了一项为参与“9·11”恐怖袭击事件后救援工作的消防员及急救员提供医疗保障的法案。① 2011 年，美国国会通过了一项向“9·11”恐怖袭击事件中空气中毒受害人进行赔偿的扎德罗加法案。② 可见，反思只有及时，才能真正引起民众的重视，留下深刻的印记，防微杜渐。反思必须深入，才能真正推动机制的完善，推动社会的发展，继往开来。

二　报道方式使用的不妥当

人文关怀就是以人为本，尊重人，理解人，关心人，将人作为考察一切事物的主要价值标准。现代民众的认知水平不断提高，思考和判断能力不断提升，他们往往并不会被传播者牵着鼻子走，而是采取一种批判和怀疑的态度来接收新闻。他们会从不同渠道寻找危机信息来进行比较和鉴别，并综合个人经验和社会阅历得出自己的结论。现代民众不仅要求“知事”，而且需要“知情”和“知理”。倘若媒体从业人员忽视了这个特点，仅仅局限于浅层次的报道，就难免会产生负面的

---

① 《路透社：美国批准 9·11 消防员及急救员医保法案》，央视网，http：//jingji. cntv. cn/20101223/102611. shtml，2010 年 12 月 23 日。

② 《美国通过向“9·11”受害人赔偿法案 逾百华人申请》，中国新闻网，http：//www. chinanews. com/hr/2011/09-04/3304903. shtml，2011 年 9 月 4 日。

传播效果。

（一）用刺激影像报道和吸引受众

危机报道中使用图片和视频，既可以使受众获得危机事件的具体形象信息，也可以使受众对危机事件本身的认知深化，从而达到积极的社会传播效果。危机事件一般具有重大危害性，所以危机报道的基调应该是理性和稳重的。但是，在我们的媒体走向市场化过程中，有时也接受西方新闻价值观，把灾难新闻当成招徕受众、增加“卖点”的“好”机会，在报道中采取了突出、渲染危机事件离奇性、煽情性元素的操作方式。[①] 不少记者编辑把对新闻现场的描述演绎成了刺激性影像竞赛，在忽略受众心理承受能力的情况下，大量刊发灾难现场图片与影像。例如，在印度洋海啸的报道中，遇难者被冲到海滩上露出变形残肢的图片以及尸体堆积如山并腐烂的图片不断被媒体刊发，就是一个例子。事实上，有些媒体刻意渲染危机事件的“苦难”“悲惨”，极易引起受众的负面心理反应和悲观社会认知。危机报道不能盲目地追求轰动效应，使用影像材料必须考虑受众的心理承受能力。一般情况，危机事件的影像拍摄应该对灾难现场或遇难者的形象进行模糊或遮挡处理。对于遇难者家属悲痛的情绪、表情或声音进行拍摄时也应该采用大景别画面，对其进行遮挡或模糊处理。2015 年“东方之星”号游轮由于天气原因在长江监利水域沉没，造成 442 人遇难。当一个 3 岁孩子的遗体转移时，现场记者使用了远景拍摄，没有采取近景拍摄。记者这样做既保护了照片中主人公的隐私权，又能保障受众的知情权，充分体现了媒体从业人员的职业修养和人文关怀。

（二）用白描手法冷漠和生硬报道

媒体与受众之间的关系是通过新闻报道来实现的。而任何新闻事实只有通过话语体系的表述才能传播出去。有学者认为，语言代表着一种

---

① 刘鹏：《灾难报道中的人文关怀》，《新闻记者》2005 年第 1 期。

社会关系。[①] 作为新闻专业主义的核心理念，新闻客观性有一个重要前提，就是对普遍人性和价值观的认同。缺乏人性观照、违反伦理道德的“客观”被称作“冷硬的客观”，不是新闻专业主义追求的客观性。有些媒体从业人员不论多大的事件，只单纯地列举一些数据，将死亡变成数字，这是对人性的忽视。有些媒体从业人员不论多重的灾难，只冷静地描述现场情况，将情感剥离现实，这是对人情的漠视。例如，在2011年的挪威于特岛枪击案件中，一些外国媒体对于事件的描述令人胆战心惊：“幸存者达纳·伯岑基，现年21岁，裤子上沾着鲜血。他描述，枪手伪装成警察，要求人们聚拢，继而从一个袋子里拿出多支武器，开始射击。……一些人中弹后装死，然而，枪手换用一支散弹枪，向他们头部补射，其中一些人是伯岑基的朋友。伯岑基使用一名中枪友人的手机报警。”新闻稿中媒体从业人员采用的是白描手法，用中性的文字、客观冷静的叙述将目击者眼前的凄惨景象告知受众，力求不偏不倚。但这种冷冰冰的、夹杂着血腥与死亡气息的语言只会让受众感受到媒体的无情。2010年全国发生的校园砍杀事件，在社会和媒体的关注之下愈演愈烈，短短一个多月的时间内，全国先后发生了五起针对学校未成年人的恶性袭击事件。这种连锁效应发生的背后有复杂的原因，但是网络媒体的渲染，对事件的过细报道都对同类事件的发生，产生了催化作用。媒体不应过度追逐“眼球效应”和经济利益，不能对暴力和血腥的情节进行生硬描述而是应该积极地将舆论引导到积极健康的方向，主动对这些行为进行批判性反思。危机事件报道中，媒体从业人员需要掌握合理的叙事手法，注重对报道尺度的把握。媒体在报道事实、描述情况的时候应该精心设计、考虑影响，既要考虑当事人的感受，也要顾及受众的心理反应，更要避免成为模仿犯罪的样板。

---

① 参见黄旦《传者图像：新闻专业主义的建构与消解》，复旦大学出版社2005年版，第83页。

（三）用传统思路简单和直白宣传

典型报道是指对具有普遍意义的突出事物的强化报道。传统典型报道模式的使用在我国媒体已经有比较长时间。有些典型报道是由于某些事物备受青睐，引起各新闻机构共同注意而完成的；有些则是上级主管部门或主要负责人指定的，认为某人某事某机构具有推广意义而令新闻媒体共同突出报道。[①] 正面典型报道通过榜样示范效应可以向受众提供可资模仿的具体对象，引导受众向其言行学习看齐。改革开放前，正面典型报道保持着传统的特点：按照一定模式分类，人物图谱化，几乎每篇报道都出现类似的视觉元素、思维方式、人物特征和行为方式。这些图谱性的因素为叙事提供了一个框架，报道或充满气壮山河的豪情或忍受悲凉的艰辛。[②] 我国典型人物传统的报道模式是“事例 + 观点”或者“口号 + 事例”的工作报告式写法。改革开放以来，随着受众认知水平的快速提升，用传统模式进行简单和直白的典型报道经常会导致受众的逆反心理。传统模式引起受众逆反心理的原因：其一是由于报道内容的片面和浮夸，引起受众对人物的怀疑和反向解读。其二是由于报道方式的失当和粗陋，导致受众的逆反心理和厌恶情绪。其三是由于信息传播的单向化，致使受众选择权的受阻和对媒体的不信任。值得注意的是，受众的负面情绪具有延续性，当逆反心理和不信任感形成一种思维定式后，对后续类似的传播者、传播内容和传播方式都会在接收、理解和记忆方面产生同样的认知后果。例如，非典疫情新闻报道中的“病房里的婚礼”“火线入党”等新闻，就被某些受众认为是刻意制造的“刑场上的婚礼”式的悲剧场景。2014 年 8 月 4 日，某中央级媒体报道的云南鲁甸地震灾区由于干净的水有限，需要优先供应伤员，救援人员就使用浑水泡面、做饭。当部分受众移情进入这些令人心痛、令人心酸的情

① 童兵：《比较新闻传播学》，中国人民大学出版社 2002 年版，第 118 页。

② 陈力丹：《新中国成立 60 年以来典型报道演变的环境与理念》，《当代传播》2009 年第 5 期。

节时，就会产生一种失望和愤怒的情绪。高学历受众甚至据此对我国的后勤保障水平产生严重的质疑。所以，媒体从业人员一定要顺应时代发展，破除思维定式，不断创新报道模式。现时代的媒体从业人员需要经常提醒自己注意一件事：正面事实也可能含有负面信息，正面典型也可能产生消极情绪。

三 受众心理把控的不准确

不论是在拟态环境还是在现实世界中，始终与符号编码系统同步运行的是编码者的情感系统，媒体从业人员的社会基本属性仍然是人，这就决定了不可能剔除在信息传播中的情感流露。而作为人的必然需求，情感的诉求也时刻影响着逻辑严密的符号编码行为。危机事件中的情况复杂多变，媒体从业人员与受众情感的不对称性，容易导致危机报道忽略受众的心理感受，使人文关怀变质为某种心理上的伤害。也就是说，不恰当的危机报道有时会引发民众的负面情绪，不利于整个社会情绪的和谐稳定。现实生活中，我国媒体从业人员在危机报道过程中，在把握受众情感方面还存在不少的不足。

（一）用新闻煽情的手法强迫受众认同

新闻煽情一直是新闻实践中不能回避的现实问题。我国媒体的危机报道中，煽情的手法经常被借鉴和运用。但是，从新闻学理论角度分析，应该看到新闻煽情报道模式与传统的客观新闻报道思想是不相符合的。某种意义上，新闻报道蕴含一种审美创造。新闻内容可以从某些层面满足受众的审美需求，给受众以美的享受和愉悦。从新闻报道的美学内涵分析，它所推崇的“真”“善”“美”与我们社会所提倡的主流价值观是一致的。因此，在目前的社会条件下，在危机报道中合理地加入情感元素，应该说是可以的。但是危机报道中情感元素的注入，一定要有程度和方式的把控。如果在危机报道中过度煽情，传播效果必将事与愿违。例如，中央电视台在我国非典疫情报道的后期，由于报道模式的传统和报道思维的惯性，大量夸张和煽情性语言出现在直播节目中，主持人频繁使用“到最危险的地方去”“舍生忘死”“用生命阻击非典”等话语。这种语言的过度使用无疑会加大受众心理上已有的焦虑感和紧张感。2011 年日本“3・11”大地震发生后，尽管地震导致的核泄漏事故情况危急使民众内心充满不安，但是 NHK 的危机报道保持了冷静和稳重的基调。它的报道让受众克制不安和恐惧的心理，去努力深入思考和判断。在 NHK 的新闻中，你看不到刻意的慢镜头，看不到悲伤的泪水，更听不到“衬托”情感的音乐。连续十多天的现场直播加新闻报道，它的电视屏幕上几乎看不到一具遇难遗体。日本媒体的表现获得全球舆论的一致赞许，NHK 的报道被评价为“绅士般的报道风格”。

（二）以细节挖掘的名义误施“二次”伤害

媒体从业人员在危机报道中应该体现对受灾群体和受害个人的人文关怀，实施善意的关注。国外媒体的危机报道中，媒体从业人员在处理相关情况时相当谨慎小心。例如，韩国在《新闻伦理实践纲要》中对危机事件的采访有明确的规定：记者在采访灾害或事故时，不得损害受害人的尊严，或者妨碍受害者的治疗，对受害者、牺牲者及其家属应保持适当的礼仪。[①] 国外新闻界，对遇难者家属的采访对很多记者来说都是一个很棘手的问题，采访悲伤的人，特别是一位在事故中失去了配偶、儿女或者父母的人常常被记者认为是最怕的采访任务。[②] 但是，我国有些媒体从业人员在进行新闻采访过程中，有时为了抢新闻和抓细节，往往不顾受灾群众及其家属的感受，追问事件发生时的场景，拍摄下他们悲痛欲绝的表情。[③] 个别情况中，媒体从业人员为了诱发受众的

---

① 郑保勤:《韩国新闻工作者职业道德准则》,《国际新闻界》1998 年第 1 期。
② 陆高峰:《韩亚空难报道中的新闻伦理与职业素养》,《新闻与写作》2013 年第 8 期。
③ 马瑞洁:《从 SARS 报道反思灾难新闻的社会责任》,《中国记者》2003 年第 6 期。

伤感甚至故意营造出极度悲惨的场景和气氛。[①] 对于某些危机事件中出现的典型人物，媒体从业人员为了引起社会关注，激发受众情感，甚至对其“伤痛”进行挖掘，让其暴露在屏幕之中。这种行为不但侵犯了报道对象的人格尊严，也刺痛了他们的精神和情感。这些行为实质上对受害者构成了心理层面的“二次伤害”。例如，2006 年 8 月“桑美”台风来袭，有记者找到 12 岁的受害者丁小云，让其面对镜头口述亲身经历的灾难和痛失亲人的过程。最后导致的结果是，受害者在经过一段时间心理治疗后，才能像正常孩子一样读书生活。2019 年 4 月 2 日，四川凉山发生重大森林火灾，31 名消防员牺牲在灭火岗位。某记者采访消防员时问道：“你跟那个战友关系好吗?”“你想救他吗?”“战友牺牲了你会自责吗?”在该记者的一连串追问下，消防员依然不愿意再去回忆当时“遗体成片”“抱头痛哭”“心情崩溃”的场景。我们认为，危机事件中的新闻报道应该尊重个人隐私，体恤个人情感，不要过度侵扰受害者，不应强迫访问受害者。危机事件的采访应该观察采访对象的情绪及感情波动，随时调整采访进程和提问内容，坚决不给采访对象带来第二次心理伤害。

（三）借戏剧故事的讲述回避社会反思

新闻的戏剧化是指表现新闻事件的人物矛盾，追求新闻故事的情节起伏，使之达到一种戏剧化的传播效果。我国危机报道经常以“三段式”模式来叙述事件，即开始→发生→结尾，尽可能呈现一个完整的故事情节。这种危机报道模式存在明显弊端，过于关注事件过程，却忽视事件善后结果。我国的危机报道总是以危机事件得到圆满解决来进行收尾，通过灾后各种庆功会和表彰会的报道营造一种抗灾胜利的喜庆氛围。但与此同时，危机事件中暴露出哪些不足，救灾过程中出现哪些失当，今后应该如何防范等问题，在新闻报道中很少涉及。2008 年的汶

---

① 田中初：《当代中国灾难新闻研究——以新闻实践中的政治控制为视角》，博士学位论文，复旦大学，2005 年。

川地震中，我国媒体基本遵循着传统危机报道的三段式模式。5 月 13 日开始，来自汶川的各种报道数量逐渐攀升。5 月 22 日前后伴随救援和抢险工作的全面展开，媒体的报道数量达到顶峰。5 月底各种相关救灾工作接近尾声时，媒体的报道数量开始稳步下降。6 月初随着救援队伍的陆续撤出，媒体的报道就剩下几篇零星的有关捐赠和输送重建物资的新闻。6 月 12 日，地震发生一个月后，有关灾区的报道就几乎看不到了，汶川逐渐从人们的视野中淡去。在一个月内，各种媒体最大限度地传播了事件的现场信息，而一个月后，各种媒体则以最快的速度整齐撤离危机现场。这场地震的影响是持续性的，多少经验教训值得总结，多少方法措施需要反思，但此时已经无人问津。2010 年舟曲特大泥石流事件和 2013 年雅安芦山地震事件的报道模式也都是如此。

第三节　难以自控：网络媒体的眼球效应

技术的快速进步导致新媒体的发展迅速，它们之中有的属于新的媒体形态、有的属于新的媒体软件、有的属于新的媒体服务方式。对危机传播而言，影响最大的当属网络媒体与手机媒体。由于手机媒体本质上是传播渠道的手机化嬗变，所以，本书主要针对网络媒体进行研究，其规律能够覆盖主要的新媒体类型。网络媒体这一新兴媒体存在的形式多种多样，包含的范围极为宽广，涉及的领域五花八门。它几乎渗透到社会的每一个领域。网络媒体的分类有多种方式，本书选择其中对危机传播最有影响力的三种类型进行分析：一是以个人为承办主体的博客、微博等。近年来，很多个人微博粉丝数量已超过百万，影响力甚至超过了某些传统媒体。二是以职业组织为承办主体的门户网站。这类网站把信息传播作为其核心业务，有一定的规章制度，如新浪网、搜狐网等。目前来说，这类门户网站在危机传播中的影响力已经和传统媒体相去不远，而时效性有过之而无不及。其他如人民网和新华网等网站由于和传统媒体的关联性，这里不再讨论。三是以政府组织为承办主体的专业网站。这类网络媒体大都不是组织的主体业务，而是服务于主体业的辅助部分，如政务微博。网站主要以宣传和发布信息为主，是一种非职业化的网络传播媒体。

一　微博信息传播的不理性

“微博”可以理解为“微型博客”或者“一句话博客”，即用户可以将所见所闻所感写成一句话（不超过140个字），或者发一张图片，通过电脑或者手机随时随地传播给其他用户。相比其他传播渠道，微博信息发布权利更平等，信息内容更自由。微博是手机短信、社交网站、博客和IM等四大产品优点的集成者。由表6.6可知，2009年8月，三大门户网站之一的新浪率先推出了微博；2010年1月，网易和搜狐几乎也同时宣布微博内测。随着三大门户网站的加入，国内民众使用微博的热度越来越高，微博的影响力也越来越大。

表6.6　各大门户网站微博公测时间及注册方式

各大门户网站的微博	正式公测日期	注册方式
新浪 t. sina. com. cn	2009. 8. 24	绑定博客账号
网易 t. 163. com	2010. 3. 20	绑定邮箱账号
腾讯 t. qq. com	2010. 4. 01	绑定 QQ 账号
搜狐 t. sohu. com	2010. 4. 11	绑定邮箱账号

数据来源：本课题组的总结。

微博是一种信息载体，同时又是意见载体，不同表现形态的舆论意见通过这一平台逐渐丰富了民众的认知结构，甚至是在改变着民众原有的结构。伴随着便利与快捷的传播形式，通过微博，少数人的意见观点可以集聚成一股强大的舆论浪潮，改造并同化民众观点、意见和情绪。微博正以其他媒介所不具备的优势和速度占领媒介和网络市场，其如火如荼的发展趋势已经掀起国内互联网媒介的新一轮革命。学者麦克卢汉（Marshall McLuhan）指出，“无论电视网是一天24小时地播放虐待狂的牛仔们的打斗，还是播放帕布罗·卡萨尔斯在充满纯净文化气息的西班牙式的白色起居室里拉奏大提琴消磨时光，内容是无关紧要的”。① 微博同样如此，它本身的影响远比它传播什么内容更重要。2009 年 12 月，中国社会科学院发布的《社会蓝皮书》指出，微博是杀伤力最强的舆论载体，社会热点事件有 30% 是由网络率先公开爆料而引发公众关注。② 就像任何新兴事物一样，微博对于危机传播而言也是一把“双刃剑”。

（一）危机传播中的微博成为谣言滋生的温床

微博具有爆炸性的、核裂变式的传播能量的现实，只要一条信息发布，它会像病毒一样传播，管理者不可能把所有人的微博删掉，它是现场直播，不可能事先审查，这是微博对现代新闻传播管制制度的一个很大挑战。③ 微博上的每个人都是信息发布者，而所发布的信息不可避免地具有个性化和主观性，这在一定程度上契合了谣言滋生的条件。微博用户认知结构的不同可能导致微博内容的解读差异，导致下一级传播者产生认知偏差。微博使用的低门槛容易导致扭曲的信息流入信息大潮，受众认知水平的不同容易使得这样的信息成为网络舆论燃点。例如，2011 年日本“3·11”大地震导致福岛核电站不断发生爆炸，我国网民表现出了强烈的焦虑情绪，各种防辐射知识在微博中大量转发。碘片、碘酒和碘盐等含碘物质都成为讨论重点，并与防辐射关联起来。从 3 月 14 日开始，负面情绪的积累和变异传播内容的刺激终于导致“抢盐潮”爆发。3 月 16 日，网络上有关“抢盐”的信息猛增，媒体对“抢盐”现象展开报道，更多人开始关注“抢盐”事件。3 月 17 日，“抢盐”行为从东南沿海开始向内陆地区发展，形成了席卷全国之势。

（二）危机传播中的微博成为垃圾信息的海洋

从微博的使用主体来看，由于存在“数字鸿沟”，网络信息并不都

---

① ［美］斯蒂文·小约翰：《传播理论》，陈德民等译，中国社会科学出版社 1999 年版，第 579 页。

② 参见李培林主编《社会蓝皮书》，社会科学文献出版社 2009 年版，第 22 页。

③ 参见苑晓辉《“全民监督”是对政府和官员的一种保护》，《生活新报》2010 年 7 月 30 日。

是有效信息，并不等同于整体民意。微博的低门槛和便捷性使得其个人信息的发布和传播成为没有标准进行规范的场域，容易带来垃圾信息的泛滥。微博用户可以选择自己感兴趣的信息门类去加以关注，但是信息本身是不会分类显示的，所以在个人页面上还是会出现很多垃圾信息。这种情况不仅会影响受众对信息的接收和理解效率，也会给信息的监管带来更大的难度。例如，2012 年 2 月 3 日下午，一场影响镇江市区几乎所有自来水用户的“水污染”事件开始发酵。从 3 日下午开始，镇江市区居民家的自来水相继出现异味，烧晚饭、洗澡、洗衣服、喝水等日常生活均受到不同程度的影响。镇江市区各大超市的饮用水很快被抢购一空。于是，微博上很快就出现了各种各样的言论和无中生有的猜测。新浪微博用户 ID 名为“宅 PAN”的网民表示：“记得以前表哥告诉我镇江某化工企业特意买了 2 条船，常年停留在他们偷设定在长江的出水口，用来掩盖排污，所以镇江水污染事件也不见得是无风起浪、无中生有。”2013 年 4 月 18 日晚，网友“临沂老许 V”发出了这样一条微博：“刚才出门，抬头看见西方天空出现了强震云，立刻返回拿取照相机，拍了一组照片。从云的形态、结构、颜色等特征看，似是 6 级的强震云与快震云，能量的最大值可达 7。如果快，是 24 小时内动作，一般是 36 小时之内，最长不过 72 小时。在卫星云图上搜索，它们应该是来自西方丝绸之路国内部分，甘、青、疆。”4 月 20 日芦山地震消息传出后，该用户的这条微博被大量转发，不少网友纷纷表示“神人降临”。截至 4 月 20 日午间，该微博转发量已经接近 3.5 万次。现实情况是，以当前的科技力量，人类尚无法准确地预测地震。由于微博空间是“私人领域”和“公共领域”的统一，所以受众在面对这些信息时需要完善认知结构，增强认知能力，屏蔽垃圾信息，质疑不实信息。另一方面，管理者在面对这些信息时需要强化监督管理，提高反应速度，分析过激言论，实施理性引导。

（三）危机传播中的微博成为情绪酝酿的容器

新媒体作为民众言论的“传声筒”有着无可比拟的优势，电脑、手机等传播终端的普及使得民众的所思所虑有了新的“宣泄口”。作为重要的信息传播渠道，微博可以放大正面的情绪（诸如爱戴、敬慕、愉快、感动等），当然也可以强化某些负面的情绪（诸如愤怒、失望、恐惧、抑郁等）。负面情绪一般来自现实生活的压力，这是一种由于无法消除威胁性刺激的困境而产生的被压迫感。个人的这种直接感受是有限的，而和微博提供的类似信息相汇聚则大大扩展了个人的感受维度，可以导致负面情绪的社会弥漫。就传播心理而言，网络空间下的普通民众的情绪化行为往往具有自发性、联动性、广泛性、爆发性。网民对某个事件的情绪化反应往往是一种自发的、松散的，而不是有计划、有步骤的动员。但是，在微博人际传播作用下，中国网民的社会情绪往往会产生爆发性的动员力量。例如，2019 年江苏响水“3·21”爆炸事故中，微博传播主体主要是民众和媒体。其中民众所占的比例最大，发出微博 69 条，占比 37%，超过样本总数的三分之一。其次是媒体，总计发布微博数量达 67 条，占比 36%。再次是政府，发出微博 38 条，占比 20%。最后是事故相关者，发出微博 13 条，占比 7%。此次危机事件中持负面情绪传播的微博占比达到 41%。在这个意义上，一些网络舆情事件的发生与微博中负面情绪型舆论的扩散有着直接的关系。

二 门户网站新闻的不规范

新媒介的出现就像是“破窗器”，打破了传统媒体意见垄断的局面。信息量的飞速增长和快速传播代表了在压抑状态下民众的心理释放和自我救赎。网络传播触发了以往民众处于“半沉默”状态下的公共参与意识。我们迎来的不仅是一个“全民记者”的时代，更是一个“全民评论员”的时代。如何建设和管理好中国的门户网站，特别是做好他们的信息管理，对于建设和谐社会显得非常重要。经过十多年的不断摸索和创新，我国相关组织对门户网站的新闻管理已经有了不小的进步和不错的经验。但是不可回避的一个现实是，目前网站的管理依然有薄弱环节，需要不断创新管理思路加以改进。

（一）管理法规有待于进一步完善

中国现有的网络法律法规虽然都立足于对网络的治理，但具体的管理手段大都是管理性的行政规章文件，真正属于法律层次上的网络立法还没有成熟，且涉及的范围有限，很难成为完全意义上的法律。[①] 从数量角度分析，与网络传播管理相关的我国法律法规已有大约20部，数量已经相当可观。但是从法律层次角度分析，这些规范性文件大多是管理机构制定的部门规章和行政法规、规范性文件，层次较低且不配套。这种情况导致的结果就是，法与法之间存在矛盾，法律法规的可操作性差，已影响到管理的科学性和规范性。

尽管从数量上来看，我国关于新闻传播管理方面的法律法规不在少数，但真正适用于网络媒体的只有《互联网新闻信息服务管理规定》、《互联网等信息网络传播视听节目管理办法》、《互联网著作权行政保护办法》和《信息网络传播权保护条例》等少数几个。相对应的是，2005年7月，澳大利亚政府成立了传播和媒体管理局（ACMA），负责全澳大利亚的互联网管理工作，对互联网上的网络谣言、网络色情、网络诈骗等违法犯罪活动严加防范，以保障国家信息安全。2013年7月，英国议会通过新的《通信法》，成立了通信办公室（OFCOM），负责广播以及通信的监管工作和网络信息内容标准的维护，加强对非法内容的管制，并推动建立分级和过滤系统。

《互联网新闻信息服务管理规定》作为中国网络新闻管理的一个基础性法规，为我国新闻网站的建立制定了较为严格的审批手续。现实工

① 胡正荣等：《对中国网络媒介宏观调控的思考》，《淮阴师范学院学报》2005年第3期。

作中，由于各种主客观原因的存在，导致我国实际从事新闻传播活动的网站依然在不断产生，总体数量出现过多的趋势。某些地、市级甚至县级的媒体网站并没有得到梳理和规范，相当数量的小型网站还在不断加大投入。目前，新闻传播的同质化和碎片化现象在网络上依然比较明显，这也就意味着某种程度上国家建设经费的浪费和新闻舆论话语权的稀释。

（二）宏观调控有待于进一步加强

情感的社会学研究取向强调情感产生的社会根源。情感的产生可能源于微观层面的人际互动，也可能源于中观层面的社团和组织，抑或是宏观层面的社会结构和国家系统。但是无论情绪产生于哪个层次，情绪体验的主体大多立足于个人。受众塑造了媒介，媒介又影响了受众。研究表明，消极情绪在新闻网站的负面新闻中体现得较多。这些负面新闻主要涉及社会公平，其内容主要是权力机关的不公正行为与犯罪分子的暴行。网站编辑选择这些新闻内容的关键在于能够吸引网民的注意力与好奇心，换句话说，这些新闻内容能够激发网民的认知需求和认知兴趣。在这个被受众熟悉和认可的框架里，新闻报道比较省力，内容容易变成点击率。网络传播公司处于市场竞争的压力之下，负面新闻与低俗新闻已经成为其增加点击量，从而获得盈利的主要选择。因此，这类网络新闻往往堂而皇之地出现在国内各大门户网站的首页，从而进一步加速了该类新闻的传播。例如，我们使用浙江传媒学院 iSmart 网络舆情监测与分析系统分析 2010 年的章光 101 事件，共收集舆情信息 220 条，其中正面舆情 47 条，负面舆情 173 条；系统共监测到 56 家中文媒体发布该主题相关负面新闻，排名前三位的是腾讯网、中金在线、千龙网。2010 年的伊利蒙牛陷害门事件中共收集舆情信息 3487 条，其中正面舆情 728 条，负面舆情 2759 条，系统共统计到 337 家中文媒体发布与该主题相关的负面新闻，排名前三位的是腾讯、人民网、搜狐。

政府部门所希望达到的“净化网络环境”“反对低俗化”的愿景只通过政策宣传、主流媒体积极引导是很难实现的。少数网络媒体从业人员为了寻找“卖点”和制造“热点”，无视法律法规和新闻纪律去炒作负面新闻、编制虚假新闻。少数网络新闻媒体畸形追求影响力和点击率，忽视社会效益和职业道德去传播不实消息、转发境外流言。2010年，一则“中国每年有220万青少年死于室内污染”的新闻被各网站纷纷转载。最终，这条负面新闻中所涉及的“中国疾病预防控制中心环境与健康相关产品研究所”明确否认曾经发布过这一数字。这些虚假和低俗新闻所暴露出的问题，既说明网络传播追责和制约机制的不足，也折射出新闻监督管理的乏力。

（三）原创保护有待于进一步落实

某些网站由于规定和资源的限制没有办法自采新闻，转而使用“整合新闻”的策略谋求出路，也就是靠转发传统媒体和新闻网站的信息来竞争。但是这些网站在转发新闻的过程中既不签订相关转载协议，也不标注新闻出处，完全漠视知识产权的存在。按照现行的网络新闻政策，新闻网站只能转载传统媒体的信息，而不提倡自行采访。实际上大多数具有传统媒体背景的新闻网站多少都在搞一点“原创”新闻，这已经是几年来主流媒体网站的共同做法。这些新闻网站在机构设置上也大多设置了专门进行“原创”新闻创作的采访部门。例如，东方网等网站从传统媒体借调一批记者来保障“原创”新闻工作，也属于打“擦边球”的对策。《最高人民法院关于审理涉及计算机网络著作权纠纷案件适用法律若干问题的解释》（下称《解释》）第三条规定：“已在报刊上刊登或者网络上传播的作品，除著作权人声明或者上载该作品的网络服务提供者受著作权人的委托声明不得转载、摘编的以外，网站予以转载、摘编并按有关规定支付报酬、注明出处的，不构成侵权。但网站转载、摘编作品超过有关报刊转载作品范围的，应当认定为侵权。”从这个司法解释中可以发现，无论是报刊刊登、网络传播还是网站转载都不能免费使用他人作品。从本质上讲，传统媒体和自己的网络版已经可以说是两个不同的传播平台。一个信息传播平台使用了某一个得到作者认可的作品，并不等于另一个信息传播平台也同时得到了免费使用的权利。这就像报纸和杂志结集刊发本单位曾经发表的作品后，还要向相关作者另外支付报酬是一个道理。从这个角度分析，如果有作者根据《著作权法》及最高法院的司法解释提出网站使用作品应该另行支付稿酬的要求，也应该得到法律的支持。例如，2006 年 10 月，《新京报》起诉 TOM 网违法转载其作品，要求 TOM 网向《新京报》赔偿 300 万元。2007 年 2 月，中视影视向迅雷在线等 70 余家侵权网站“开炮”，采取法律手段向它们提出巨额索赔。但是我国目前的法律法规条文不是十分明确，难以把控判定依据和执行标准，导致打起官司来往往出现有关条文缺少明晰解释的问题。

三　政务微博发展的不均衡

德国学者哈贝马斯（Jürgen Habermas）提出了“公共领域”[①] 的概念。资本主义社会的“公共领域”并不能照搬到中国，但是在构建和谐社会的当下，我们更需要这样一个“空间”来交流信息、整合意见、推动民主化的进程。随着网络的迅猛发展和微博的影响力日益增强，相当数量的政府机构和政府官员开设微博，政务微博已经成为各国政府发布信息、了解民意、汇集民智和官民沟通互动的重要平台。美国国务院在 Facebook 上有 140 个网页，在 Twitter 上有 50 个，在 YouTube 上有 60 个，Flickr 的网页越来越多。[②] 这股“政务微博”的热潮带来的好处是显而易见的：官民互动更加通畅，上下沟通更加便捷。政府行为可以在

① 指政治权力之外，作为民主政治基本条件的公民自由讨论公共事务、参与政治的活动空间。
② 龚铁鹰编:《美国政府如何与新闻媒体打交道》，五洲传播出版社 2010 年版，第 125 页。

互动中得到监督，管理政策可以在交流中获得反馈。根据《中国政务微博研究报告》① 可知，目前我国政务微博有三大特点，具体表现在：其一是从地域分布来看，机构微博中，南方省份发展政务微博的意识较强，开通的政务微博数量高于北方；其二是从类型上看，不论是机构微博还是官员微博，公安微博所占比例最高、服务性较强，党政机关、交通部门微博亦成亮点；其三是政府官员微博注册情况与官员行政级别的分布结构相符合，自上而下、逐步递增，呈金字塔形，县处级以下的官员微博规模最大。但不可避免的，发展过程中也会出现不少问题。例如，在发布微博过程中会因字数限制导致信息误导的问题；信息的公开化导致政府泄密的问题；网民的情绪化影响政府和官员对舆情的正确判断问题；等等。

（一）官话和套话影响沟通效果

政务微博应该坚持平民视角，始终将自身与社会民众放在对等的位置，语言语气亲切平和，多使用网络用语，拉近与网民之间的距离。政务微博应该避免政府信息发布中常犯的“官腔十足”“官话连篇”的问题，与网民开展顺畅、真诚、亲切的交流。只有这样才能激发民众的责任感和主人翁意识，增强政府组织的公信力和亲和力，塑造亲和、真诚的政府和官员形象。某些政府官员的微博中连篇累牍都是“您反映的问题我们已经交给相关部门调查了解”“感谢您对我们工作的理解和支持”这样的雷同内容，很容易招致普通民众的反感。比较而言，微博“问政银川”在这方面做得比较不错，在互动交流中改变了话语模式。它通过融入网络流行语“盆友们”“童鞋们”“稀饭”等元素，实现了表达的口语化，表现了服务的高姿态，增强了互动的亲切感。

（二）数量和质量没有相应的匹配

在“官网”“官 V”雨后春笋般兴起的信息时代，少数地方“官

---

① 张志安等：《中国政务微博研究报告》，《新闻记者》2011 年第 6 期。

网”长期“休眠”，某些“官 V”频频“失语”。《2019 年政务指数·微博影响力报告》显示，截至 2019 年 12 月 26 日，经过微博平台认证的政务微博已达到 179932 个，其中政务机构官方微博 138854 个，不少县、乡都已经开通政务网站和微博。在“网络问政”成为趋势的大环境下，越来越多的中国官员体验到政务微博、官方微信在新闻发布、倾听民意、便民服务等方面的快捷与效率。然而，少数地方虽然开通了政务微博，却让这一新的沟通形式沦为摆设，长期不闻不问。某些政务微博没有专人管理，开设不久就“人去博空”。美国的做法是任何一个公共网页建立起来后都配置管理员，负责跟踪每天的网上内容。[①] 微博作为一个便捷的沟通桥梁，在危机事件发生前，有可能通过网民留言发现风险隐患；在危机事件处理中，有可能通过网民评论把握社会情绪；在危机事件善后时，有可能通过网民建议了解工作不足。当然，在政务微博上进行新闻发布已经被证明是快捷有效的网络舆论引导和社会情绪安抚的手段。在这方面较为成功的案例是广东省公安厅政务微博，它平均每天发送 10 条左右的微博。作为政务微博，广东省公安厅没有太多的官话套话，面对各种各样千奇百怪的问题应对自如，充满智趣、知识和理性。而遇到网友们提出的实际问题，广东省公安厅工作人员也是细心解答。

（三）突发和常态没有机制的转变

政府在应对突发事件时应该在与民众互动的基础上，关注网络舆论动向，积极通过政务微博及时回应社会关切。但是，面对突发情况、危机事件，少数地方或部门政务微博或是处于“静默”状态，或是处于“迟钝”反应中。危机事件发生后，民众处于了解真相的急迫心理状态之中，网络舆论场中难免众声喧哗、观点芜杂。相关地方或部门唯有积极发声，信息公开，才能对接其知情诉求。只有及时跟民众双向交流，

① 龚铁鹰编：《美国政府如何与新闻媒体打交道》，五洲传播出版社 2010 年版，第 126 页。

为其答疑解惑，才可击溃谣言，以正视听。例如，地震洪灾等危机事件中，事发地可能会暂时性水电中断和救援迟缓。这种情况下，政府就应启动应急机制，保证政务微博发声的畅通，既为赈灾解困服务，也给民众吃下“定心丸”。政务微博应该建立应急沟通机制，在第一时间介入危机事件，通过及时有效的沟通，稳定社会情绪，消除消极影响。否则，面对危机事件时，政务微博如果出现“沉默失语”或“反应迟缓”这样的情况，其公信力和影响力必将会受到极大的、无可挽回的损害。例如，2012 年 10 月 2 日，网友在微博爆料：“今日几万游客挤爆华山，管理陷于瘫痪。”面对华山游客滞留的问题，陕西省旅游局官方微博却迟迟不做回应，内容更新在 10 月 2 日 16:00 的“看演出去喽~”。截止到 10 月 3 日午夜，该官方微博没有任何反应，网民齐呼“看演出还未归来!”

综上所述，危机传播系统存在于社会和危机事件之中，系统的开放性决定了噪声存在的客观实在性。随着技术的发展，微博和微信等传播媒介普及提高了危机信息传播的速度和范围，也在不自觉中演变成流言的温床和谣言的战场。危机信息发送者与接收者之间无障碍、无噪声传播只能是理论上的一种假设，在现实的危机传播系统中是不存在的。因此在新的时代背景下，如何进行有效的危机传播，这既关系到公共危机中各种媒体传播的效果，也关系到公共危机得以顺利处理这一社会目标的实现。

第七章　媒体引导:受众心理的科学调节

民众有关风险的经验主要来自新闻媒体。[①] 信息时代，各种媒体在不同层面进行角力和竞争，信息传播日益呈现出覆盖率高、互动性强、影响面广、时效性强等特点。危机传播中，媒体应该从社会责任角度出发，及时、客观、真实、全面地报道危机现实，积极建立起与政府、民众等多方面的沟通渠道，充分满足民众的知情权以引导社会舆论。

第一节　机制完善:强化危机传播中的管理

危机事件中，媒体并不是都能对政府的管理起积极作用，相反，有时它甚至会对危机事件产生推波助澜的负面影响。因此，在危机传播中，我们必须通过制度的完善和创新，推进政府和媒体的合作，使媒体在政府的正确引导下对危机事件做合理传播，使之对政府危机管理产生有效的帮助。

---

① 参见［美］保罗·斯洛维奇《风险的感知》，赵延东等译，北京出版社 2007 年版，第 220 页。

一 规范和健全传播管理机制

常言道“无规矩不成方圆”，任何事物的发展都需要有一定的规则来加以约束，走规范化道路，才能取得长足的发展。目前，各种媒体发展非常迅猛，但却缺乏相关危机传播机制来加以规范和引导。所以，相关组织应该制定相应的管理机制来促进危机传播的规范化发展。

（一）必须规范网络传播和新闻报道

对于媒介管理机构而言，最重要的任务就是规范和监督每个危机事件的传播者是否履行了基本义务和主要责任。全媒体时代，规模化的新兴媒介在危机事件的传播上遭遇的最大问题就是监管乏力。手机媒体、网络电视、网络广播、微博和微信等新兴媒介正在对民众的日常生活产生越来越重要的影响，开始成为信息主要传播渠道，影响力正在追赶传统媒介。危机管理中错误的信息只能导致错误的决策，这正是危机传播过程中最有害的问题。目前来看，相关政府组织除了需要继续加强对电视、报纸、杂志等传统媒体的指导之外，更重要的是需要加强对网络媒体的规范力度和自媒体的管理水平。

危机事件爆发后，流言或谣言往往会第一时间浮现在网络上，并且依赖互联网的裂变式传播飞速蔓延，影响网民情绪甚至社会舆论，其可能带来的现实或潜在的危害性决不可低估。现在某些大型网站已经在某种程度上设置了控制谣言扩散的举措，但是应当清醒地认识到，危机传播时一旦出现“信息真空”，网络流言具有对控制措施的强大反制力，受众情绪或社会舆论反而更易受到影响。目前，我国政府颁布的计算机信息网络管理的法规条例主要有《中华人民共和国计算机信息网络国际联网管理暂行规定》《中华人民共和国计算机信息系统安全保护条例》《计算机信息系统国际联网保密管理规定》等。事实上，我国缺乏专门的针对危机阶段的信息及时发布和不实信息追究方面的法律，因此有必要创建专门性的法律法规来加以规范。建议有关部门在总结实践经验的基础上，抓紧研究、起草有关具有可操作性的法律法规。从中国的实际出发，本着有利于改革、发展、稳定和满足人民群众知情权、话语权的原则，确定新闻媒体在社会活动中的各项权利、义务和责任，把新闻宣传纳入法制化轨道。

目前，世界上很多国家都颁布了信息公开和危机传播方面的法律法规。除此之外，西方政府还会在法律的框架下制定一些更具体，并有可操作性的危机报道管理细则。在美国，为了有效规范媒体灾难报道中的行为，FEMA 对媒体的危机报道制定了现场规定（出于安全的考虑，进入现场的记者必须遵循一些既定的规定）。是否遵守这些规定是媒体从业人员能否获准进入现场采摄的先决条件。媒体从业人员必须事先去熟悉这些规定并签字同意，才可能获得进入现场进行危机事件采摄的许可，而违反这些规定的后果就是被中止采摄活动和勒令离开现场。在规范媒体对危机事件的采访上，FEMA 除制定媒体现场规定外，还采取政策声明、媒体装备建议清单、媒体签字同意声明等方式规范媒体。通过这些措施向媒体从业人员委婉地表明政府的态度，并指出媒体在灾难事件中的责任与义务，从而达到提醒、规劝、引导等目的。① 这些做法无疑值得我们在规范危机报道过程中加以学习和借鉴。

（二）需要建立监控监督和追责机制

首先，要建立强有力的监督机制，促进危机传播工作的规范进行。目前，各种危机管理的问责制通常是事后进行。本书认为，监督机制需要贯穿危机传播的全过程。监督不应该仅仅是上级政府和部门对媒体的视察检查，还应该充分发挥舆论监督和民众监督等方面的作用。通过多种形式的监督使媒体在危机传播过程中发挥其主观能动性，自觉屏蔽不

---

① 万鹏飞：《美国联邦应急总署对新闻媒体采访抗灾救灾的管理规范及其借鉴》，《经济社会体制比较》2006 年第 6 期。

良信息的传播，提高危机信息处理的科学性和合理性。

其次，要建立切实有效的问责机制，保障危机传播工作的顺利开展。建立健全问责机制，首先是制定明确的责任对应制，要具体责任到人。制度要细化到危机传播中的各个环节和岗位，要进行责任分类。例如，可以要求网站核实信息内容，防范谣言传播；开展新闻风险评估，分析信息传播后果；严禁侵犯他人隐私，严禁传播刺激性图片；等等。目前，“注意力经济”理念在媒体内部盛行，点击率和浏览量有时比利润和盈利更受到风险投资者的重视。我国媒体内部缺乏一个行之有效的管理制度来惩处、规范不当传播行为。例如，一般网站被举报刊发了虚假图文信息，往往出于惯例在网站说明一下（有时甚至不了了之），涉事的网站相关人员往往不会受到实质性的处罚。某种程度上来说，违法成本的轻微纵容了某些网站人员的造假行为。本书认为，媒体提高公信力的出路在于建立一套社会化的“问责制”“不良记录制”，并把这两项制度与媒体从业人员的考核制度紧密相连。只有把危机传播中的新闻侵权和信息造假等行为的处理提高到影响收入、荣誉乃至职位留存的高度，才会起到警示和威慑作用。

（三）要建立健全专业化的培训机制

只有通过必要的职业化和专业化培训，才能推动危机传播工作质量的提升。高水平的媒体从业人员在思考问题时容易进行综合的考虑，使报道内容全面和客观。而低水平的媒体从业人员对处在知识盲区的事实不容易发现，可能使报道出现偏差。美联社对所有新招收的记者都有一个大型培训项目，训练他们学习运用最新工具来完成采访任务，训练他们可以使用所有媒体形式进行报道。[①] NHK 的新闻主播上岗前，都必须事先接受有关地震信息迅速播报的培训。日本媒体持续在研究平安消

① 龚铁鹰编：《美国政府如何与新闻媒体打交道》，五洲传播出版社 2010 年版，第 145—147 页。

息、生活消息和地震突发时行动指示情报的更有效的播报方式、播报时机，以及播音员应用何种语音、语速、语调进行播报等相关课题。[①] 危机报道凸显专业底蕴，媒体从业人员业务水平的高低会导致认知水平和报道思路不同，进而产生不同的传播效果。

大数据时代的来临，对媒体从业人员的影响日益加深，需求日渐增加。“用户时代”已经来临，我国媒体从业人员已经升级为产品经理，不光要负责内容的生产制作、推送，还要考虑用户的体验。这就要求他们必须具备大数据时代的宏观分析能力、判断能力、独家信息的挖掘能力和深度调查能力。国外高校已经开始采取相应的人才培养对策，如美国斯坦福大学开设了“公共事务数据新闻”“公民领域的计算方法”“计算新闻学”等课程，成立了数据新闻实验室。哥伦比亚大学则在新闻学研究生教育中传授“如何编程”“如何处理数据图表”等技能。相比国外，国内数据新闻人才培养还处于摸索阶段，数据新闻依然面临人才匮乏的窘境。解决这一燃眉之急较为快捷的路径就是从现有媒体从业人员当中进行重点培养，经过短时间、集中化、实战型的集中培训，培养出一批能够初步具有数据新闻能力的媒体从业人员。

（四）加快完善记者的心理调节机制

现代社会中，媒体从业人员属于高风险职业。西方心理学家将当代人的工作紧张程度划分为 10 级（级数越大越紧张），其中矿工为 8.13 级，是第一位，警卫人员为 7.17 级，而新闻记者与飞机驾驶员、领航员紧随其后并列第三，为 7.15 级。[②] 从这一研究结果可知，媒体从业人员是在从事一项高强度的工作。2000 年，《新闻记者》杂志社与上海市新闻工作者协会一起对上海市在职媒体从业人员的健康状况进行了全面

---

① 南方报业传媒集团研究所主编:《南方传媒研究·第二十九辑》，南方日报出版社 2011 年版，第 50 页。

② 章会:《新闻工作者心理健康状态调查——兼谈传播实践中的心理压力与应对策略》，《新闻实践》2009 年第 7 期。

调查。这次调查的范围很广，基本上能全面地反映出上海媒体从业人员的生活现状。调查结果显示，不规律的生活、不规律的饮食、超负荷的工作压力以及长期处于疲劳状态，上海媒体从业人员的健康状况不容乐观，在职人员死亡的平均年龄为45.7岁[①]。媒体从业人员是车祸、地震、洪水、战争等灾难和妻离子散、贫困失学、疾病伤残等不幸的直接面对者。他们要经历危机事件引起的负面心理和因采编受挫产生的消极情绪的考验，还要无条件地将个人情感置于公共利益之下。基于一线媒体从业人员心理压力大的现实，媒体管理高层应在内部完善激励性和关怀性的心理管理机制，采取全方位的减压措施疏导媒体从业人员的心理压力。例如，可以采取合理的考核制度，增加带薪的疗养时间，举办定期的心理咨询等措施去消解他们的心理压力。另外，还可以通过营造积极的企业文化，推动同事间的情感交流，开展定期的文娱活动等方法去化解他们的消极情绪。

二　灵活运用政府信息发布机制

在危机管理中，沟通是最重要的工具。[②] 危机事件发生后，政府部门会在第一时间介入，组织现场的救援，统筹事故的处理。一般来说，政府部门了解的信息最多也最全，这是其他任何组织都无法比拟的，因而其发布的信息最具权威性。政府部门有责任和义务向民众和媒体通报掌握的相关情况以满足受众的知情权，这是国家和政府的基本职能之一。国内外大量的危机管理实践表明，沟通始终与危机管理相伴而行，危机沟通是危机管理的核心。危机沟通的水平有时会决定危机处理的进程和结果。例如，2010年7月28日，位于南京市栖霞区迈皋桥街道的

① 吴妍：《浅议新闻工作者的心理健康》，《安顺师范高等专科学校学报》2004年第10期。
② 张铁民：《企业危机管理》，科学出版社2004年版，第220页。

南京塑料四厂地块拆除工地发生地下丙烯管道泄漏爆燃事故后，有官员在现场质问电视记者：“你是哪个单位的？叫什么名字？哪个让你直播的？”当天，网民发布相关内容的微博近 3000 条，微博评论与转载 15 万条。很多网民把自己的签名档改成了“哪个让你直播的”或“哪个让你上网的”等。“直播门”的后果是使民众对政府发布的死亡人数不信任，使政府为澄清流言和稳定人心付出了更大的代价。可见，在信息时代，封堵媒体和信息传播是不可行的。危机期间，政府部门通过媒体与民众进行有效沟通不仅是必需的，也是众望所归。

危机沟通是一个系统行为，不仅作为一种具体的行为或过程而存在，同时也是多种行为、过程相互作用的集合体，是内在与外在不断进行能量输入与输出的有机体。无论是危机的早期诊断、识别，还是危机爆发中的各项处理与决策活动，乃至危机善后与评估等环节，都要对组织内、外进行有效的沟通。沟通的功能主要体现在以下六个方面：其一，沟通是一种信息的共享活动；其二，沟通是一种通过信息的交流以达到影响他人行为的活动；其三，沟通是一种信息、思想、情感的交流过程；其四，沟通是组织的凝结剂；其五，沟通是传递信息并被理解的过程；其六，沟通是一个系统的范畴，是信息流动“过程的集合体”，是组织有机体的生命线。① 例如，美国政府部门在危机传播过程中，总是通过联合媒体力量和整合传播方式的策略，努力达到其危机传播效果最大化的目标。在华盛顿的很多相关组织中，政府公关人员人数往往超过专业记者人数。政府公关人员通过或明或暗的方式给记者们提供连绵不断的“新闻线索”，使他们始终深陷其中，以落实所需的舆论导向。美国学者的研究表明，媒体 75% 的消息来源是政府公共关系人员和机构，而只有少于 1% 的报纸内容是记者自己对报道事件的分析②。

---

① 参见袁明旭《论公共危机沟通的特点与功能》，《内蒙古民族大学学报》2007 年第 11 期。

② 参见自沈国麟《控制沟通：美国政府的媒体宣传》，上海人民出版社 2007 年版，第 32—33 页。

表 7.1　　危机情境沟通理论中的沟通策略①

策略	子策略	定义
否认	攻击指控者	对外宣称指控者的信息是错误的；或扬言对指控者提出告诉等反击行动
	否认	声称没有危机发生
降低伤害	推诿逃避	将责任归咎于其他人或其他组织
	借口	借由声称危机的发生是组织的无心之过，其他组织也可能发生一样的事情，进而降低组织的责任
	哀兵	表现得像个遭受不公平待遇的受害者，以赢得民众的同情
	合理化	声称危机所造成的伤害很小
	降低攻击	道己之长、淡化伤害、划分区隔、提高层次
	形式上致意	对受害者表示关心
处理善后	支持/迎合/让步	迎合组织之利益人；或强调组织过去的好来淡化危机造成的伤害
	转换框架（构建新议题）	使大众注意力上升到更高格局或对组织有利的情境上
	修正行动/补偿	对受害者提供金钱或物质上的补偿
	忏悔	对危机的发生表示遗憾
	道歉	负全责，求得受害人及利益关系人的原谅
	提供信息	对于大众或目标对象提供指示性、心理调节性或是事实层面的信息

数据来源：本课题组的总结。

美国是最早建立新闻发布会制度的国家。1828 年上台的杰克逊总统对新闻发布会的初期发展起到了促进作用，设立了专门的新闻官员。新闻发布会定期制度的出现是在塔夫脱总统执政期间。新闻发布会制度的最终确立是在富兰克林·罗斯福总统任内。肯尼迪总统对新闻发布会的发展有突出贡献，他把新闻发布会带入了实况转播时代。他运用总统竞选电视辩论的直播方式，建立了良好的个人形象，并熟悉如何在新闻发布会上统一发言口径塑造政府与个人形象、控制新闻界等技巧，从而把新闻发布会与广播、电视等媒介的发展结

① 吴宜蓁：《危机情境与策略的理论规范与实践：台湾本土研究的后设分析》，《国际新闻界》2013 年第 5 期。

合起来。[1]

新闻发布能否成功取决于：其一，与媒体打交道的经验，即是否能用富有生动事例的信息，把自己想说的内容快速传达出去；其二，合适的话题，即是否善于设置悬念，从而引起媒体的兴趣；其三，是否与媒体之间有良好的关系。[2] 面对危机事件的发生，政府部门唯一正确的选择就是及时发布真实信息，防止信息的过度不对称，造成民众对政府工作的消极对待。面对民众强烈的信息需求欲望，政府发布危机信息时不能随心所欲，跟着感觉走，光有策略还不够，新闻发布同样需要技巧。

（一）选择新闻编发时间并及时发布信息

危机事件初期，即使不能掌握确切、全面的情况时，有关危机信息也应该及时客观的公布。[3] 但是，及时发布信息不一定就是“即时发布”信息。因为即时发布存在许多弊端，过于强调即时性会导致材料准备不足，事件分析不深。从这一角度出发，本书认为危机信息的及时发布在诸多层面都要胜过即时发布。其一，政府部门有一定的时间调查研究和准备资料，可以更全面地传播信息和表达立场。其二，政府部门能够针对民众的需要进行分析研究，实行有针对性的传播设计。例如，2015 年的“东方之星”游轮沉没事件中，针对国内外民众高度关注这一现实，政府在 6 天之内连续召开了 13 次现场新闻发布会（总共召开 15 次），并且允许境外 45 家媒体的 70 多名记者到现场报道，使事件信息透明、舆论平缓。研究新闻发布的时机还需要科学把握媒体新闻编发时间和新闻传播效果之间的关系。如果新闻发布不当，受众承受能力不足，有可能导致社会舆论的动荡；如果新闻发布过晚，媒体发稿时限已

---

① 丁海宴等编：《新闻发言人与媒体：沟通策略与技巧》，中国传媒大学出版社 2009 年版，第 1—9 页。

② 龚铁鹰编：《美国政府如何与新闻媒体打交道》，五洲传播出版社 2010 年版，第 32 页。

③ 何振：《湖南地方政府应对重大自然灾害对策调研及其思考》，《湘潭大学学报》（哲学社会科学版）2010 年第 7 期。

过，就可能导致谣言和流言的泛滥。相对应的是，有些负面信息的发布可以策略性地选择周末或错开报纸或电视重要新闻时段，以降低信息的影响力，减少不必要的心理冲击。

（二）优选危机事件发言人以塑造政府形象

新闻发言人的设置，有利于具体翔实地向民众和媒体说明危机发展状况，唤起社会对危机管理行为的支持。新闻发布需要选择合适的发言人，他能够以精练、准确的语言发布信息或解答疑问。对于不能说或不愿意说的问题，新闻发言人在对待媒体和民众的态度上也可以适当地应用技巧。例如，时任纽约市市长朱利安尼在“9·11”事件中的表现是一个高素质发言人的所作所为。他站在废墟上鼓励人们，语重心长。事件爆发当天下午的2点35分，作为纽约市市长的他就出现在电视上，下午6点他又出现在新闻发布会。当面对难以回避的伤亡问题时，他的回答是“我不愿意知道这个数字，因为每次听到死亡人数的增加，我的心灵都会加上重负”。这种巧妙的间接回答既凸显了政府官员人情味足的形象，又适当地展现了其人性的弱点，从而形成了亲切和可信的传播效果。2003年的伊拉克战争中，美国国防部长拉姆斯菲尔德几乎每天都向全国通报战争进展情况。拉姆斯菲尔德在媒体前表现出强烈的个人风格，不仅敢于用富有感情色彩的词汇表达个人爱憎，还善于以坦率简明的对答驾驭会场气氛。《纽约时报》称其为美国政府在战争中的“首席发言人”，其自信、有理、有原则的形象，给美国民众极大的安慰和鼓舞。美国政府官员的努力几乎使所有媒体都论调一致，话锋直指恐怖分子，国内民众同仇敌忾。新冠肺炎疫情发生后，2020年1月30日的新闻发布会上，原湖北省委主要领导在媒体记者提出关于武汉返乡人员安置和武汉的医院物资配置等问题时，一直低头念稿，三缄其口，没有回应这些问题，应该说是领导干部媒介素养不高，有损政府形象的表现。[①] 媒体是危机管理

① 张弛：《湖北抗疫出大招：火线换将稳大局》，《凤凰周刊》2020年第5期。

体系的组成部分，是政府危机管理工作的“形象塑造者”。例如，德国政府重视在危机事件中与媒体的互动，要求政府公务员自觉遵守“回答记者和媒体提出的每一项问题”的法则，已经形成了为记者服务、为媒体服务、为民众服务的传统。①

（三）灵活运用多种诉求方式并科学掌握传播强度

说服理论认为，人们在试图劝服他人时，既可以诉诸理性，也可以诉诸感性。学者们研究“说服理论”时指出材料的运用有两种方式：其一是“单面提示”，指仅向说服的对象提示自己一方的观点或有利于己方的相关材料；其二是“双面提示”，指在提示己方观点或有利于己方材料的同时，也以某种方式提示对立一方的观点或不利于自己的材料。传播效果上分析，双面提示对民众原有态度的改变更有效，而单面提示对民众原有态度的维持更有效。从这个角度出发，如果政府部门只需要传播自己的方针政策、观点立场，可以只提供自己一方的材料。但在具有对立观点的争议性议题交流中，政府部门必须超越“单面提示”，在全面搜集和把握对立观点的基础上，妥善安排己方观点和对方观点的比例，展现出全局感和公正性。美国《华盛顿时报》要求记者讲故事时既有正面也有反面，两边的故事都要讲到。② 心理学研究表明，“单面提示”对认知结构丰富或文化程度较高的人群来说，并不能发生多大的作用。

政府部门的新闻发布还要解决危机信息的传播量问题。如果大量无序的危机信息充斥各种传播渠道，各种雷同数据与相似情况说明在新闻发布会上不断重复，就会造成民众的认知负担与心理疲劳，加重不必要的心理负面反应。所以，危机信息的发布要强度合适，频率合适。与此同时，新闻发布在条件允许的情况下，应尽量满足不同媒体的报道要

① 王梦婷：《构建公共危机管理的多边合作网络》，《科技管理研究》2006 年第 1 期。

② 龚铁鹰编：《美国政府如何与新闻媒体打交道》，五洲传播出版社 2010 年版，第 175 页。

求，有针对性地提供文字、图片和视频资料。为了避免不同媒体对受灾严重地区进行反复报道，造成“灾害局部夸大现象”，政府部门的新闻发布可以展示受灾严重地区、受灾次严重地区和平安地区的全面信息，使得事件图景有真实完整的体现，以免使相邻地区受众产生不必要的恐慌心理。

（四）恰当处理与媒体关系并多渠道传播危机信息

“后工业社会经历着一种更复杂的发展模式，或者说出现了‘后现代沟通’，它表现为媒体具有多元化的输出和层次。”[①] 任何的沟通策略都包括以下三点：其一，确定传播的对象；其二，确定要传播什么样的信息；其三，选择合适的媒体。[②] 新闻发布具体的形式多种多样，主要分为三类：人际传播发布、群体传播发布以及媒体传播发布。2014 年 12 月 31 日发生外滩踩踏事件，2015 年 1 月 1 日凌晨零点 31 分，上海公安局官方微博就发布消息称，“有人摔倒，民警及时赶到在引导人群”。1 月 1 日凌晨 4 点 01 分，上海市政府新闻办官方微博就发布信息称，“外滩陈毅广场发生群众拥挤踩踏事故，致 36 人死亡，49 人受伤”。随后，上海市政府新闻办通过官方微博持续公布伤亡情况。第二天，全国和上海当地各种媒体就进行了跟进报道。此次政府新闻发布中，实现了新媒体首发到传统媒体跟进的配合报道，使得民众在第一时间了解了事件的全貌和政府的作为，有效地疏解了社会情绪，防止了次生危害的发生。

从世界范围看，政府把信息发布出来的形式多种多样，但大致可以分为公开和秘密两种。其一是公开的，如新闻发布会，记者招待会，记者受邀的聚餐会，等等；其二是秘密吹风，通过私下沟通渠道匿名给记者打电话，公关炒作的信息泄露，等等。无论哪种形式的政府新闻发

---

① ［美］皮帕·诺里斯：《新政府沟通——后工业社会的政治沟通》，顾建光译，上海交通大学出版社 2005 年版，第 61 页。

② 龚铁鹰编：《美国政府如何与新闻媒体打交道》，五洲传播出版社 2010 年版，第 32 页。

布，都有其优势和不足。最好的方法是把多种形式的新闻发布结合起来，多手段、多渠道传达政府信息。但是这种结合一定要有“统一口径”，进行一个多种声音渠道的“整合传播”。例如，美国政府在对危机信息有计划泄密的操作上相当成熟，有相对固定的泄密对象和渠道，长期与《纽约时报》、《华盛顿邮报》、《华尔街日报》和《金融时报》等主流媒体记者密切配合。美国前总统布什经常使用的是一种被称为“试探气球”的方法，主要是在某项政策或某个行动实施前，通过放出“口风”的形式试探社会反应。例如，他曾经通过透露《国家安全战略报告》的相关内容，向社会灌输“伊朗正上升为美国第一大威胁”的信息，从而试探美国民众对该问题的态度。

三　构建快速有效的报道机制

危机事件发生后，作为政府和民众的“代言人”，新闻媒体可以沟通信息、疏导情绪，起到社会“安全阀”和心理“调节器”的作用。对于媒体而言，要想真正、出色地发挥优势和完成职责，就必须建立起危机事件的快速有效的新闻报道机制。在议程设置和新闻框架的确定上，尽量做到既不缩小，也不夸大；既不遮掩，也不渲染，而是及时地、客观地将受众最需要的信息报道出来，维护和保证受众的知情权。

危机事件报道已经成为现阶段媒体竞争的焦点，越来越多的媒体认识到了危机报道对自身发展的重要作用。通过危机报道，媒体可以锻炼采摄编播队伍，可以提高新闻报道能力，更可以树立自身公信力和品牌优势。危机报道机制涉及新闻制作的理念、策划、采访、拍摄、编辑、播出以及“下游”的诸多环节，其运转状况（即其各环节功能的发挥及综合协调能力）在一定程度上决定了新闻呈现的水准以及在竞争中的优劣得失。由于危机事件的发生具有突然性、影响广、民众关注等特征，因此对媒体的快速报道能力提出了更高的要求。而危机报道机制能够从工作效率和策划意识方面对危机事件的报道水准产生有效影响。目前来看，我国多年来形成的传统报道机制在应对危机报道中暴露出了层级复杂、缺乏协作、效率低下等问题。

（一）以“扁平化”组织构建提高报道反应速度

一般来说，管理幅度宽一些，组织层次少一些的“扁平化”结构在现代组织中具有更多优势，尤其适合处于变化环境当中的创新性组织。这种结构有利于增进上下级的互相了解，能够获得较高的管理效率。因此，现代组织更趋向于通过减少管理层、扩大管理幅度、压缩职能机构的数量、裁减冗员来建立一种紧缩的横向组织，以达到组织更加灵活、敏捷、富有弹性和创造性的目的。例如，CNN 利用新媒体技术全面重构内部组织结构，打造适合全媒体的新闻制作流程。原来的 CNN 旗下的各个频道和网站分别成立了相关的制作机构和部门，现在的 CNN 则通过组建统一的媒体中心，对各个部门所获得的新闻素材和信息进行收集和整合。这样，CNN 的所有编辑人员都能在媒体中心获得其所需要的资料和信息。此外，CNN 网站有一个特别小组负责特殊新闻事件的制作。2014 年，BBC 建立全媒体新闻实验室，其目的在于实现两个结合：一是形式上的结合，即多媒体和多屏幕的结合；二是内容上的结合，即专业化与社会化的结合。BBC 已全面摒弃垂直的层级管理模式，转而采用更为互联网化的编辑负责制，成功建立了一个“360 度”开放式全媒体平台，而原来各自独立运行的广播新闻中心、电视新闻中心和网络新闻中心也已“合三为一”。[①] 由此，一线媒体工作人员只需要对能掌握全流程控制权的领导负责，大大减少了采摄编播人员与管理层之间的冗余层级，可以有效提高沟通效率和对危机事件的反应速度。

---

① 张柱：《新媒体时代的电视新闻生产——平台思维与流程再造》，中国人民大学出版社 2016 年版，第 161 页。

（二）以“敏捷型”人员搭配加强报道中的应变能力

危机报道机制中各分支之间人员是否具有较强的流动性，是考验媒体对危机事件应变能力的重要标准。英国学者科伦索（Michael Colenso）提出，“敏捷型”组织是一种全新的组织结构模式，能够应对在竞争环境下生存所必需的持续变革，能够对经营环境中的各种变化做出相应的反应。[①] 这种组织最大的特点是，它能自动适应环境中的变化，精确地调整自身内在的可能性。只有游戏规则发生变化时，高层才有必要插手。危机事件题材报道包罗万象，不是一名媒体从业人员能够独自完成的工作。当危机事件发生时，需要在短时间里聚集大量在各种报道类型方面有专长的媒体从业人员进行共同报道。因此，各部门之间人员的流动性显得尤为重要：其一是增强媒体组织内部人员流通性。当危机事件发生时，需要打破原有记者“分片划区”的现状，建立临时报道小组，原先隶属不同部门的媒体从业人员可以随时被抽调进入此次报道的小组当中，共同发挥采写作用。当危机事件报道完毕之后，媒体从业人员又回到原来的岗位继续工作。其二是主动将权力下放到更小的操作单元。建立危机事件临时报道小组时，权力应当充分下放，可以由优秀媒体从业人员担任小组领导，而决策人员只需要把握报道方向，在报道方向发生偏差时及时进行纠正。其三是增强人员的工作适应性。通过危机报道的融合报道实践，媒体从业人员可以主动、积极地调整自己以适应战略的改进与变化。负责各自专门领域报道的媒体从业人员应该跳出自己的狭窄视野，建立“大新闻”意识，才能对危机事件进行更加全面深入的报道。2008 年我国“南方特大雪灾”事件新闻报道中，《南方都市报》在受灾严重的京珠高速公路沿途布置机动报道小组。这些小组构成简单，一般只有一名文字记者搭档一名摄影记者，乘坐由一名司机

---

① ［英］迈克尔·科伦索：《组织变革改善策略》，高俊山等译，经济管理出版社 2003 年版，第 169 页。

驾驶的越野车。这些报道小组的反应敏捷，“报社安排的三个报道小组分别驻扎在京珠高速粤北段、灾情全国最重的郴州段以及郴州以北长沙段，可以彼此遥相呼应，随时准备接应”。[①] 而美国和日本媒体在危机报道中既会派出直升机运载报道小组俯拍危机事件的全貌，也会使用地面报道小组搜集受灾地区的细节，以便完成危机事件完整图景的勾勒。当然媒介融合的现实使得各国媒体都开始培训“全能记者”，希望他们能够同时承担文字、图片、音频、视频等多种报道任务，为不同媒体提供新闻作品。

（三）以“采编互动”模式提高报道中的工作效率

记者和编辑是媒体组织中最基本的组成元素，但两者之间的关系却是新闻报道成败的决定性因素。因此，只有当采访、拍摄、编辑、播音的模式设置合理、充分，才能发挥记者和编辑的特长，才能形成合力实现共同的报道目标。在媒体竞争中，危机事件报道需要通过精细、全面的新闻策划体现报道的新闻价值，吸引受众的注意力。但是，近年来，某些危机事件的报道与受众的需求完全不符，暴露了媒体组织准备不足、策划不足的缺点。西方新闻媒体通常采用“编辑中心制”，它的关键环节是编辑在编辑部处于指挥、决策的地位，记者在一线进行采访和摄制。这个机制意味着编辑处于领导地位，依靠多渠道的信息做出分析与判断，然后结合需要对一线记者下派任务，并监督最终报道的完成。“编辑中心制”强调的是编辑部对整个新闻报道过程的策划和指挥。[②] 而我国基本采用“记者中心制”，这就会导致把传播重点放在记者对其掌握的局部情况的报道上，内容较为零碎、散乱，对危机报道要求的全面、深入和具有的启迪意义体现不足。比较而言，“编辑中心制”的着眼点在于对新闻的全局性考虑，强调新闻的整体构思与受众收看兴趣的

① 姜锵：《雪灾、战场、创新》，《南方传媒研究》2008 年第 4 期。

② 蔡铭泽：《新闻传播学》，暨南大学出版社 2004 年版，第 253 页。

结合。例如，CNN 创办之初，特纳就提出了著名的“人靠边站，新闻至上”的口号，CNN 将 24 小时新闻网分为 6 个编辑部，每个部负责 4 个小时的节目，而编辑部的负责人往往是资深节目主持人，以节目为轴心的组织架构能确保 CNN 新闻的时效性和深层次。从我国现状来看，想要从“记者中心制”一步跨越到“编辑中心制”是不现实的。从这个意义上说，现在我们能够实行的实际上只有“采编互动”。在危机报道中，通过记者和编辑的协作共同进行新闻把控，在新闻采制过程中坚决贯彻整体计划，并最终将节目按照受众需求传播出来，达到传播效果最大化的要求。

随着信息化水平的迅速发展，危机事件越来越多地进入了人们的视野。经历过一系列危机事件之后，我国危机报道的水平逐步提高，政府对危机报道的管理也日趋全面。危机信息所具有的重要性和影响力，需要媒体组织深入挖掘其产生的原因及其隐藏的危机。因此危机传播只有构建更为科学的报道机制才能得到贯彻并最终形成有影响力的新闻产品。

第二节 制作提高:满足受众需求的关键

判断主流和非主流不应过分强调接触率，而应该关注影响力。研究表明，对民众观念与行为产生深刻影响的还是传统媒介，而在农村地区更显示出对传统媒介的受限性依赖。危机事件发生后，电视媒体是中国普通民众为获得信息而选择使用最多的媒体。中国电视媒体由于其官方色彩使得受众更相信其信息的权威性。由于具有声画兼备的优势，电视报道能绕过人们大脑的思考而直指人的内心，这就是它巨大力量之所在。①

① ［美］迈克尔·罗斯金等:《政治科学》，林震等译，华夏出版社 2001 年版，第 179 页。

一　第一时间提供事件现场信息

电视的一个重要审美特点是叙述“此时此刻的事件”，直接播映采访的现场，把观众带进此时此刻正在发生的历史事件之中，这一事件只有明天才能搬上银幕，后天才能成为文学、戏剧和绘画的主题。[①] 本书的调查发现，危机传播中各种媒体对我国民众普遍能够施加影响，其中电视媒介对受众的影响程度最高。危机事件发生时，我国民众选择的信息获取渠道排在第一位的都是电视。电视直播使危机事件发生与新闻播出的时间差几乎为零，可以最大限度地满足观众对于危机信息“第一时间”“零距离”接触的需求。因此，尽可能对危机事件进行直播已成为世界各大电视台（网）的共识。可以说，没有直播，就没有危机事件的全面报道。

对危机事件进行全方位展示，是目前电视直播报道中采取的常规传播方式。这类电视直播是直播的本质意义和核心魅力所在。由于危机事件的不可预测性，危机事件的直播，使得传播过程充满悬念，对观众具有很强的吸引力，因此直播通常能带来较高的收视率和影响力。例如，1980 年 6 月 1 日开播的美国 CNN 电视台，在其初建阶段被嘲笑为“鸡汤电视台”。但是，到 1990 年 2 月第一次海湾战争的新闻竞争中，CNN 的收视率达到了平时的 20 倍。CNN 的 24 小时连续新闻报道以及其对现场直播的报道方式的大量使用，直至商业上的巨大成功都对美国新闻的报道方式，乃至媒体报道的整个媒介环境产生了巨大的影响。[②] 2012 年 7 月 21 日，北京遭遇强降雨，中央电视台利用微博配合电视直播，从当天晚上 9 点至次日凌晨 1 点 30 分，共发出微博 52 条。这是中央电视

---

① ［苏联］鲍列夫：《美学》，乔修业等译，中国文联出版公司 1986 年版，第 451 页。

② 陈昕：《25 岁 CNN：新闻的激情岁月》，《外滩画报》2005 年 6 月 9 日。

台首次在突发事件中利用微博进行直播。

危机事件的电视直播报道能够以其可感知的视听形象，培养受众自己的观察、判断、理解的意识。它能够提供丰富多彩的信息和强烈的临场感，使受众在积极主动的参与心理下激发出某种感情。本质上，直播的报道过程是一个情感“积累—释放”的过程，即用事件发展过程或其他背景资料来进行情绪的积累，并唤起观众的情感投入，而用事件的高潮点来推动主题的提炼和观众情绪的升华，将受众引向特定的刺激，从而主观地引导他们的注意力和情感。① 例如，中央电视台《伊战特别报道》节目设计的片花极具感染力，在视觉画面上采用了4组素材：弱小无助的妇女和战火中哭泣的儿童；横行无忌的美军导弹和炸弹轰炸的火光；美国军人的行动和亲朋好友的担忧；反战民众的游行和反战标语的呈现。在一段悠扬哀怨的旋律配合下，以上画面素材被交叉剪辑在一起，并以一句“把色彩还给生命”的警语告终，不仅准确地阐释了主题，而且深化了内涵。

当然，其他媒体也需要及时提供危机事件的现场信息，以满足受众的知情权。2011年日本“3·11”大地震发生后，3月12日《读卖新闻》的第一版版面是由大大的横标题“东日本巨大地震”，与竖标题“震度8.8级国内最大”“大海啸，死者达数百人”“三陆海岸处于毁灭状态”组合而成，并配上11日下午5时35分从《读卖新闻》的直升机上拍摄的遭受海啸袭击的受灾现场画面。相关新闻也在其新闻网站“读卖·在线”上进行速报。

从知名媒体的成功经历中不难发现，危机报道始终是媒体增强竞争力、树立权威性、擦亮品牌的最佳机遇。例如，《纽约时报》设计了一套“超人”智能系统，该系统会把地震局传送的资料内嵌至系统模板，随后快速生产和发布新闻。2014年4月，洛杉矶发生了4.4级的地震，

---

① 参见蔡凯如《试论现场直播中的媒介运作空间》,《现代传播》2003年第4期。

系统从撰写到报道发出仅仅用了三分钟。[①] 当然，作为我国主流媒体的电视媒体首先应该考虑自身的独特属性，也就是电视媒体异于报纸、广播、网络等其他媒体的报道方式。只有发挥好电视媒体的独特作用，才能在不同种类的媒体间，乃至同类媒体之间的危机报道竞争中占据主动地位。

（一）提升视频画面的真实感

影像表述具有化朦胧为清晰、化冷漠为热烈、化抽象为具象、化间接为直接的特点。[②] 新闻直播的魅力在于同步的参与感受，在于能让受众产生一种身临其境的感觉。电视直播节目的核心和灵魂也是"危机信息本身"，其他节目元素如访谈、评论、背景介绍等都是以危机信息为基础，为危机传播服务的。如果没有"危机事件的画面信号"之"皮"，后者之"毛"就无以附之，也就没有存在的必要了。2003 年 3 月 20 日美伊战事一开始，CNN 就大大收缩了全球其他地区的新闻报道力量，集中力量 24 小时连续报道战争的进展情况。CNN 直接采用跟随美军部队行动的战地记者采制的画面，配以现场解说进行报道。当然，由于传送条件的局限，画面会出现"跳帧停顿"和"传输中断"的不足，但直播画面极具现场感和震撼力。现场直播中，CNN 的大多数镜头是采用的"无剪辑拍摄"[③] 的方法，这种方法能够及时完整地呈现现场状况。2010 年 9 月 19 日第 11 号超强台风"凡亚比"自台湾东部登陆，登陆时中心附近最大风力达到 17 级。中央电视台新闻频道记者直播中的解说几次被狂风打断，甚至一度难以说话。直播画面中呈现的是被严重砸毁的汽车，被强台风吹折的大树。这种对危机事件的画面呈

---

① 张柱：《新媒体时代的电视新闻生产——平台思维与流程再造》，中国人民大学出版社 2016 年版，第 154 页。

② 张晓峰：《解构电视：电视传播学新论》，中国广播电视出版社 2006 年版，第 139 页。

③ 是指摄像者带着编辑的思想，根据节目的主题在拍摄的过程中完成编辑的工作，它要求摄像者在拍摄的过程中充当多个角色和完成多项任务。这种拍摄方法对摄像者的个人素质要求很高。

现，传递给受众以强烈的“身临其境”的真实感受。但是，在追求画面信号真实感的同时，我们需要把握报道的分寸，需要对受众心理承受能力有一定的预先判断，以避免血腥场面或其他不适合播报的内容被直播出来。

（二）加大画面承载的信息量

电视直播中，重要信息的有效传播依赖于增加信息的重复次数，或者增加信息报道的时长。例如，“滚动字幕”就是提高单位时间电视屏幕信息量的好方法，可以用底部游走的形式起到“插入告知”的作用。利用“插播重要新闻”和“预告节目播出”等手段，既可以保持新闻的时效性、节目的完整性，也可以促进传受双方的融洽关系。例如，CNN 在报道重大新闻事件的时候，间隔一段时间就会将播送过的信息用形象的图标、醒目的文字等元素呈现在观众面前。这个方法可以解决电视符号的易逝性问题，帮助受众进行记忆和理解，解决视听传播中没听懂、没看清和没记住的现象。危机事件的直播报道应注意展现危机事件的影响，可以通过数据可视化和损失图表化的形式直观明了地告知观众，完成对“陌生风险”的贴近性传播。例如，2011 年日本“3・11”大地震导致“福岛核泄漏”报道中，日本电视媒体每天使用各种色彩的图表、模型等，力图让复杂的核泄漏问题直观化、通俗化。

过去的直播中，电视媒体经常出现画面的重复使用，直接影响新闻报道的受众体验和传播效果。所以，即便是受限于视频素材的缺乏，媒体从业人员也应该通过其他方式加以补充。例如，国外媒体从业人员普遍使用像 Storify 这样的信息筛选服务平台和像 Factiva 这样的信息聚合数据库，极大地提升了劳动效率，在国际竞争中赢得了先机。

（三）丰富连线手段的使用

电视连线报道是指通过电话、微波、光纤、卫星、网络等传输技术手段，在同一时间不同空间里，由主持人或出镜记者与采访对象共同完成的对接报道。[①] 电话连线是在电视直播中常用的手段，尤其是在国际性危机事件中它比视频采访更加易于实现。同时在视频资源匮乏的情况下，电话连线可以进一步拓展电视节目的时空。但相较于电话连线，视频连线更能体现出电视媒体的优越性，使报道更加真实、直观。电话连线报道的声音使采访空间感向画外延伸，扩展了直播的视听时空。被采访者的声音被扩大传出，其面孔用照片出示，名字用字幕注明，还伴有电子地图或现场影像，由此可把“封闭式”空间变成“开放式”的空间，把“电话私语”扩展到“屏幕实况”的声音中，造成“第一手”消息来源的印象。2020 年的新冠肺炎疫情，美国、日本和中国媒体都采用网络或电话连线的方式请出医学专家进行及时解读，取得了良好的传播效果。

表 7.2　中央电视台 4 套《伊战特别报道》节目连线情况抽样统计

时间		主持人	连线对象	连线内容
3 月 26 日	17:10—17:14	刚强	驻约旦记者梁玉珍	约旦天气情况（关于沙尘暴）
	18:10—18:15	张文	驻英国记者王晓砚	布什与布莱尔会晤讨论战后伊拉克重建问题
	18:30—18:38	徐俐	驻法国记者李宾	日内瓦举行的联合国人权会议
4 月 2 日	13:20—13:28	刚强	驻联合国记者刘正铸	安南希望武器核查人员重返伊拉克
	13:40—13:50	刚强	驻英国记者王晓琨	联军准备在 48 小时内发动巴格达之战
	21:30—21:41	鲁健	英国《简氏防务》期刊亚洲问题专家约翰·希尔博士	目前战场的整体形势和英军所起的作用；攻打巴格达的备战是否到位；战争还会持续多久

数据来源：本课题组的总结。

（四）优化视频特效的科学设计

毫无疑问，危机事件直播报道的目标和舞台是“现场”。直播要尊重现场，将其最具魅力的场景表现出来，将最富价值的信息传达出来。

① 杨刚毅：《关于电视新闻连线报道的理性思考》，《电视研究》2003 年第 3 期。

同时，直播也必须将事件流程之间、具体现象背后、现场实录以外的新闻性、思想性、知识性信息和内容依托“声画结合”的方式传播出去。只有这样，直播节目才不会“浅薄”，才能完成“表象”与“观点”的有机结合。2011 年，中央电视台新闻频道在直播特别报道《日本大地震》时，使用了双画框的报道形式，但两个画框中播放的却是差不多的现场录像画面，可以说是“形式大于内容”。而在 2002 年 12 月，美国 ABC 晚间新闻一则标题为《准备开战》的新闻中，编辑运用视频特效将荷枪实弹的士兵，高速开进的坦克和航母上起飞的战机三个空间的备战影像叠印在同一个画面上，配合现场同期声，将紧张气氛烘托得淋漓尽致，从而让报道更为生动，易于观众接受，达到了相当好的传播效果。2014 年，马航 MH370 飞机失事事件中，美国媒体从业人员使用虚拟技术制作了飞机模型并进行深入讲解，让受众耳目一新，印象深刻。

（五）努力推广目击式报道

电视媒体是靠光、色、图像以及画面的运动、声音、表情等来强化信息。① 许多情况下，受众对危机事件现实场景的认同感比口头播报的比率要大得多。全方位、立体化的直播报道模式对媒体从业人员的采编能力提出了更高的要求，目前许多国际知名媒体都要求其记者成为“复合型”人才，一专多能，要求他们既是文字记者，也是摄影和摄像记者，必要的时候还是文字、摄影和摄像的编辑，以求在最短时间内把现场内容上传到各传播平台，以获得用户的广泛关注。在危机事件的目击式报道中，声音和画面是需要同步传播的。画面反映的是记者“此时此刻”所在的危机环境，报道的形式由原来的“复述式”变成“正在播报式”。记者的现场解说可以使危机报道的气氛和情节保持连贯，帮助观众在“浏览”中完成信息的“解读”。例如，2013 年四川雅安发

① 王永利：《电视新闻学概论》，北京广播学院出版社 1990 年版，第 6 页。

生地震时，记者蒋林站在现场，向观众进行现场报道。在这个目击式报道过程中，房屋倒塌的情况，伤员的救治情况，医院的急救设施，帐篷的用途分配都进行了说明和呈现，给人以强烈的现场感和真实感。同样在此次“雅安地震”中，浙江电视台第一时间辟出专门时段进行直播。在抗震救灾最为紧要的4月20日、21日两天，共开出12档特别直播节目，总直播时长超过10个小时。浙江电视台记者进行目击式报道的同时，还利用微博、微信等自媒体丰富、深化报道形式。

传播活动总是流向社会最需要它的地方。它预告危险的来临，揭示机会之所在。它把社会的力量聚集起来，以应付非常事变[①]。在风险社会的今天，来自大众传播媒介的影响已深刻地渗入了民众的日常生活中，改变并培养着民众对风险的认知结构和应对行为。危机事件的电视直播报道，是电视媒体的最佳选择和追求目标。它可以通过对信息量、信息源和呈现方式的改善，满足观众的收看心理和知情需求，使自己在激烈的媒体竞争中保持住自己的话语权。

二　详略得当摄制现场影像信息

美国学者施拉姆指出，“非语言的符号（图像等），它们携带的信息常常不需要任何语言来表达，一幅画就是一种完整的传播”。[②] 当下，网络上非常流行一句话“无图无真相”。当有人在网络上只是用语言文字描述某个事物或发表看法，而没有上传图片时，民众往往会用“无图无真相”的跟帖，要求上传图片。由此可见，危机事件真实的现场画面有着语言、文字表述不可替代的“见证性”。根据表7.3中的调查数据可知，危机报道中，认为电视媒体上受灾画面“真实”的被调查

① ［美］威尔伯·施拉姆：《传播学概论》，陈亮等译，新华出版社1984年版，第108页。
② 徐婧英：《捕捉细节——提高电视新闻可视性的有效途径》，《电视研究》2000年第2期。

者比例为9.90%，认为电视媒体上受灾画面具有“较大真实性”的被调查者比例为22.45%，认为电视媒体上受灾画面“真实性略多”的被调查者比例为24.14%。这表明，受众对电视媒体上受灾画面真实性的总体评价不太高。造成这种状况的原因，主要是媒体从业人员在拍摄危机事件过程中，不深入观察事物，不注重挖掘事件本质，忽视动人细节，造成画面真实感不强，可看性不足，信息量不够。

表7.3　　危机报道中不同职业受众对电视媒体受灾画面真实性认可度分析①

单位：%

	不真实	较不真实	不真实略多	五五开	真实性略多	较大真实性	真实
干部/公务员	0	7.69	26.92	0	50.00	3.85	11.54
企业领导/管理者	9.52	14.29	9.52	4.76	23.81	28.57	9.53
私营/个体劳动者	2.13	8.51	12.77	23.40	25.53	19.15	8.51
技术员/教师/医生	3.03	9.09	16.67	9.09	33.33	19.70	9.09
职员/文员/秘书	2.63	15.79	9.21	13.16	14.47	32.89	11.85
工人/服务人员	25.00	6.25	18.75	12.50	12.50	18.75	6.25
农民/进城务工者	0	0	6.90	20.69	31.03	10.34	31.04
学生	8.24	10.59	11.76	20.00	17.65	24.71	7.06
尚未工作/退休者	0	5.26	21.05	15.79	36.84	15.79	5.26
合计	5.29	10.10	13.22	14.90	24.14	22.45	9.90

学者阿恩海姆（Rudolf Arnheim）指出，“视觉形象永远不是对感性材料的机械复制，而是对现实的一种创造性把握，它把握到的形象是含有丰富的想象力、创造性和敏锐性的美的形象”。② 电视媒介的符号系统中，画面是构成电视语言的基础因素。具体而言，受众对于电视画面的共性需求包括以下几方面：其一是对于信息的需求。人们使用电视，首要的目的就是认知，希望电视能够满足自己认识事物和环境的需

① 黄鸣刚：《危机管理视阈中的电视传播研究》，中国广播电视出版社2011年版，第171页。
② ［美］鲁道夫·阿恩海姆：《艺术与视知觉》，滕守尧等译，四川人民出版社1998年版。

要。其二是对于真实的需求。人们观看电视，主要是浏览其画面，希望电视画面可以带给自己真实而生动的信息。其三是稳中求变的需求。格式塔心理学派提出了著名的“完形压强”理论，即稍微复杂点，稍微偏离一点和稍不对称的无组织性图形，一般能唤起更长时间和更强烈的视觉注意。[①] 其四是心理放松的需求。人们使用电视去进行审美活动的过程中，能够得到极大的心理满足，产生愉悦和欢乐的情感。这种愉快是如此强烈，以至于使人忘却一切忧虑，专注于眼前对象。[②] 以上四项心理需求，前两项主要与新闻的内容相关，信息量是否充足、新闻是否真实，这些都指向内容；但后两项则不同，它们主要指向新闻的表现形式。可以说电视媒体危机传播的优劣成败，很大程度上取决于它的画面语言是否具有特点，是否具有强烈的表现力和感染力。

（一）科学选择画面以提高感染力

真正冲击观众心灵的，往往是几幅具有强烈震撼力的画面，瞬间就造就了电视的永恒。[③] 危机报道中不同媒介的各种新闻纷至沓来，使人眼花缭乱。如果电视画面不能提供认知上的长时记忆，只停留在浅层印象中并过目即忘，那么再多的新闻报道，也达不到深入人心的传播效果。媒体从业人员在现场拍摄时应该在保证清晰传递事件要素的同时，去观察、构思和抓取，利用典型画面去体现新闻内涵。例如，上海东方电视台的《东航客机迫降虹桥机场》新闻中，记者在很短时间内采访拍摄抢险的几乎整个过程和飞机迫降，抢险救护，塔楼现场指挥等多个画面，尤其是飞机迫降在跑道上擦出耀眼火花的经典镜头，可谓千金难求。[④] 媒体从业人员应该通过画面来进行直接叙事，力争使新闻报道结构丰满，形象生动，又富有思辨性。荷兰纪录片大师尤里斯·伊文思

---

① 滕守尧：《审美心理描述》，四川人民出版社 1998 年版，第 101 页。

② 滕守尧：《审美心理描述》，四川人民出版社 1998 年版，第 2 页。

③ 孙杰：《图说焦点访谈》，中国大百科全书出版社 1999 年版，第 2 页。

④ 孟锦波：《画无细节则空——谈电视新闻的细节画面》，《理论界》1998 年第 6 期。

(Joris Ivens) 指出,"我懂得了要想从眼前的丰富现实中有把握地选择,突出和攫取一切可能得到的东西,唯一的办法就是长期的和创造性的观察"。[①] 2010 年 3 月 28 日,山西王家岭煤矿透水事故发生后,中央电视台的新闻报道中有一段这样的画面:救护工人的护士在一个橙子上面画了一个笑脸。她希望等自己照顾的那名工人摘下眼罩的时候可以看到这张笑脸,希望获救的工人们心里都是微笑的。2010 年 8 月 8 日,中央电视台的《舟曲抢险救灾特别报道》中,我们看到温家宝同志在现场直接指挥并参与救援工作,对一个失去亲人的小孩进行安慰。这些画面和情节感动了很多观众,给人留下了极深的印象。因此,媒体从业人员要善于选择独特视角,将危机事件中的人物表现重点集中于"老人""伤者""妇女""儿童"等群体身上。与此同时,媒体从业人员应遵守职业道德,不能拍摄采访对象裸露部分身体、衣冠不整的状态。对遇难者遗体不可使用特写镜头。有些刺激性画面一定要经过模糊化的技术处理。

(二)增强画面表现力并减少说教味

新闻的主题不是凭空说出来的,而是要靠鲜活生动的细节表现出来的。[②] 危机报道中,运用画面表现人物的内心世界和事件的发展过程中的亮点,常能起到"以小见大"的作用,这也是新闻最常用的表现手段。如果想让新闻报道能够在危机事件中正确客观地反映客观现实,并充分发挥对受众认知的引导作用,就必须强化抽象思维的具象水平,提升现场画面的说服效力。危机事件中不同人物的言行举止、手势眼神、服饰装束,都可以是也应该是媒体从业人员加强表现力和说服力,强化和凸显新闻主题的重要手段。例如,2011 年 7 月 23 日温州电视台的《"7·23"动车追尾事故现场直播》报道中,媒体从业人员拍到有 300

---

① 徐婧英:《捕捉细节——提高电视新闻可视性的有效途径》,《电视研究》2000 年第 2 期。

② 王阳:《电视新闻节目中的创新思维》,中国广播电视出版社 2004 年版,第 22 页。

多名市民到温州中心血站义务献血，抓拍到的几个镜头自然而且具有说服力：一个市民边打电话边走进大厅，献血的队伍一直排到门口，各类市民在排队等待献血，市民在进行填表和献血……2015 年 6 月 3 日“东方之星”游轮沉没事件的新闻报道中，李克强同志去视察事件现场的新闻中，媒体从业人员抓拍到一连串的现场镜头真实而传神：李克强同志自己撑伞走上救援船，向遇难者遗体三鞠躬，风雨打湿了他的衬衫。狂风大雨中，李克强同志登上指挥船，对下一步救援提出具体要求，表情沉重哀伤。可以说，多用画面，少发议论，让观点隐藏在画面中，让思想从过程中流露出来，比媒体从业人员直接叙述具有更强的说服力。

（三）依靠画面穿透表象去深化主题

电视画面如同显微镜，能穿透事物，让受众剖析，加深理解，深化主题，增强说服力。危机事件中，媒体从业人员往往将注意力聚焦到抢险、排险等急难险重的内容上，报道角度雷同，报道内容同质，容易引发现代受众的逆反情绪。危机事件报道中，一些现场信息虽“小”，看起来细微、平凡，然而却内涵丰富，可以从某一侧面、某一角度或某一片段反映出深刻寓意。这种寓意可以使具有政治敏感眼光的人一眼就看到宣示具体细节的所有隐秘之处。① 电视媒体应该凭借其声画结合的优势去描述危机事件和救灾场面中所伴生的小事情和小人物，通过展现人与困难的斗争从而体现人的思想内涵，依靠表现普通人对逆境的克服凸显生活的多样性。媒体从业人员在深入采访危机事件过程中，要尽可能抓取一些生动感人的情节用画面凸显出来。例如，2011 年 2 月，中国通过海陆空三种途径从利比亚大规模撤侨，我国媒体所拍摄的反映事件过程的《利比亚撤侨全集》视频节目中，画面中出现了归国航班上乘

---

① ［德］瓦尔特·本雅明：《摄影小史：机械复制时代的艺术作品》，王才勇译，江苏人民出版社 2006 年版，第 31 页。

客挥舞国旗的镜头，回国后乘客跪地亲吻祖国大地的镜头。2020 年“新冠肺炎疫情”的新闻报道中，电视屏幕上出现了参与武汉救援的医护人员在工作结束后直接倒地休息的画面。这些镜头的使用都达到了“此时无声胜有声”的效果，现实而直接地影响受众的心理。

（四）提高画面信息量以强化情感诉求

学者麦克卢汉指出，“电视是趋向于特写镜头的媒介”。[①] 电视画面能把某一事物的局部特征进行放大，形成视觉冲击力，并激发受众的收视兴趣。所以，通过画面诱发观众的认知，去加深观众对新闻信息的认识，应该是记者的某种责任。[②] 另一方面说，激发受众认知图式的创新，从而体味出画面外的意蕴，也可以加强信息社会的思想交流。媒体从业人员应该充分发挥视觉传播优势，善于捕捉动态的“生活瞬间”，摄取充满生活气息的动人片段，表达人们丰富的情感，激发起人们深层的思考。例如，2013 年四川雅安芦山地震的中央电视台直播报道中，画面中医生对一名伤势很重的伤员进行抢救，镜头始终保持着两米的距离进行记录。当画面中的伤员逝去的时候，对逝者没有进行跟拍。但是这种客观冷静的“长镜头”[③] 画面透射出对逝者的尊重，形成了凝重深沉的传播效果，深深地撞击着观众的心灵。例如，2003 年 CBS 在伊拉克战争的新闻报道中，媒体从业人员在拍摄警察把白宫前静坐示威的反战人士拖进警车后，随即将镜头转向了白宫上边飘动着的美国国旗。这两个似乎并不相干的画面被剪辑到一起，令观众深思，并产生联想。从中我们可以发现，媒体从业人员要善于驾驭机器，利用画面传达情感。

综上所述，危机传播中的媒体从业人员需要揭示事物表象之中的本

---

① ［美］鲁道夫·阿恩海姆：《艺术与视知觉》，滕守尧等译，四川人民出版社 1998 年版，第 391 页。

② 刘京林：《大众传播心理学》，北京广播学院出版社 1997 年版，第 80 页。

③ 是指用比较长的时间（有的长达 10 分钟），对一个场景、一场戏进行连续拍摄，形成一个比较完整的镜头段落。

质，建构表象之后的意义。影像传播具有高度的表现力和较强的事实说服力，可以给受众最强的视觉冲击力，有可能刺激受众所有的感官并进行全身心的交流。① 危机传播中的好画面则可以引导受众的认知和心理趋向，获得穿透表象，达到抽象的影响力。

三 全面客观采制事件典型信息

进入21世纪，危机事件的现场报道成为衡量一个媒体综合实力、组织协调能力和新闻队伍素质的重要标准之一。危机报道的好坏和水平的高低不仅关系到传播的影响力和媒体的公信力，甚至关系到国家的形象和社会的稳定。根据表7.4中的调查数据可知，把危机报道中“媒体屏蔽某些信息”作为关键性弊端的被调查者比例是38.0%；把危机报道“不能准确反映民意”作为关键性弊端的被调查者比例是26.5%；把危机报道“媒体报喜不报忧”作为关键性弊端的被调查者比例是25.1%。把危机报道中“刻意营造某种舆论方向”作为关键性弊端的被调查者比例是23.0%；把危机报道“容易被某种势力利用”作为关键性弊端的被调查者比例是17.7%；把危机报道中“故意产生某种煽情效果”作为关键性弊端的被调查者比例是17.2%；把危机报道“没有报道危机的原因和处理措施”作为关键性弊端的被调查者比例是11.7%；把危机报道中“产生某种强迫效果”作为关键性弊端的被调查者比例是10.0%。

表7.4　危机报道中受众担心的关键性弊端总体分析

关键性弊端	人数	百分比（%）
媒体屏蔽某些信息	1599	38.0
报道刻意营造某种舆论方向	969	23.0

① ［美］威尔伯·施拉姆：《传播学概论》，陈亮等译，新华出版社1984年版，第123页。

续表

关键性弊端	人数	百分比（%）
报道故意产生某种煽情效果	726	17.2
媒体节目产生的某种强迫效果	420	10.0
媒体容易被某种势力利用	744	17.7
报道不能准确反映民意	1116	26.5
报道没有报道危机的原因和处理措施	492	11.7
媒体报喜不报忧	706	25.1

“现场报道”是指记者在危机事件现场，面对摄像机（观众），手持话筒对当事人、有关人士进行采访，在现场就危机事件的发生、发展进行及时报道，向观众做口头叙述，同时通过镜头展示现场动态和环境的报道。[①]“同质化”竞争时代，危机事件现场报道的关键问题就在于：是否能够提高新闻时效，使受众产生与事件进展的同步感；是否能够展现事件全貌，使受众产生身临其境的现场感；是否能够实现面对面直接传播，使受众产生亲近信任感；是否能够调动有意注意，使受众产生参与感。[②] 使用ENG技术以后，新闻事实、现场人物和出镜记者都展现在受众面前，人物的语言成为传播信息的重要因素。电视新闻的可视性使他们都是作为“个人”在进行“直接”“面对面”交流。从这个意义上说，电视画面是直观生动的形象化传播，把大众传播与人际传播结合起来。[③] 当前危机报道中，出镜记者的现场报道存在诸多不足：其一是无法用有声语言说清现场事实；其二是语言节奏和新闻事件现场节奏不和谐；其三是粗暴的采访手段导致“二次伤害”；其四是使用新闻煽情手段以及作假现场报道等情况。本书旨在通过对现场报道的研究使危机报道能够更加合理、流畅、巧妙，更好地符合受众的需求，更有力地引导社会舆论。

① 郑祖武：《电视新闻报道学》，浙江大学出版社2000年版，第147页。
② 史玉成：《社会转型期中国电视新闻传播理念的新定位》，《声屏世界》2005年第5期。
③ 叶子：《现代电视新闻学》，中国广播电视出版社2005年版，第109—110页。

（一）简洁报道危机基本信息

危机报道想要产生身临其境的感觉，其主要手段是细节的刻画和亲历者主观的感受[①]。现场报道实际上就是记者作为亲历者所做的口头文字叙述，这需要符合新闻传播的一般叙事结构。首先，记者在现场报道的开始，要先说明“地点＋时间＋事件概况”，相当于文字新闻稿的导语，需要用最简练的语言概括出最有价值的信息给受众。其次，记者要进行“现场描绘”，将危机事件的“现场感”最直观地展现在受众面前。最后，记者需要做的是“突出细节”，将最具震撼性的细节也是最有新闻性的主题呈现给观众。1998 年美英联军“沙漠之狐”计划进行，美军突然空袭伊拉克，中央电视台驻巴格达记者水均益进行了现场报道。

【现场报道】：观众朋友，我现在是在巴格达市中心的新闻中心二楼的平台上，现在是伊拉克时间 12 月 19 日凌晨的 4 点多，也就是北京时间 12 月 19 日上午的 9 点多，我们听到整个巴格达市区爆炸声响彻夜空，我们可以看到我们的身后有很多防空火炮和高射机枪在对空射击，爆炸声音在我们附近响得非常强烈。在我们周围各个方向都有爆炸的声音，而且可以看到强烈的火光。在我们的正前方刚才已经有三颗炸弹落了下来，巨大的火光使得天空整个都染红了。在我们的楼顶上，我们可以看到有一个高射机枪不断地对空射击。在我的右侧就是伊拉克的国防部，大家可以看到远处又红了一片，我们马上可以听到爆炸声，根据声音的反馈应该有将近七、八公里的样子。我们可以看到一枚巡航导弹横着飞过去。这个地方可以说是巴格达比较具有战略意义的一个地方，因为在我的右前方这个位置就是萨达姆总统的总统府，在总统府的旁边一点就是总理

① 王阳：《电视新闻节目中的创新思维》，中国广播电视出版社 2004 年版，第 33 页。

府，总理府再这边一点就是国防部，在我的后面是它的外交部。这次空袭一共持续了 45 分钟。到目前为止空袭的警报还没有解除，而与此同时，巴格达清真寺的祷告声已经传出了，这就标志着一年一度的穆斯林的斋月从今天正式开始了。这是中央台记者从伊拉克首都巴格达报道的。

值得注意的是，现场报道中记者强化细节的观察和表达，同时加入对数字的运用，能够使其在人性化的同时显得更加客观、真实。与此同时，现场报道中的记者应听从危机事件现场工作人员的指挥，不能够超越警戒线，不应该影响相关援救等工作的正常进行。

（二）准确表述危机严重程度

现场报道中的记者必须准确表述事件的严重程度和受众的具体感受，不能夸大也不能缩小，更不能伪造。记者需要对现场信息加以梳理，将无序因素加以归纳，讲述新闻事实。现场报道的最终目的是让受众产生心理上的参与感和认同感。记者在现场报道中应该积极去看、去闻、去听，通过“触摸”“敲打”“品尝”等方式，将自己的感受和受众分享，使信息也变得“色香味俱全”。2008 年 5 月 12 日，中央电视台《中国新闻》栏目报道了汶川发生地震的情况。以下为当天 18 点 53 分的直播报道文字稿。

【口播】刚才四川地震局的官员介绍，省地震局已经派了工作队奔赴汶川灾区。再来了解一下成都的情况，今天发生地震以后，造成了成都部分的路段交通堵塞，在人群聚集的地区，无线通信也非常困难。截止到记者发稿时，成都市民已经感觉到了多次余震。另外记者在成都主要的交通干道，像人民南路等地看到，由于担心再次发生地震，很多市民都跑到了街道和绿化带上。还有一些商场、宾馆和医院都实行了清场。另外，有一些输液的病人也提着吊瓶在街上接续治疗。而且地震造成手机等无线通信非常困难，记者在一个小时里仅拨通了一个电话，短信还是偶尔能够进行发送的。像人民南路、一环路、二环路尤其拥挤，许多道路几乎都成了单行道。平时只需要十几分钟车程的道路，记者是用了一个多小时才走到了目的地。

值得注意的是，记者在进行现场报道时，需要注意保护自身的安全。面对危及生命的危机事件，应该先进行救人，后展开报道工作。

（三）记者情绪要合理控制

在危机事件的现场报道中要充分体现“以人为本”，报道要围绕人来做文章。危机报道中记者无视灾难给当事人及其亲属带来的巨大痛苦，用戏说的方式描述悲剧事实，是一种错误的价值判断。相对应地，记者过度使用煽情的报道手法也是不可取的。危机报道中媒体从业人员要重点关注弱者的生存状态，维护被采访对象和受害者的心情和尊严，报道受众最关心、最想了解的信息。危机事件的现场报道，本书认为要做到以下几点：首先，记者应尽量镇定地传递信息。复杂嘈杂环境下要使信息顺利地被受众接收，对于语言最起码的要求就是准确清晰。只有让受众听清了内容，才存在认知和认同的问题。其次，记者应注意语言的叙述节奏。记者口语表达的节奏要与危机事件发展的节奏相协调。最后，记者应注意情绪的合理控制。记者在危机事件现场进行采访或报道时，在合理控制自己情绪的同时，有必要通过提问去“唤醒”采访对象的情绪，同时给采访对象以展现内心情感的机会。例如，汶川地震的新闻报道中，中央电视台记者李小萌第一时间赶赴了事件发生地。面对一个老汉挑着担子往废墟中走去的情况，她进行了采访。以下为采访内容的文字稿：

记者：老乡，您这是去哪儿啊？

老汉：回家。

记者：走的时间长不长?

老汉：我要回家看一看。

记者：您这怎么回去啊?

老汉：我还是要回家看一看。

这时从废墟中走出了三个人，他们四个人显然认识。

记者：您这是刚出来?

男子：孩子都死了，我母亲也死了，塌在医院里。

记者：母亲受伤了?

男子：死了，已经死了。孩子塌在北川一中，塌死了。只剩我一个。

记者：都死了，这大叔还想回去，你们劝劝他别回去了。

男子：路上危险，一直在垮石头。

记者：大叔，你呢?他们要走了。

老汉：他们走了，我要回去!

记者：还是要回去?那您快走吧，别耽误了。我来帮您下。慢走啊，小心点。

老汉：谢谢您操心啊。

记者：没有，您小心点儿。

值得注意的是，记者在尝试接近生还者时，应该心怀体恤谨慎行事，知道“何时停止”“怎样停止”。记者面对刚失去亲人的采访对象，提问不要涉及失去亲人的感受、对亲人的思念等。对于典型人物最好实行联合采访，减少对遇难者家属的重复情感刺激。

（四）现场提问要准确有度

“现场采访”是记者在事件现场采访当事人、目击者、见证人，并且把他们的语言及图像传播出去的一种特殊的采访方式。是记者置身事件现场环境中，伴随事态的发展进程边观察、边叙述、边提问、边倾听的采访方式。[①] 记者要想恰如其分地掌握好报道进程，首要的一点就是不断提高提问的质量，掌握好采访的艺术。在危机报道中记者更大的作用是“问”而不是“说”。危机报道中记者在镜头前的采访提问，具体来说包括以下两大任务：对于未知信息的“追根溯源”和对于已知事实的“明知故问”。另外，追问是一种深入挖掘信息的提问方式。追问依靠于采访对象的回答而存在，在逻辑上有递进关系[②]。无数成功的现场采访实践证明，专注于受访者的回答，认真思考受访者的回答，抓住其中有价值的回答追问下去，你总会有意想不到的收获。在中央电视台《焦点访谈·治心病哪能添心病》节目中，记者与被采访对象关于突发的公共卫生事件有这样的一段问答：

记者：你们公司的推销员当时承诺过这个起搏器已经重新消毒，这是否属于欺骗行为？（发问）

D副总：不属于，这是一种过失。不是有意识欺骗，因为他想：起搏器嘛，肯定是消过毒的了，要不怎么能用呢？

记者：可当时推销员口头承诺的是这个已经重新消毒了，是不是这样？（一追）

D副总：但他后来更正过了。

记者：当时是不是有过这个说法？（二追）

D副总：这你可以问问他。

记者：这个人现在在哪儿呢？（三追）

D副总：呃……（沉默）他最后跳槽了，到其他公司去了。

---

① 吴伟民：《论电视记者的现场采访》，《东南传播》2007年第4期。

② 朱羽君等：《电视采访学》，中国人民大学出版社2001年版，第221页。

值得注意的是，危机事件中的采访应该事先与采访对象沟通，说明采访意图，征求其同意。尊重采访对象不接受采访的权利，尤其是对失去亲人者的采访，不要强行采访或诱骗采访。尊重灾难中采访对象不暴露身份的要求。当采访对象处于惊恐状态时，记者应该放弃直接接触的采访方式（如提问、摄影、摄像），用其他不打扰的方式采访（如观察、访问他人），或者放弃采访。

（五）准确使用非语言符号

“非语言符号”是相对于语言而说的一种传播手段，包含了表情语、体态语、服饰语等，其无意中露出的提示比有意给的信息要多。[①] 尽管非语言符号不容易系统地编成准确的语言，但大量不同的信息正是通过它们传给我们的。[②] 对于非语言的传播方式也有不同的划分标准，简单的二分法将非语言符号分为体语和默语两大类。其中体语又分为动态和静态两种。动态包括“肢体语”和“表情语”，静态包括“服饰语”与“界域语”。[③] 本书结合危机报道的特点主要分析“体态语言”和“服饰标记”两部分。

1. 准确使用“体态语言”

人们在日常生活中经常会用某种姿态来表达自己的态度。危机报道中，记者经常需要利用某种身体动作来表达自己对新闻事件或采访者的态度，运用体态语言可以巧妙地向受众传达信息，表达情感，拉近心理距离。体态语言的准确使用可以帮助记者与采访对象之间保持良好的交流氛围，从而使采访工作可以和谐地完成。例如，中央电视台《焦点访谈》栏目播出的《走进麻风村》节目中，记者采访时主动与麻风病人握手。记者的态度和情感在这个小小的动作中得以充分体现。感受到这一切的不仅有麻风病人，还有电视屏幕前的观众，记者的采访获得了

---

① 王永利：《电视新闻学概论》，北京广播学院出版社1990年版，第16页。
② ［美］威尔伯·施拉姆：《传播学概论》，陈亮等译，新华出版社1984年版，第85页。
③ 薛可、余明阳：《人际传播学》，上海人民出版社2007年版，第285—286页。

很好的效果。体态语言的运用关键是“真”，只有真切的情感流露才能打动人心，只有真实的情感交流才能完成有影响力的现场报道。

2. 合理使用“服饰标记”

服饰是文化的表征，服饰是思想的形象。中华民族在漫长的历史长河中孕育了璀璨的民族文化，服饰文化作为我国优秀传统民族文化的重要组成部分，反映着当时的社会发展状况和人们的精神价值追求及思想文化底蕴。服饰有两大功能：一是区别身份地位；二是表示所处的场合。人们从中央电视台《巴格达遭空袭纪实》的节目中可以看到身穿迷彩服、头戴钢盔，一副戎装打扮的水均益。这样的服饰搭配是在告知受众“这里是战场”，这样的服饰搭配起到了画龙点睛的重要作用。危机报道中的记者着装要从安全和大局的要求出发，体现“协调”“自然”“一致”的原则。这些都是要在到达现场前有所准备的，但是无须刻意强化，因为服饰标记这种“副语言”[①] 毕竟只是语言的辅助表达手段。

综上所述，危机报道中的记者除了传播语言符号外，他们传递出来的无声信息是语言或文字所不能取代的，而且对有声语言起着强化或削弱的作用。[②] 危机报道中，记者应该不仅用语言表达自己的观点，还通过非语言符号展示自己的形象。记者可以通过恰当的非语言符号的运用和设计，塑造更加贴合实际的个人形象，以获得更好的传播效果。当然，非语言符号总体而言还是处于辅助地位，它的使用要注意分寸，切不可顾此失彼，本末倒置。

第三节　舆论引导：影响受众认知的方向

当今社会是一个多元的社会，“意见领袖”虽然存在，但更多的是

① 除语言以外的面部表情、手势动作、身体姿态等表达手段。副语言表情手段运用得当可以对语言表达起到补充、辅助、强化的作用。

② 勾志霞：《记者职业口语》，合肥工业大学出版社 2005 年版，第 348 页。

权威被解构，个人以及无数个人集合的利益诉求受到前所未有的重视。对于一个现代国家来说，任何一个社会阶层的利益和主张都应该得到及时关注，否则民众的情绪不能得到及时的化解，将会演化成为危机事件，社会必会为此付出沉重的代价。因此，无论是传统媒体还是新媒体，其专业职责就是实现社会意见表达的平衡、社会情绪呈现的平衡以及信息传递的量级平衡。而新闻舆论作为一种制度化的社会组织所发出的声音，较之民间舆论更为冷静、客观，更接近真理性判断。媒体及时报道灾情，进行舆论引导，消除负面影响，是在危机传播中不可推卸的责任。

一　强化评论把持信息的解释权

新闻评论应该针对现实生活中新近发生的、具有普遍意义的新闻事件和迫切需要解决的问题，或进行规律性的认识，或给予前瞻性的分析，通过剖析事实、解释事理、发表意见，并最终形成某种感悟和提炼。研究结果表明，民众特别关注“惊人的消息的真实性及其潜在的影响性和危害性”。[①] 从信息传播角度看，遭受危机事件破坏而发生断裂的社会稳定性使人们迫切需要权威信息和意见的指引。新闻评论可以在危机传播中依托媒体的优势，以准确的事实、严密的论证，引导社会舆论，稳定社会情绪。

随着媒体的飞速发展和媒体功能的不断演进，“浅读”和“误读”的现象经常发生，新闻评论的地位正变得越来越重要。危机事件的不可预见以及造成的巨大消极影响，容易导致社会心理的畸变，使得民间舆论具有相当的复杂性。新闻舆论作为影响和改造民间舆论的途径显得尤

① 引自黄芝晓《政府：风险化解“三角”的主导因素——对杭州5·7交通肇事案的传播研究》，《新闻大学》2009年第3期。

为重要，提高评论质量，优化评论机制已经刻不容缓。

（一）发挥“引领”作用主导舆论走向

危机事件的突发性决定了谁在“第一时间”发言，谁就抢到了话语权，抢到了“先发优势”。“快”是危机传播中媒体从业人员职业素养和社会意识的体现。相对于西方媒体对危机报道的快捷性和制度化，我国媒体显得沉稳有余、快速不足。长期以来，“以正面宣传为主”的原则成为新闻报道的原则。面对危机事件，媒体通常需要等待上级的态度和指示。“稳”而不快，已经不符合现代社会的发展趋势和危机认知的需求速度。如何做到“快”而“准”，这是我国媒体需要研究的。

1. 加强时效性以赢得主控权

作为以传播新闻事实为重任的媒体，其实最大的竞争就是解释权之争。新闻评论必须争夺“第一解释权”。[①]“第一解释权”可能要比其他的解释更重要。评论其实也有一个时效性的问题，危机事情发生后，谁的解释快速准确，可能就注定了他的解释的权威性。新闻评论作为舆论的“风向标”，必须在复杂的信息流中解读信息，整合信息，提供有效信息，为受众揭示真相。新闻评论在关注事件进展的过程中，应随时做出阶段性、综合性、全局性的新闻评论。一方面，可以弥补危机报道中的暂时性信息不足，防止民众出现信息误读和认知偏差；另一方面，可以从全局层面解析和把握危机事件，在最短时间内建立强大而正确的舆论场。在汶川地震中，从5月12日15点20分开始的《抗震救灾，众志成城》中央电视台大型直播节目不断发布各方面所搜集的信息：领导人关于抗震救灾工作的指示、地震灾区伤亡人数的统计、各地救援力量的进展、全国救灾物资的情况、支援灾区钱物的数量等。伴随相关信息的陆续公布，新闻评论员和专家学者及时跟进对纷乱信息进行梳理、

① 张学文等：《新闻评论必须争夺“第一解释权”》，《河南日报》2007年7月10日。

分析，将无序化为有序，较为充分地满足了受众的知情权。

2. 适时做反思并行使监督权

新闻评论最重要的就是对危机事件进行深刻的“反思”，在思考中吸取经验教训。某种意义上，人类社会是在不断总结经验教训的过程中进步的。因此，危机传播中媒体需要通过评论适时开展反思和监督。“适时”不单指在事件发生后进行总结分析，在救灾抗灾的过程中就可以进行相应的反思。检讨、反省、监督，是对履职松弛、救灾不力工作的重要促进手段。当然评论员或专家在评论中要注意一个尺度的问题，无论哪种争议性的议题，都要强调以理服人。例如，2004 年 12 月 26 日，印度洋发生海啸。12 月 27 日以后，海啸灾难造成的一系列巨大影响开始显现，大量关于游客死亡和失踪的报道出现在世界各地的媒体上。此时的 CNN 以独特的视角开设了《特别报道》栏目，从深层次原因开始反思，通过深度报道挖掘灾难根源，依赖理性思考剖析事件影响。CNN 通过制作《预警系统的致命缺失》等节目，弥补传统报道不足，开辟全新认知角度，避免了民众在长时间“情感攻势”后的心理疲劳，反思机制缺失，同时探讨灾难的深层内涵。

（二）弘扬民族精神体现“以人为本”

危机报道中，尤其是在遭遇重大国家灾难的时候，西方媒体均表现出“国家利益至上”的原则，强调国家利益的重要，强调民族团结的力量。就传播的目的和效果来看，西方媒体危机报道的目的是满足民众对危机事件受害者的关注、对灾难的认知等；而中国媒体危机报道的目的则是在满足受众对危机事件的概括性、概念性了解的基础上，重点达成一种传播效果，即作为执政党的中国共产党政府对人民的关心、社会主义社会的坚不可摧等理念。①

① 万生云:《中西方灾难事件新闻摄影报道的差异性研究》,《国际新闻界》2001 年第 2 期。

1. 弘扬民族精神以加强感召力

情感贯穿于人类活动的始终。新闻评论“说理”的特点除了“寓理于事”，还有一个重要的特点就是“寓情于事”，通过“晓之以理，动之以情”的方法使之情理交融。情感应成为连接事实和道理的桥梁。有学者认为，作品的情感就是作品的思想。[①] 危机事件中的评论有时也要依靠情感来感染民众，使他们对危机事件和其中人物产生某种具有倾向性情绪的共鸣，并在此心理基础上认同评论员的意见和观点。这样的评论方式，可以调动民众的“情感卷入”[②] 程度，使节目中的舆论引导显得自然、有力，令人心服。艺术是“以情唤情”，为的是引起欣赏者的审美心理体验，它以普遍的情感来唤起共鸣，具有理解的多义性；评论节目是“以理唤情”，为的是引发民众的深层次思考，它虽然也是用普遍的情感来感染人，但这些情感都具有明确的指向性，即传承和弘扬民族精神。例如，郭光东的《国旗为谁而降》这篇评论文章直接促成了中国政府第一次为普通民众下半旗志哀，即 1999 年 5 月 12 日，国务院决定为在以美国为首的北约袭击的我国驻南斯拉夫联盟共和国大使馆中牺牲的邵云环、许杏虎、朱颖同志下半旗志哀。接着，国家为 2008 年汶川地震、2010 年青海玉树地震、2010 年甘肃舟曲特大山洪泥石流灾害中遇难的同胞三次下半旗志哀。

2. 体现“以人为本”并关注受灾主体

网络时代来临，大量普通民众参与到新闻事件的评论过程中，并以平民的视角来解读社会百态，新闻评论的人文关怀色彩越来越浓。可以说，以人文关怀、人文精神来关注世事人生，由此而进入对社会生活、

① ［美］苏珊·朗格：《情感与形式》，刘大基等译，中国社会科学出版社 1986 年版，第 97 页。

② 是指审美心理现象。由表演活动引起的观众情感的投入。是戏剧艺术中双层次情感反应的一个方面。戏剧中所包含的情感因素，是戏剧家对现实生活心理反应的产物，观众情感卷入，则是对这种反应所做出的反应。在戏剧艺术中，戏剧家的任务就是想方设法，力图将观众的情感反应纳入戏剧所包含的情感轨道。

社会心理、价值观做深层次的思考与解读，已成为新闻评论的一个重要趋势。无论是传统媒体还是新媒体，危机事件中的新闻评论倡导视角的人性化应该成为自觉的追求。在遭遇灾难的非常时期，调动物质力量抗灾固然重要，但情感和精神发挥的作用更不能小觑。情感被调动起来后，可以成为民众战胜困难的强大动力。新闻评论员进行恰如其分的精神和情感感染，将着眼点放在危机处理的主体上，发掘其人性的闪光点，通过媒体的传播把个别群体的行为放大为社会价值，从而激发民众的情感共鸣和抗击灾难的信心就显得非常必要。当然，新闻评论员不能用自己的眼泪制造所需的氛围。新闻评论，既要充分表达个人的感受，同时又要尊重新闻的基本原则，不能把个人的情感与他人的情绪混同起来，更不能无限放大自己的情绪，从而使新闻评论脱离新闻本身的价值成为一种艺术化的夸张变形表达。例如，2008 年汶川地震后的 5 月 20 日，《人民日报》发表社论指出，“人民高于一切，生命高于一切。一个文明进步的现代社会，一个以人为本的社会主义国家，一个全心全意为人民服务的执政党，必定把人的生命置于最高的价值地位。因为每一个公民都是国家的主人，失去任何一个生命都是国家的损失，都是民族的哀伤。尊重生命铭记苦难，将使一个国家在挫折中奋起，会让一个民族在磨难中前行。”这样的文字催人泪下，也催人奋进。

（三）开拓国际视野保持理性公正

危机传播时，新闻评论要注重平衡多方观点，注重国际、国内等多种视角的结合，主动表态，积极引导。新兴媒体的发展使得受众信息接收渠道日益多元化，如果新闻评论员一味进行“单面提示”和“自说自话”，就会让民众产生不信任感，损害媒体公信力。

1. 开拓国际视野并坚持客观标准

新闻评论的真正价值在于对真理的追求，而这种追求蕴含在对社会人生的探寻之中。现代社会风险是世界性的、全球化的。战争、地震、海啸、环境污染等危机事件往往产生的是对整个世界的影响，新闻评论应该把视野扩大到全球化的角度去分析，引发民众对自身生存前景的思考。对于当代新闻评论员来说，无论是站在中国看世界，还是站在世界看中国，都必须做到客观、公正和全面。新闻评论要跳出旧有宣传思想设定的“议程”，在关注国内民意热点的同时，把目光投向世界舆论的焦点。凤凰卫视是有志于面向全球华人的媒体，并且也是有志于向全球发出华人声音的媒体。正是因为评论员所具有的国际视野和客观立场，才使得凤凰卫视在华语世界中逐渐争取到了重大新闻的“第一解释权”。例如，针对2010年“谷歌退出中国”事件，阮次山在随后播出的《新闻今日谈》中指出，谷歌是在以退出的策略来掩饰其商业的失败，是一种商业炒作。他表示：“谷歌这一招是一种商业炒作。我这两天看《伦敦时报》《纽约时报》，全世界有识之士都在讲这个问题。”① 总之，在国际性危机事件的新闻评论中，在坚持选择性的同时，必须注重客观性，应该避免出现“评论失当”“无限上纲”“情绪化表达”“媒介审判”等现象，只有这样才能树立一个成熟大国应有的国际形象。

2. 维护公共利益也保持理性公正

随着社交网络平台的兴起，媒体的话语权逐渐分散，“全民记者”“全民评论员”已经成为现实。媒体最重要的传播原则应该体现在“客观公正”上，这是公信力建立和维护的基础。在媒体“监督权”和“话语权”已经和民众“共享”的今天，媒体应保持客观公正的态度，谨慎扮演自己的角色。随着网络时代的来临，中国网民对不公正评论反应日益敏锐。例如，2011年日本发生里氏9.0级地震导致福岛县两座核电站反应堆发生泄漏后，NHK第一时间请来权威专家进行情况解读。更值得肯定的是，新闻评论员和专家的解读没有简单附和或解释政府和企业的看法，而是从客观、公正的立场做出独立解释，不时对政府和企业发出质疑之声。评论要想公正就要满足一个条件，那就是评论的事必

① 刘茂华：《观点交锋：媒介化时代的新闻评论》，武汉出版社2011年版，第90页。

须要事关“公共利益”。新闻评论要求评论员和专家应以尊重与宽容的态度汇集多种声音，尽可能广泛、平衡地提出议题，保证社会各种利益阶层的声音都有所反映。在我国，新闻评论尤其要关注社会弱势人群的利益诉求，要注意反映相关当事者的声音，防止偏听偏信，将全面完整的信息呈现给受众，保证让受众做出正确的判断。

（四）打造专业团队锻造品牌形象

分众化是现代传播的一个重要特征。新闻评论的专业性与专门化程度不断提高。随着新闻评论性节目的快速发展，新闻评论中的“专家效应”已经引起了人们的重视。专业领域的新闻评论，需要大量的相关专家参与新闻评论，才能满足民众的不同需求。可以这样说，这是时代的要求，也是社会发展的趋势。危机事件中的各种矛盾纠结在一起，各种复杂的问题掺和到一起，许多新闻信息和社会现象，仅仅依靠媒体从业人员的解读已经很难尽如人意。目前，各种新闻评论性节目和栏目遍地开花，在这一发展过程中，专家的评说起着举足轻重的作用，他们以自己在某个方面、某个领域的权威性，对新闻评论的思想性和权威性起着重要的保障作用。

1. 打造专业团队以形成强大影响

面对不同的受众群体，开设具有较强专业性或专门化的评论栏目、专栏的做法适应了分众化传播的趋势，无形中也对更多专业团队的打造提出了要求。高水平的专业领域新闻评论并非一蹴而就，必须依托高水平专业知识与新闻评论素质的结合。过去很长时间，由于主客观原因，国内真正具有这两方面修养的复合型人才少之又少。伴随媒体的发展，社会的进步，各种媒体都开始尝试打造自己的专业团队，努力实现“第二手”新闻处理的突破。例如，中央电视台历年来开办的有新闻评论色彩的节目有“央视论坛”“社会记录”“360 度”“新闻 1 + 1”等。以上有的节目已经停播，有的节目在继续，并且赢得了较好的声誉和收视率。从中央电视台对电视新闻评论节目的创办和改革历程中可以清晰地看到，它不仅努力打造自己的专业团队，还力求整合采编资源，对重大选题进行统一策划，努力在组织舆论、放大舆论、引导舆论的过程中形成合力。2011 年日本发生里氏 9.0 级地震导致福岛县两座核电站反应堆发生泄漏的新闻报道中，日本 NHK 电视台依靠自己的科技，核能领域专业评论员水野伦之利用图板开展沉稳冷静、有理有据的解说和评议，使得很多观众收敛了自己的焦虑情绪，开始学习和理解核电事故。当日本政府发出“受放射线污染的蔬菜不能销售”的警告后，NHK 水产农林领域的专业评论员合濑宏毅马上出镜登场，就放射性物质对水产品、农产品的影响进行电视讲解，取得了不错的传播效果。

2. 塑造个人风格并锻造品牌形象

“时评化”“专家化”“个性化”是新时代新闻评论所显现出来的最重要的发展趋势，也是媒介社会新闻评论所追求和需要具备的三大特点。学者指出：“值得信赖、专业性或能力、活力和客观性，并指出诚实的、公正的、有经验的、有专业风度的、进取的、主动的、头脑开放的、客观的传播者更容易获得人们的信赖。”[①] 目前，我国新闻评论员缺少个性是很多专家的共同意见，很多节目的评论员没有自己的语言风格，缺少个性的符号特征。个性化的评论员或专家形成其实是有条件的，首先是要有自己的独立见解，其次是较高的新闻判断能力，最后是具有特色化表达方式。当然，个性化不代表新闻评论员可以将自己的喜怒哀乐与评论的观点和新闻生拉硬扯在一起，这样做就容易把个人的感情情绪与正在发生的事件糅合在一起，从而导致新闻彻底变形。例如，从凤凰卫视阮次山、曹景行、杨锦麟三位评论员的外在条件来看，他们并不是合格的电视新闻评论员。他们无一例外具有浓重的家乡口音，普通话不够标准，难以达到我国内地的播音员普通话标准。这三个评论员

---

① ［美］沃纳·赛弗林等：《传播理论：起源、方法与应用》，郭镇之等译，华夏出版社 2000 年版，第 183 页。

在节目中还经常说错话，读错字。尽管如此，这三个评论员的另类风格一直深受观众的喜欢。究其原因，最根本的就是他们个性化的风格，在节目中得到了最大程度的张扬。

综上所述，新闻评论作为意见性信息传递和处理的方式，历来被称为媒体的旗帜和灵魂。危机事件中的新闻评论作为一种社会劝服活动，选择以什么样的立场评论是树立其公信力的关键。当危机事件发生时，媒体第一时间对灾难进行客观全面的报道和公正理性的评论，对受众进行正确的舆论引导有助于增强公信力，有利于塑造品牌形象。在未来的媒体竞争中，谁的公信力高，谁将处于优势地位，公信力已成为危机传播中制胜的关键变数。

二 提升专题水平深化受众认知

遵循新闻价值规律，危机事件一旦发生，就会成为新闻界追逐的焦点和热点。此时，媒体从业人员应站在“瞭望者”的高度，让受众真实地感知这个世界正在发生什么。学者指出，“报道体裁既取决于报道的新闻本身，也取决于不同媒介的特征。就算是相同的报道对象，相同的报道体裁，在不同的媒介下表现形式也不一样”。[①] 新闻专题报道是针对一个新闻题材所进行的有一定深度的报道。无论是传统媒体还是网络媒体，危机事件的新闻专题制作已经成为一个普遍现象。2011 年日本“3・11”大地震发生后 15 分钟，新浪网就已经汇总消息、推出专题。

新闻专题报道的特点主要有几方面：其一是信息饱满，且形式多样。危机事件中，新闻专题可以为媒体从业人员提供一个巨大的平台来组织素材，整合新闻资源，优化报道结构，促进报道形式的创新，不断

① 匡文波:《新媒体是主流媒体吗？——基于手机媒体的定量研究》，《国际新闻界》2011 年第 6 期。

地满足受众的需求。其二是信息均衡，全方位展示事件全貌。新闻专题中，不仅有针对危机事件本身的信息，还包括了许多背景信息、相关知识、专家解读等版块，这些都在核心信息的基础上极大地丰富着新闻专题。其三是加工精细，信息表现形式的多样有利于引导受众。新闻专题报道一般会将危机事件涉及的人、物、缘由、背景等做多形式展现，这样就便于对事件的本质进行展现，从而可以深化报道主题，做好舆论导向工作。因此，在危机事件发生时，涵盖大量信息的新闻专题的适时推出显得格外重要，它能够通过对灾难及时、全面、深刻、多元的报道发挥作用。

（一）应该尝试表达方式的融合以满足受众需要

"媒介融合"是当下新闻界研究的热点，它的本意是多种媒介多功能一体化。我们从狭义的、操作的角度来看，媒介融合更多地表现为多媒体新闻表达手段的融合。新闻表达方式的融合需要综合运用多种传播媒介和终端，以文字、图片、声音、影像等为载体，实现传播时间全天候、受众范围多样化、传播方式立体化地传播信息。例如，2015 年"8·12"天津滨海新区爆炸事故的报道中，新浪网专题包括 10 个栏目专区："最新消息""现场独家图集""事故视频""独家特稿""专业术语解析""网友热议""新闻发布会要点回顾""失踪人员名单""近年来全国化工爆炸事故盘点""分析评论"。

"数据新闻"是指基于数据的抓取、挖掘、统计、分析和可视化呈现的新型新闻报道方式。数据新闻同其他新闻形式的不同之处在于，数据新闻将传统的新闻敏感性和有说服力的叙事能力与海量的数字信息相结合，并创造出了新的可能。数据新闻能够帮助媒体从业人员通过信息图表来报道一个复杂的事件，通过数据可视化的方式讲述问题，并以打动人心的表现形式引发关注。例如，2010 年 10 月 23 日，《卫报》刊发的一则伊拉克战争日志，利用数据制作了一张图，将伊拉克战争中所有的人员伤亡情况均标注于地图上。鼠标点击红点后弹出的窗口则有详细的说明：伤亡人数、时间、造成伤亡的具体原因。这个新闻既没有用枯燥的数字做毫无人性的平静描述，也没有用夸张的文字进行煽情式的叙述，但地图上密布的红点却显得格外触目惊心。

格式塔心理学中有“整体大于部分之和”的著名论点。[①] 如果把新闻专题看作一个格式塔，那么把文本、图片、视频、Flash、三维演示、数据图表等新闻发布方式整合在一起，便能起到其中任何一种或几种发布方式相结合都难以达到的效果，也就产生了“1 +1 >2”的效果。

（二）努力加强专题策划能力以实现差异化传播

当前，危机报道中的新闻专题内容存在同质化现象，降低了受众的注意力，削弱了媒体的自身特色，严重影响了我国新闻媒体的公信力。危机报道中要使传播达到预期效果，就必须要在报道实施过程中进行策划，包括对采写计划、策划方案的设计，甚至必要时要对报道思路、报道重点、专题核心内容进行调控。目前来看，策划主要包括可预见性新闻专题策划和非可预见性新闻专题策划。

可预见性新闻策划是指对能够提前获知的新闻的专题策划。可预见性专题策划的重点应放在前期策划中，保证有充裕的时间完成未来整个报道的策划工作。媒体从业人员可以对可预见的动态性新闻提前思考，特别是危机事件，对题材、主题、形式、版面、时机等全面进行思考并做好采访准备，做到有的放矢，一举成功。例如，重要节庆时段的专题策划、当地常发灾害的专题策划等。例如，在 2011 年春运报道中，上海《东方早报》为打工返乡者制作专题《请举全国之力送他们回家》。这个专题获得新浪、腾讯、网易等网络媒体的推荐，以《媒体呼吁拿出办奥运魄力送百姓回家》这样类似的标题进行链接。事实上，《东方早报》为此专题报道进行了周密的策划和特别的版式设计。它在头版

---

① 徐颖：《格式塔心理学在网络新闻专题中的运用——以网易新闻专题为例》，《新闻世界》2011 年第 7 期。

整版刊发“母女相拥车站渴望过年回家”的感人画面，主标题仅有“回家”二字，正文则刊于二版整版。《东方早报》从打工返乡者“代言者”的角度出发，预先设定了春运专题报道的新闻报道框架，获得了良好的传播效果。

非可预见性新闻专题策划是指对无法预见的突发性新闻的报道策划。非可预见性新闻专题策划的特点是紧跟时事热点，随时在这些热点中挖掘新闻线索和新闻资源，从而适时进行策划报道。这类新闻专题一般无法提前进行周密策划，通常是在事件发生之后才进行策划报道的。这种专题需要媒体从业人员有极强的反应能力和策划能力。这种新闻专题的策划是“见一步，走一步”，但是前期总体的策划和设计应该也有分类预案。这种策划在流程上可以省去寻找新闻线索这一步，直接进入选取角度和制订采写计划的阶段。如果每次危机事件中，不同的媒体都能在报道和解读方面有独创性的选题，就会累积受众的注意力和忠诚度，自然可以增强我国新闻媒体的影响力和传播效果，对于自身品牌建设也会有很大的裨益。

（三）强化危机事件信息解读以提升受众认知

解读新闻某种意义上说就是一种深度报道。危机事件的专题报道需要对危机事件的时空维度进行扩展。新闻专题的深度，在很大程度上就是以危机事件为中心，从纵向和横向两个维度对有关信息进行整合，新闻产品既包括核心信息，也有大量的周边和辐射信息，当然也包括对各方观点的搜集。这个信息整合的过程中，搜集和组合信息只是分量很小的一部分，最重要的是对信息的解读。当然这个解读不仅是编辑自身的解读，还应该包括专家的解读。专家的解读由于其客观的地位、深厚的理论支撑以及开阔的视野，可以显得更公正和更系统。在危机事件或是社会敏感话题的解读中，这种解读对于社会舆论的引导，对于社会情绪的平复，受众认知水平的提升都是必要的。例如，2011 年日本“3·11”大地震引发“福岛核泄漏”事件中，凤凰网、腾讯网、新浪网等网络新闻专题都在信息解读上大显身手。各大网络新闻专题都大篇幅解读日本这次地震、海啸以及核泄漏的影响和发展趋势。解读过程中综合运用了文字、图表、图片、漫画、flash 动画等方式，一目了然并且形象生动。特别是人民网的新闻专题里，有大量的权威性和专业性的独家解读，普及了科学知识，开阔了受众的视野。这些专题帮助网民准确理解核电方面的知识，理性判断核泄漏的影响，有效传播预防核辐射的措施。由此可知，一个有深度的新闻专题绝不是拾人牙慧，照搬照抄，它必须融入独有的观点和立场，不仅让受众读出深度，而且还要让受众读出自己媒体特有的个性风格。

（四）突破单一新闻传播视角彰显人文关怀

从传播心理学的维度看，日常工作和生活的压力叠加，危机事件的心理冲击容易使受众产生心理焦虑，并且衍生出恐惧、压抑等不良情绪。对于普通民众来讲，由于认知系统和意志系统的干预，丰富的内心情感和复杂的情绪波动没有办法得到完全的宣泄，那些不能表达或难以表达的情感和情绪就需要通过某一方式来进行释放。而新闻专题在报道危机事件时，通过弘扬善行者的壮举或昭示丑行者的劣迹，可以为受众开启一个情感释放和情绪平复的管道，从而使受众在信息接收中得到某种程度的心理满足。可以说，适度地正视灾难本身和灾难中的人是受众对媒体的要求，媒体能够并应该满足受众的这种心理需求，这样既有利于官方危机信息的传播，也有利于对受众心理和行为的正确引导。需要指出的是，媒体对信息或人物的描述需要有对“度”的正确理解和把握。例如，2002 年美国《时代》杂志的“9・11”事件一周年专刊发行，它通过采写 11 个人物特写的形式来反映该危机事件对美国社会和美国民众全面而深刻的影响。《时代》杂志在让受众直面灾难的同时将人文关怀融入报道，使受众不仅关注灾难事件本身，更关注灾难中人的命运。通过展现危机事件中的人性美，凸显对生命个体的敬畏和关怀。

新闻专题报道中彰显民众的自救互救壮举，传递信心和希望以重建受众心理，也应该成为重要议题。例如，2008 年汶川地震中，中央电视台《心理访谈》栏目制作播出了系列节目《关注地震发生后的心理救援》，随后又陆续推出特别节目《重建心灵家园》系列。该系列节目遵循灾难发生的三个阶段有针对性地播出。节目的第一阶段关注幸存者和救援者，第二阶段（灾后 1 到 2 个月）关注丧失亲人、丧失肢体的灾区幸存者，第三阶段（在灾后半年）关注所有经历地震的人，抓住典型人物，重点报道他们心理康复的成果，体验他们的心路历程。而从 2005 年起，浙江卫视就在抗击台风的专题报道中，通过游走字幕、主持人口播、插图板等形式，提供观众的寻亲、报平安信息。2013 年，浙江卫视在四川省雅安芦山地震的专题报道中，提供了近 100 条来自官方微博与微信上的寻亲信息，其中一条“北京某先生寻找宝兴校友”的微博，播发后几分钟之内就得到了被寻访者的回应。

（五）提供多元化的视角展现专业化态度和立场

媒体公信力是媒体在受众中长期形成的信任感和权威性，是媒介所具有的赢得民众信赖的职业品质和能力。公信力不但决定了一个媒体所影响的受众面，更决定着它影响受众的程度与效度。长期以来，我国危机报道在受众心目中形成了“宣传”的刻板印象，这种“宣传”式的报道经常使受众对报道的客观性和真实性产生怀疑，并导致受众心目中的媒体影响力和公信力下降。中国人民大学舆论研究所所长喻国明教授对中国媒体的公信力进行了专题调查测评，在 2006 年 4 月公开了一份《中国广播电视公信力测评报告》。报告采用 10 分制测量不同电视新闻内容的公信力，结果是体育新闻的得分最高，为 8.1 分，其次为国际新闻（8.03 分）和国内时政新闻（8.02 分），而批评揭露类新闻和娱乐新闻得分一样，为 7.48 分，一起排在最后。那么危机传播中如何通过加强专题报道体现媒体的专业化呢？毫无疑问，公信力是媒体的核心竞争力。从专题报道的内容来讲，就是既要有事实平衡也要有观点平衡。事实平衡是指对危机事件中所涉及的事物诸多方面的事实信息作较为完备的陈列。因此，危机事件的专题报道要注意有效扩大信息源，以提高新闻报道的客观性和全面性。在同一篇报道里展现来自不同信息源的信息，不仅可以使报道显得平衡客观，而且可以让受众认为报道是全面可信的。例如，2009 年 9 月 26 日 G20 峰会报道中，CNN 的报道中 5 次引用来自 4 个不同信息源的信息，呈现了多方意见。而 CHINAVIEW 的报道中 20 次引用来自同一个信息源的信息，明显忽视高层次受众的认知习惯。另外，CHINAVIEW 整篇报道的绝大部分内容（24 段中的 20 个段落）完全由“胡主席说”和“胡主席表示”这两种句型交替构成，使报道显得重复、单调。

表 7.5　2009 年 G20 峰会报道中 CNN 网站和 CHINAVIEW 网站相关报道的分析

报道方	字数	段落	内容	引用	信息源	论断	支撑事实	呼吁
CNN	295 个	9 段	7 个	5 次	4 个	1 个	6 个	1 次
CHINAVIEW	1430 个	24 段	6 个	20 次	1 个	12 个	1 个	8 次

数据来源：本课题组的总结。

观点平衡是指在危机报道中给不同观点的双方或多方以表达意见的权利和机会。这样才可以使受众通过获得全面的信息、多方的观点，形成自己的认知和判断，从而真正感受到媒体的独立性，认可其报道的客观、公正、真实。平衡报道可以引导民众更为理性地分析、看待风险，帮助危机事件的解决。例如，2011 年日本“3・11”大地震的报道中，新浪网的专题融合了很多国内外传统媒体的信息，设置了国内和国外媒体关注专区，链接在信息发布、评论等方面较为具有影响力的国内外媒体，包括国内《新快报》、英国《卫报》等 20 余种。这样一来，新闻专题融合了众多有影响力的传统媒体信息，对于危机事件的解读起到了优势互补的作用，也给受众提供了多元化的阅读空间。

表 7.6　2011 年 3 月 18 日新浪“日本大地震”专题中《最新消息》稿件来源分析

信息来源	采用新闻数量（条）	信息来源	采用新闻数量（条）
中国新闻网	84	《南方日报》	2

续表

信息来源	采用新闻数量（条）	信息来源	采用新闻数量（条）
新华网	36	中国政府网	1
人民网	18	东方网	1
新浪网	39	《中国青年报》	1
《环球时报》	51	环境保护网站	1
中国日报网站	17	中国台湾网	1
中国广播网	12	商务部网站	1
国际在线	23	《南方都市报》	3
环球部网站	1	《21 世纪经济报》	1
中国网	2	《信息时报》	3
驻日大使馆	3	《青年时报》	1
千龙网	1	大洋网—广州日报	13
《新京报》	11	《京华时报》	2
《新民晚报》	2	《燕赵都市报》	1
金羊网—羊城晚报	6	《经济参考报》	2
《法制晚报》	6	华商网	2
《新闻晚报》	8	汉网—武汉晚报	3
西安新闻网—西安晚报	1	金羊网—新快报	1
四川新闻网—成都晚报	1	《第一财经报》	2
浙江在线	2	红网—潇湘晨报	4

数据来源：本课题组的总结。

“告诉我你在这里干什么，请用最简单的文字直截了当地告诉我答案。”这是《华尔街日报》的资深编辑经过多年实践和研究得出的受众心理需求。[①] 危机事件中的新闻专题在面对现代受众时，要用他们最容易接受的方式告诉他们正在发生的事，只有按照受众最容易接受的方式去报道，才能实现最佳的报道效果。中国的危机报道已经有很大提高，但必须认识到所存在的问题，并做出努力切实提高报道质量，使更多的受众不仅看到我们的报道，还要接受我们的报道。

① ［美］威廉·E. 布隆代尔：《〈华尔街日报〉是如何讲故事的》，徐扬译，华夏出版社 2006 年版，第 68 页。

三　科学编辑提高传播的感染力

现代社会的激烈竞争中，新闻资源呈现出流动与共享状态，各个媒体是在平等条件下争抢新闻，任何想垄断新闻来源、控制其扩散范围的做法都不可能成功。“传播媒介的形态变化，通常是由于可感知的需要、竞争和政治压力，以及社会和技术革新的复杂相互作用引起的。”[①]换言之，新形势促使新闻从业人员把目光放在对新闻的精心制作上，通过内容的优化组合、形式的完善创新、各个细节要素的精益求精来追求传播效果的最大优化。由于电视媒体在危机传播中的巨大影响力，本书只探讨电视编辑的问题，其他媒体的编辑问题可以参照相关内容。

“表现什么”“怎样表现”“表现得怎样”是各类电视节目都应探讨和研究的核心问题。[②] 简明概括，电视新闻编辑的工作就是通过整理与加工，把好的新闻内容运用好的形式呈现给受众。电视新闻编辑工作既包括对前期采摄素材的筛选整理过程，同时也包括对各种表达形式的思考运用。危机事件中，电视传播的本质要求是实现最大信息量的传播以获取最大影响力。毫无疑问，危机事件中新闻内容与呈现质量在很大程度上取决于前期的策划与采摄工作。不过，编辑过程也并非没有用武之地，它拥有选择、整合内容与确立表现形式的权力。

（一）通过信息的科学编排引导受众的心理节奏

“节奏”原指音乐、舞蹈的音响和动作的运动过程有规律地出现强弱、长短的连续交替现象。形成节奏的因素主要有两个：一是时间长短搭配因素；一是运动过程强弱交替变化。节奏会感染人的情绪，“节奏可以使观众激动，也可以使观众平息下来”，[③] 同样的画面内容采用不

---

① 参见蔡凯如等《穿越视听时空：广播电视传播论》，新华出版社 2003 年版，第 49 页。
② 沈忱：《中国电视新闻现场直播——导演手记》，中国广播电视出版社 2004 年版，第 138 页。
③ 参见王永利《电视新闻学概论》，北京广播学院出版社 1990 年版，第 122 页。

同的画面剪辑节奏会产生迥异的心理效应，即高频次剪辑节奏容易使人感到兴奋紧张，而低频次剪辑节奏则容易让人感到舒缓宁静。所以，危机传播中如果要实现满足受众的信息需求和调节受众的心理状态两个要求，那么就不仅在报道内容上要增加有效信息，还要在新闻编排上实现优化组合。科学编排应该让受众在快慢有序和详略得当的信息传播节奏变化中，得到某种心理的慰藉和情绪的释放。

1. 实现信息的单元式组合以做到危机传播张弛有度

危机传播中，信息传播的数量与质量、强度与效果不一定成正比例关系。某一时间段内，危机信息的高密度与大强度传播有时可能造成“信息过载”和“收视惰性”现象，反而可能导致需要传播的某些有效信息得不到受众重视。因此，在新闻的编排中，采用“单元式结构”，即常规性报道与危机信息交叉配合，单条新闻与组合式报道交替安排，综合性消息与专业性评论交融播出，形成一个个时间短小且内容多元的“信息单元”，可能更符合现代受众的媒体使用习惯。例如，美国电视媒体强调在受众调研的基础上，对节目进行精心的结构安排和合理的节奏把控。ABC 晚间新闻节目都是把新闻性最强和最能吸引眼球的事件放在头条位置，以满足受众求新、求快的心理期待。而 ABC 晚间新闻节目的最后一条则大多安排制作精良、故事性强、人情味浓的新闻特写。传播心理学的研究表明，传播效果和信息展现的顺序之间有一定的关联性，受众比较关注的是第一个和最后一个呈现的信息。所以，美国电视媒体这样编排新闻节目符合受众的收视规律，即开始的 10 分钟时间采用密集型信息播出方式，在某种程度上解决受众的“信息饥渴感”（有研究结果表明，电视观众高度集中的注意力仅仅能够维持 10 分钟左右）。最后一个制作精良的新闻特写在于满足受众欣赏的审美愉悦感，以相对轻松的内容疏导受众心理，使之成为“大餐”后的“甜点”。

危机传播时节目的编排不应该按照原有的规律或模式平均分配力量，应该突出重点，力求强化导向。在节目编排中如果遇到重要新闻，可以通过增加时长的方法加大其信息含量，也可以通过立体化的报道形式扩展其信息深度，在提升报道内涵和形成热点的同时，引导受众的注意力焦点。例如，1999 年 9 月 21 日的中央电视台《现在播报》节目，在 20 分钟的新闻节目中编排了 9 条台湾地震的消息，信息全面、详略得当。编排的主要信息包括："台湾地震的最新消息""新闻背景：台湾近百年发生六次严重地震""国家地震局专家预测台湾灾区将有频繁余震""祖国大陆专家表示愿向台湾提供技术援助""中国红十字会负责人谈对台捐助"等诸多内容，这些内容基本满足了我国受众对台湾地震所希望了解的方方面面。这些内容的总时长近 10 分钟，超过当天《现在播报》节目时长一半以上。这一合理编排快速准确地完成了危机报道任务，也清晰明确地表达了大陆同胞的骨肉之情。

2. 把控信息的传播强度并增加危机事件的全面分析

危机事件中我国电视媒体大多能够做到滚动式播出，即把危机事件的最新信息连续不断地在不同时段的新闻节目中播出。危机报道实行滚动播出形式，可以不断补充进展和资料，也可以连续提供分析和评论，这样不仅可以强化传播的时效性和可信度，也可以增强舆论的权威性和引导力。例如，汶川地震中，从 5 月 12 日至 5 月 20 日，中央电视台各频道推出的直播特别节目总时长达 676 小时，创下了电视直播的最高纪录。从 5 月 12 日地震发生到 6 月 12 日，中央电视台新闻中心先后组织调集了 368 人的前方报道队伍，进行直播报道，这是有史以来中央电视台最大规模的紧急行动。截至 2008 年 6 月 12 日，中央电视台新闻频道覆盖全天的现场直播特别节目《抗震救灾 众志成城》持续播出 466 小时 49 分，首播新闻 2687 条，专题节目 219 部。与此同时，必须强调的是，危机信息由于其自身所特有的刺激性和负面性，必须注意信息传播的播出强度，过于频繁和过于密集的报道有时会引发受众不必要的心理负担。

另外，中央电视台在对汶川地震的报道中，着重对四川重灾区进行报道，而对于陕西、甘肃等受灾地区报道较少，这在一定程度上产生了报道的不平衡。对这些灾区没有进行相关的报道，使观众无从了解其救灾进度，产生了新闻报道中的“真空区”，从而在重大危机事件报道中有了微小的瑕疵。

（二）通过信息的合理选择营造身临其境的感受

电视可以图文并茂、声光电影地向观众展示信息。[①] 一条信息的组织化程度越高、越合理，就越能在单位时间里传递更多的信息。电视新闻是兼容了语言符号和各种非语言符号的，这些符号在一起不等于简单地相加，而是一种融合。融合得好，将产生“1 + 1 > 2”的效果，融合得不好，会出现“声画两张皮”的不足。为了做到声音与画面的和谐，追求最好传播效果，电视新闻编辑必须对新闻材料进行合理选择，在筛选之后，还要注意对信息进行有效整合，以营造身临其境的感受。

1. 选择有现场感画面以说明危机事件的真实影响

虚假的东西无论当时如何动人，最后都将加倍付出代价。视觉语言具备了多重性的特质——既是人类语言的延伸，蕴含着语言的内涵，同时，也是综合艺术的集合体，蕴含着艺术的精髓。[②] 常言道“耳听为虚，眼见为实”，画面对于信息真实性具有强大的佐证作用。危机事件中，由于传播条件的局限和危机信息的不足，受众更加希望通过画面以判断事态的等级和危险的程度。在危机报道的实践中，只有做到画面真实与蒙太奇组接真实两个方面，才可能实现完整意义上的真实影响。其一，电视画面的真实是电视新闻的基础，否则真实性就荡然无存。那么可以在危机事件的现场进行“摆、导、补”等摄录动作吗？本书认为，在危机事件的现场应该尽量减少甚至避免这些带有设计性的动作。记者摄录现场画面应该学会从观察入手，以观察引导拍摄，用拍摄保证真

---

① 吴晓恩：《逃离电子文化的陷阱——尼尔·波兹曼媒介学思想研究》，北京大学出版社2015年版，第115页。

② 沈忱：《中国电视新闻现场直播——导演手记》，中国广播电视出版社2004年版，第197页。

实。其二，电视画面的剪接对于真实也十分重要，蒙太奇的正确使用是关键。两组相同内容的镜头，进行顺序变化后的剪接，其新闻内涵和传播效果就会产生巨大差异。如果在危机传播中为了某种目的把 A 地画面嫁接到 B 地新闻内容中，或者有意把人物甲当作人物乙进行处理，都是相当危险和不明智的，都可能对媒体公信力造成不必要而且无可挽回的损失。所以说，要在危机报道中满足受众“求真”的信息需求，必须从画面真实与蒙太奇组接真实两方面同时着手，缺一不可。记者对危机事件现场所摄录信息进行选择的过程，实际就是一个取舍的过程。一般来说，在危机事件现场所进行的采访和拍摄过程中，记者为了保证剪辑和内容需要，都会尽可能多地采摄声音与画面素材。危机事件中并非所有现场素材都包含有效信息。在画面编辑时，必须认真分析与处理，要注意突出与保留带有明显现场特征、有现场氛围的画面，使受众产生身临其境、见证和参与整个事件的感觉，带给他们无与伦比的真实感。例如，美国著名记者丹·拉瑟（Dan Rather）在担任 CBS 晚间新闻主持人兼责任编辑后曾要求手下记者：电视新闻需求“瞬间”。拉瑟所强调的“瞬间”，其实也就是细节。这里举 2016 年 5 月 29 日凤凰卫视新闻《孟加拉沉船料逾三百人死亡》为例来说明细节的作用。

表 7.7　2016 年 5 月 29 日凤凰卫视新闻《孟加拉沉船料逾三百人死亡》的细节运用分析

记者画外音	画面细节	声音细节	形成的效果
沉船事故发生后救援人员彻底在意外地点进行搜救，但打捞起的却只是一具具乘客和船员的尸体，部分家属在看到至亲的遗骸后情绪激动	一位妇女在亲人遗体旁哭泣	伤心欲绝的哭泣声（持续 4 秒）	受众可以真切感受到现场的悲惨气氛，产生强烈的真实感
同一天下午、距离达卡东北 90 公里的梅克纳河上，也有一艘载有出席婚礼宾客的客轮在风暴中沉没，至少还有 50 人下落不明	一托腮观望女子的特写，其迷茫而悲伤的眼睛		用镜头反映出人在面对自然灾害时的无助与弱小，以及所感受到的悲哀，令受众被笼罩在现场氛围中，产生共鸣

数据来源：本课题组的总结。

细节可分为动作细节、表情细节、环境细节、色彩细节、声音细节、文字细节等。俗话说“细节决定成败”，有细节与没有细节所产生的传播效果是有天壤之别的。例如，2014 年中央电视台新闻频道在对“7·19”沪昆高速客货车相撞事故的直播报道中，现场出镜记者引导摄像师拍摄了后面货车大梁插入前面客车尾部 40 多厘米的细节画面。这个细节画面说明了事故的基本事实：装载乙醇的货车与前方排队等候通行的大客车发生追尾碰撞。它起到了“画龙点睛”的作用。

2. 选择有说服力的声音以丰富危机报道的表现因素

如果你想成为一个视觉叙事者，就应该细心观察周遭世界，既要留心画面也要留心声音。① 在制作一个好的电视节目时，没有必要讲图像和音响哪个更重要，两者是相辅相成的。② 同期声是新闻事实的一部分，能够凝固时间与空间，最真切地传达新闻事实。同期声的直接性可以减少信息的不确定性，增强新闻的真实性。所谓“耳闻目睹”就是指人们通常相信他亲眼看到和亲耳听到的事情。危机事件的同期声大致有两种：其一是事件现场随画面拍摄采录的具体音响，主要包括自然音响、动物音响、设备音响等；其二是事件现场有实质内容的语言声音，包括关联人物的讲话、记者的采访和出镜报道等。

从第一类同期声来说，它们不会对新闻本身做内容上的直接说明，也没有其他的辅助意义。但是它们的存在，可以强化现场效果，让人感受现场氛围。这类同期声如果在新闻编辑中加以适当运用，可以带给受众一种不加矫饰的真实感。以 2008 年 5 月 17 日中央电视台《抗震救灾众志成城》直播报道为例，新闻中“救护车的鸣响”的背景声音和“把担架拼起来，把担架拼起”的嘈杂人声明显呈现出抗震救灾人员的努力和抗震救灾现场的繁忙。

---

① ［美］斯蒂芬·阿普康：《影像叙事的力量》，马瑞雪译，浙江人民出版社 2017 年版，第 181 页。

② ［英］格林·阿尔金：《电视音响操作》，熊国新译，中国电影出版社 1986 年版，第 5 页。

表 7.8　　2008 年 5 月 17 日中央电视台《抗震救灾 众志成城》节目中第一类现场声运用的分析

画面	同期声	记者画外音
正在救援的队员	起来，起来，快点（把人）接起来	
正在救援的抢险队员	把担架拼起来，把担架拼起	
正在救援的场面	谁来把工具修一下？	
正在救援的场面	救护车的鸣响	进入现场之后，现场都在焦急等待着
参与救援的医护人员	不清楚……	现在救出来多少人？你们知道吗？

数据来源：本课题组的总结。

第二类同期声的科学使用同样能带来更大的真实感。在采访同期声中，一般使用的画面内容是被访者的面部，景别是中近景。在这样的声画组合中，表情和眼神的变化配合声音能够传递出更多被采访者的情绪和情感，更加有助于受众的信息解读。在电视新闻中，言词和声音以及面部表情同等重要，是新闻信息传递的重要表达手段。电视新闻单位时间内，所传递的信息符号越多，其真实感越强。而单位时间内所传递的信息符号越少，其真实感越弱。① 与文字报道相比，记者的现场报道与出镜采访毫无疑问会显得更真实、更具可信度。以 2011 年 7 月 23 日温州电视台的《“7 · 23”动车追尾事故现场直播》节目为例来说明。

表 7.9　　温州电视台《“7 · 23”动车追尾事故现场直播》节目中第二类现场声的运用

画面	声音
事故现场的记者全身画面	现场报道：我已经来到事故现场，距离事发地点还有几百米的路。大家可以顺着我手的方向往那边看。我们可以看到这个动车事故的发生地就在那边。我们可以看到有一个脱轨的动车车厢正垂直挂在这个动车高架的旁边。大家可以看到我身后医疗的这个消防车、救援车等正在这里现场待命
正在救援的现场	消防队员、救援人员、武警官兵和村民将受伤人员抬出动车车厢
正在救援的现场	浙江省温州市领导到达事故现场，进行协调指挥

① 参见王永利《电视新闻学概论》，北京广播学院出版社 1990 年版，第 93 页。

续表

画面	声音
连线事故现场的记者进行报道	现场报道：动车出轨是8点34分，我们是9点10分赶到现场。现场看到有一辆动车车厢挂在桥上，有3—4个车厢受损。前面一辆从北京开往福州的列车由于雷雨停电，后面一辆是杭州开往温州，撞上去了。10多辆消防车已经开来了，已经调集了全市的救护车来抢救伤员。主要市领导已经到达现场。救出的伤员已经全部送往医院
连线医院的记者进行报道	现场报道：不到10点钟，记者赶到距离事故现场4公里的康宁医院。医院从9点开始收治伤员。救护车已经送来39位受伤乘客。医护人员已经总动员。记者看到，每个伤员身上有一个编号，确保可以得到及时救治。伤员中有危重的、内伤的、骨折的、皮外伤的，受惊吓后伤员总体情绪还是比较稳定的。有一位福建的孙女士受了皮外伤，在医院里还是惊恐未定。她告诉记者：在事故发生前是电闪雷鸣、风雨交加，动车一度是停开了10分钟。重新开动后，她特意看了一下当时的时速是达到240多公里/小时。然后，就是急刹车，车厢灯暗了，事故发生了

数据来源：本课题组的总结。

如果电视新闻仅仅采用主持人播报的形式，其声音必然单一，单调的刺激无法形成和谐的运动节奏，容易导致观众注意力的涣散。同期声的出现可以使得单调的节奏出现变化，出现新的刺激点，形成新的张力，激发观众的注意力。张弛有序的刺激可以使危机报道的节奏既不至于太紧张，也不至于太松弛。

（三）通过技巧的科学运用提升受众的收视兴趣

传统媒介中，纸媒主要是运用文字符号进行传播，广播媒介主要运用声音符号进行传播，而电视媒介则包括了影像、声音和文字等几乎所有的视觉和听觉符号。目前来看，伴随着电脑技术的成熟，电视媒介中动画制作和图表设计日臻完善和日趋普及。控制论认为，“当高强度的刺激超过知觉阈值时，可以不必有预先的响应触发，（知觉的）门就已经是打开的了”。[①] 按照“刺激—响应”理论，响应信号的大小取决于刺激的强度，刺激强度越大，响应信号越大。

危机报道中的内容众多、信息繁杂，电视媒体应该发挥信息传播易

① 参见王永利《电视新闻学概论》，北京广播学院出版社1990年版，第205页。

于实现可视化的优势，全方位加强现场画面、屏幕文字、电子图表、动画模拟等手段的使用。比较发现，境外电视媒体注重开拓与创新，对每种形式元素都尽量挖掘其最大的表现潜力，从多个方面加以应用。例如，BBC 认为，专业新闻机构的优势并非在于信息的传递快速，而是在于深度、准确和权威，在社交媒体时代发挥这些优势并提升内容质量才是媒体的生存之道。BBC 非常重视新闻的“图表化”，在一则新闻发生后，马上有专门的图表部门制作图表，将其中的文字进行翻译后，放在多语种的平台上。这一方面更适应网络时代人们的接收习惯，另一方面也是其力图区别于所谓“公民记者”的方式之一。[①] 境外电视媒体对电子图表及动画模拟制作等手段运用频繁，制作精良，技术娴熟，可视性强；国内电视媒体在这方面技术人才储备不足，使用较少，技术传统，可视性一般。

1. 以手段的丰富提高危机传播的视觉效果

实践证明，特技技术的正确使用，可以提高受众的收视兴趣，也可以加强节目的表现力。目前，电视媒体行业的特技技术大致包括画面迭加字幕，动画演示过程，图表展示数据，同期声加字幕及其他特技处理等。危机传播中，有时会出现前期搜集信息不够，现场画面信息缺乏的情况。这种情况下，只能在后期的编辑中进行画面背景资料的搜集与特技整理，否则受众就不能接收到更完整的信息，会影响其信息需求心理的满足程度。分析境外电视媒体的特技运用，可以发现不少有益的经验可以借鉴。无论是图表还是屏幕文字，境外媒体显得比国内媒体大气、美观。例如，美国 ABC 晚间新闻屏幕文字的使用就有这些规律：其一是屏幕文字的呈现形式要尽量美观和富于动感；其二是屏幕文字的色彩要和背景匹配，字形和字号要层次分明和重点突出；其三是屏幕文字使用

① 张柱：《新媒体时代的电视新闻生产——平台思维与流程再造》，中国人民大学出版社 2016 年版，第 165 页。

形式多样，注重和新闻照片、新闻画面、资料背景等信息的组合使用。

制作技巧方面，国外媒体显得比国内媒体成熟、多样。在图表制作中，美国CBS新闻节目中广泛运用了淡入、淡出、幻、划、叠、缓慢进入等多种特技。CBS新闻节目中的图表与画面大多采用“推”的方式，由远至近，使观众可以看得一清二楚。CBS新闻制作人员强调图表中的色彩搭配，推崇以鲜明色彩吸引受众眼球，促使其关注图表中呈现的信息。CBS新闻节目在屏幕文字使用中强调“动态”“强调”“突出”三个要求。CBS新闻制作人员会使用电脑特技技术产生“粗大箭头”“文字翻转”“逐个显现”“变形闪烁”等屏幕文字效果，帮助受众更快地捕捉和理解节目内容。对于屏幕文字的用色，CBS新闻制作人员通常会采用两种或三种对比色进行搭配，如红白搭配、绿白搭配等。普通的屏幕文字用白色标示，需要突出和强调的关键内容则以醒目的红色、绿色等标示。在这种强烈的色彩对比中，受众收视疲劳程度会降低，受众注意力会被吸引到关键内容处。

2. 以手法的创新提升危机信息的附加影响

电视传播中的元素，就像语言的元素一样，在和其他元素的关系中才会获得意义。首先，电视“提供”给我们的场景和声音是特别丰富多样的。“文本”中的色彩，场景，服装等描写需要通过受众的“解码”，才能转化为脑海中的认知。由于个人认知结构的差异，转换得出的影像（构图、色彩、细节）千姿百态、千差万别。电视画面已经被媒体从业人员所框定，会对受众造成一个直接的视觉刺激。从本质上来说，应该是画面在提供了信息流的同时可以在某种程度上规定受众认知的走向。怎样编辑才能实现传播符号的优化组合呢？简而言之，主要应做到两点：其一是信息内容的共振性，其二是结构的有序性。信息内容的共振性，是主旨相连的各个传播符号所携带的信息内容必须指向一致，互为吻合，也就是要产生“共振”，而不是互消效应。一个电视节目是否成功，很大程度上取决于媒体从业人员对于拟人、对比、隐喻、象征、排比和联想等手法的综合应用能力①。

具体的形象是引发联想的基础。具体的形象和想象的事物之间，不一定有必然的联系，但应该有可能的联系。例如，人们经常使用瓢泼大雨来表达主人公悲痛欲绝的心情，也会用阳光明媚来形容主人公愉悦欢快的情绪。陈晓卿拍摄的纪录片《龙脊》有着强烈的对影像造型的艺术追求，如构图、影调和镜头的运用等，都体现了精巧的艺术手法和强烈的主体情感。该片中多次拍摄山坡上的一棵孤零零的小树，进行隐喻表意。山野中矮小却孤单的小树象征着贫困山区的孩子，清晨、正午、傍晚、夜晚、暴风雨中的小树画面寓意山里孩子求学的不易。这些镜头使用影调、线条、人物和景物等表象符号，创造出一种别有深意的意韵。这些画面在造型和抒情方面都达到很高的水准，为这部主旋律片子的故事化、情节化、抒情化和诗意化增色不少。这类作品的成功之处，也值得国内电视媒体的学习和借鉴。

有学者认为，电视新闻中不应该为新闻画面配音乐，因为这样可能会削弱新闻的真实性。本书认为，危机传播过程中，出于某种特定的目的和需要，在危机新闻报道中适量使用音乐是可以的。声音能够决定一段影像是有感染力还是失败。② 音乐如果使用得当，可以使电视画面中所内蕴的情感力量激发出来，在不知不觉中调整人们的情绪，激发人们的力量，加强与困难险阻作斗争的决心和信心。在美国 ABC 晚间新闻所播出的软新闻中，经常可以看到制作人员为新闻配上音乐后播出，以营造气氛和连接画面。例如，2008 年我国南方特大雪灾的新闻报道中，湖南卫视制作的《突围冰雪线》特别节目在全天六档新闻节目中滚动播出，并且开播了《爱心大融冰》救灾特别节目，全天三档直播，同时播出字幕及时向广大电视观众播报抗灾资讯。湖南卫视播出的公益宣

---

① 沈忱:《中国电视新闻现场直播——导演手记》，中国广播电视出版社 2004 年版，第 167 页。

② [美] 斯蒂芬·阿普康:《影像叙事的力量》，马瑞雪译，浙江人民出版社 2017 年版，第 178 页。

传片《真心英雄》和《心中的暖流》是根据这次灾情重新配词的。歌曲《回家过年》《我们一起过年》穿插于湖南卫视直播节目中。作为省级媒体的湖南卫视，在这次危机报道中的表现，可以媲美中央电视台的直播。其创新的形式，精彩的内容，精良的制作甚至比中央电视台更胜一筹。有关专家评价《突围冰雪线》的报道，除了感动，更给电视观众带来深层思索、值得回味的东西。

综上所述，如果要提高受众对危机信息的接受度，对危机报道的认可度，媒体从业人员必须通过手段和思路的改进去实现传播手段的创新。具体而言，也就是新闻编辑过程中要实现新闻内容的选择与补充、表达形式的优化与突破两方面的改革。内容对于受众的行为选择有决定性作用，形式必须辅助内容进行表达。同时，形式还具有独立于内容之外的意义。

第四节　心理疏导：调节受众情感的举措

情感的产生依赖于人们对互动对象和互动过程的认识。同一个主体面对不同的社会情境会产生不同的情感，这体现出互动对象和互动场景的重要性。而不同主体面对同一个社会情景时，也会产生不同的情感，这说明了主体认知的重要性。学者们指出，“情绪经验的序列是从评价和解释开始的”①，“情绪产生于在大脑皮质水平上进行的评价过程，是有机体对刺激事件的意义被知觉之后产生的”②。

任何情感的发生，都离不开特定的社会结构和文化情境，受到文化和社会规范的制约，尤其是群体性负面情绪在某一时期的出现，不能简单地归因于民众心智不成熟或承受能力较低下，而需要分析背后的根

① ［美］诺尔曼·丹森：《情感论》，魏中军译，辽宁人民出版社 1989 年版，第 37 页。
② 孟绍兰：《人类情绪》，上海人民出版社 1989 年版，第 77 页。

源，深刻认识群体性负面情绪形成的社会因素和心理机制。危机管理和抢险救灾中，人们直接想到的是治病救人和减少损失，却往往忽略了心理方面的救助。其实，灾害使人们遭受的心理伤害不会比肉体伤痛少多少。学者特纳（Jonathan H. Turner）指出，“如果说存在社会秩序和变革的微观基础，那么，就是人们在嵌套与中观和宏观社会结构中的互动过程所唤醒的情感”。① 危机传播中，人们可以发现受众在从媒体获知相关信息后会产生相应的“应激心理反应”，严重时甚至会导致群体性事件。这些基于危机认知的群体性应激反应会引发社会动荡，比危机事件本身的危害还要大。所以，情感来源于社会，又作用于社会。

危机传播过程中的心理疏导包括“疏”和“导”两个方面的工作，其一是通过相关手段的使用使得受众的消极情绪可以得到合理有序的疏解，尽可能地对不良心理状态进行扭转和纠正，从而形成某种积极向上的积极情绪，为危机事件的解决创造有利的条件；其二是通过相关内容的播出对受众的心理活动施加正面或方向性的影响，有意识地把受众的社会认知引导到正确的方向上，从而使得社会舆论向正常、积极的方向转变，推动广大受众的心理朝着稳定、健康的方向发展。

根据表 7.10 中的调查数据可知，危机事件中，民众会采取不同的方式来缓解不良的心理反应。被调查者中采取“听音乐”方式进行放松的比例最高，达到 35.7%。被调查者中采取“观看喜欢的影视节目”方式进行放松的比例排第二位，达到 25.6%。被调查者中采取“出门活动”方式进行放松的比例排第三位，达到 25.1%。被调查者中采取“找人倾诉”方式进行放松的比例为 23.8%。被调查者中采取“上网寻求放松”方式进行放松的比例为 16.8%。被调查者中采取“立即休息”方式进行放松的比例为 15.3%。被调查者中采取“浏览报纸、杂志”

---

① ［美］乔纳森·特纳：《人类情感：社会学的理论》，孙俊才等译，东方出版社 2009 年版，第 159 页。

方式进行放松的比例为10.7%。被调查者中采取“自我激励”方式进行放松的比例最小，仅为9.2%。这表明，“听音乐”是一般受众缓解情绪的第一首选，排在第二位的选择是“观看喜欢的影视节目”。从这一调查结果出发，本书心理疏导策略的研究将围绕这两点进行探讨。

表7.10 危机事件中受众放松方式的总体分析

类别	听音乐	观看喜欢的影视节目	出门活动	找人倾诉	上网寻求放松	立即休息	浏览报纸、杂志	自我激励	其他
人数	1506	1080	1059	1002	708	645	450	390	342
百分比（%）	35.7	25.6	25.1	23.8	16.8	15.3	10.7	9.2	8.1

数据来源：本课题组的抽样调查。

一 让音乐作品的使用调节心情

目前，通过音乐进行心理疏导已经被发达国家尤其是欧美各国广泛采用。目前在美国从事音乐治疗工作的国家注册医生有4000多人，欧洲有数千人，日本有50多人。[①] 大量的医疗机构、疗养院、护老机构和康复医院都在使用音乐治疗手段。音乐治疗主要被用于治疗抑郁症、麻痹症、精神分裂症、焦虑症、躁狂症等多种神经系统疾病。一些研究机构也通过音乐治疗作为身心恢复的手段。现在，音乐治疗已经被全球45个国家正式使用。世界范围内，有27个国家共150多所大学正式设立了音乐治疗专业，并且有5000多名注册音乐治疗师在各地的音乐治疗机构中服务，从事着精神治疗、身体康复等多方面的治疗工作，为人类的健康事业做出贡献。本书认为，危机传播中的受众心理疏导可以借鉴其成功经验并加以科学运用。

（一）危机事件中的受众普遍接受音乐进行心理调节

音乐作为一种人类与生俱来的情感表达形式，从人类出现之始就一

① 洪文学等：《一个值得注意的研究领域——音乐疗法》，《北京生物医学工程》2004年第3期。

直伴随着人类社会的进步而发展。从最原始的有节奏、音调变化的嚎叫和敲打，发展到现代极为繁复庞大的交响乐、电子音乐，其发展可谓源远流长。音乐对人类社会文明的进步发挥了非常重要的影响，也是衡量一个社会发展程度的重要标志。由于音乐所独有的魅力，人类社会很早以前就懂得利用音乐改善生活状态，利用音乐提高工作效能，利用音乐提升士兵的战斗意志。音乐能够对人体的运动系统产生明显的效果，如节奏强烈的音乐可以增强人体肌肉的力量；明快而愉悦的音乐可以减轻肌肉的疲劳。实验结果表明，音乐能够对人体的循环系统发生明显的影响，比如节奏明快强烈的音乐会使人的心跳加快；气氛幽怨伤感的音乐会使人的心跳放缓；欢快灵动的音乐会让人的心跳平和有力。

根据表 7.11 中的调查数据可知，不同特征的受众放松方式与总体趋势相符。无论性别、年龄、学历、职业，受众均首选“听音乐”的方式进行心理调节，“自我激励”所占比例普遍较低。虽然因各自特征的不同，受众的选择方式出现细微差别，但其基本与总体趋势保持一致。

从年龄角度分析，被调查者的年龄与“听音乐”“观看喜欢的影视节目”“找人倾诉”“上网寻求放松”等放松方式的选择比例大致呈现负相关关系。被调查者的年龄与“自我激励”“出门活动”“浏览报纸、杂志”“立即休息”等放松方式的选择比例大致呈正相关关系。这说明，随着年龄的增长和心智的成熟，民众往往倾向于用更加积极理智的行动化解不良情绪而不是单纯地选择逃避问题。

从文化程度角度分析，被调查者的文化程度与“听音乐”“观看喜欢的影视节目”等放松方式的选择比例大致呈现负相关关系。被调查者的文化程度与“出门活动”“浏览报纸、杂志”“立刻休息”“上网寻求放松”等放松方式的选择比例大致呈正相关关系。此外，被调查者利用“找人倾诉”“自我激励”等放松方式的比例与文化程度的相关性较弱。这说明，选择对内缓解压力还是对外释放压力，因个人素质的

不同而有所差异。文化水平越低的民众越喜欢“听音乐”“观看喜欢的影视节目”等直接的放松方式，

从职业角度分析，被调查者选择“找人倾诉”这种放松方式的比例最高的是“干部及领导”“工人、商业服务人员”群体。被调查者选择“观看喜欢的影视节目”这种放松方式比例最高的是“农民、进城务工者”“工人、商业服务人员”群体。被调查者选择“出门活动”这种放松方式比例最高的是“工人、商业服务人员”“干部及领导”群体。被调查者选择“听音乐”这种放松方式比例最高的是“学生及其他”“农民、进城务工者”群体。被调查者选择“自我激励”这种放松方式比例最高的是“私营或个体劳动者”“干部及领导”群体。被调查者选择“浏览报纸、杂志”这种放松方式比例最高的是“干部及领导”“农民、进城务工者”群体。被调查者选择“浏览报纸、杂志”这种放松方式比例最高的是“干部及领导”“农民、进城务工者”群体。被调查者选择“立即休息”这种放松方式比例最高的是“干部及领导”“农民、进城务工者”群体。被调查者选择“上网寻求放松”这种放松方式比例最高的是“学生及其他”“技术人员及一般职员”群体。

表 7.11　危机事件中受众放松方式的分类分析　单位：%

		找人倾诉	观看喜欢的影视节目	出门活动	听音乐	自我激励	浏览报纸、杂志	立即休息	上网寻求放松	其他
年龄	20岁以下	27.3	29.8	20.2	49.5	5.1	6.6	12.6	20.2	6.1
	21—30岁	23.9	25.9	25.8	37.9	9.1	8.6	13.2	19.3	7.1
	31—40岁	21.2	25.8	23.0	32.2	11.0	14.7	14.7	14.4	10.7
	41—50岁	19.8	24.8	29.2	27.2	9.9	13.4	22.8	13.4	7.4
	51岁以上	28.8	20.3	31.1	20.3	12.2	13.5	21.6	6.8	10.8
文化程度	初中及以下	23.6	32.4	23.5	38.1	7.1	9.3	12.0	12.6	6.0
	高中	20.3	25.3	22.0	36.9	10.4	11.4	13.6	16.6	8.9
	大专、本科	26.0	24.7	26.8	35.4	8.3	10.4	16.6	17.5	8.0
	硕士及以上	21.7	21.7	27.2	27.2	16.3	13.0	19.6	20.7	8.7

续表

		找人倾诉	观看喜欢的影视节目	出门活动	听音乐	自我激励	浏览报纸、杂志	立即休息	上网寻求放松	其他
职业	干部及领导	26.7	14.8	30.5	30.5	10.2	14.8	17.8	17.4	8.9
	私营或个体劳动者	20.8	23.8	23.3	34.6	14.2	12.1	12.1	12.5	10.4
	技术人员及一般职员	24.4	28.4	23.8	33.3	8.0	10.2	13.6	18.2	9.6
	工人、商业服务人员	26.2	30.3	33.9	26.6	9.2	10.1	14.7	13.8	7.3
	农民、进城务工者	21.6	31.7	20.1	35.3	6.5	12.2	17.3	13.7	5.0
	学生及其他	23.4	27.8	23.0	44.9	7.6	7.0	16.9	20.2	5.9

数据来源：本课题组的抽样调查。

（二）危机事件的初中期建议使用“高亢悲壮”风格类音乐

情绪既是主观感受，又是客观生理反应，既具有目的性，也是一种社会表达。情绪是多元的、复杂的综合事件。情绪构成理论认为，在情绪发生的时候，以下几个基本环节或者过程必须在短时间内协调同步进行：第一是认知评估，第二是身体反应，第三是感受，第四是表达。① 危机事件初期，突然爆发的巨大灾难会给人们造成强烈的心理冲击。受众在巨大的灾难和海量的信息冲击下，往往会产生不良的心理反应。例如，有些人会因为恐惧而选择逃避，不愿融入集体共同抵抗危险。有些人会草木皆兵，产生不必要的过度关切和过激反应。有些人对于战胜困难缺乏信心，以旁观者的姿态听任事件的发展。

心理学家斯特鲁普（John Ridley Stroop）发现的启动效应（斯特鲁普效应）是指，“当人们对某一特定刺激作出反应时，由于某种因素的干扰，被刺激者难以集中精力对特定刺激作出反应的现象，即一个先快速呈现的刺激（启动刺激）对紧接着出现的第二个刺激（目标刺激）

① 刘行芳等:《社会情绪的网络扩散及其治理》，武汉大学出版社 2017 年版，第 55 页。

的加工会产生或正或负的影响”。[①] 一般来说，启动效应的产生依赖于启动与目标之间存在的某种或正或负的关系。危机事件发生后，如果媒体能够在第一时间跟进报道并进行情绪引导，就可以很好地帮助民众理解事件的真相和意义，帮助民众树立正面的情绪和信心，也就成为一种启动刺激。危机事件的初中期，媒体应该选用“高亢悲壮”风格，同时又配合表现“不屈不挠”抗争意志的音乐节目进行播出，让受众在音乐欣赏过程中找到宣泄负面情绪的出口，从而为积极情绪的产生奠定基础。例如，可以使用德国音乐家贝多芬的《升 C 小调月光奏鸣曲》，乐曲疾风骤雨般的旋律中包含各种复杂的钢琴技巧，表达出一种愤懑的情绪和高昂的斗志。《升 C 小调月光奏鸣曲》是贝多芬创作的最有感染力和最具独创性的音乐作品之一，问世以来激励了不计其数的听众去战胜艰难困苦。创作这首乐曲时的贝多芬正饱受耳疾的困扰，但是这部作品展现了音乐家与病魔进行不屈不挠抗争的精神意志，凸显了音乐家对未来光明前景和美好事物的无限向往。又如，还可以使用波兰音乐家肖邦的《革命钢琴练习曲》，乐曲催人奋起的旋律，表现了波兰人民的呐喊与抗争。《革命钢琴练习曲》是肖邦在 1831 年民族起义失败、华沙沦陷时怀着满腔悲愤和对祖国的无限思念之情所谱写的音乐作品。这部作品的主题具有对光明前景发自内心深处的期盼与向往，让人听来感到激昂振奋、勇敢坚强。媒体可以播发类似这些“悲而不哀”“伤而有壮”的音乐作品，实现受众负面情绪一定程度上的释放和缓解。危机事件的解决需要社会各方的协同配合和民众的积极参与。媒体只有唤醒受众不屈不挠和困难进行抗争的意志，才有可能促使其参与到相关的抗险救灾工作中。

（三）危机事件的后期建议使用“温柔祥和”风格类音乐

危机传播是一个多主体同时参与的复杂适应系统，危机事件总是导致组织制度的稳定或社会秩序的和谐受到严重威胁。危机事件的后期，

① 刘行芳等：《社会情绪的网络扩散及其治理》，武汉大学出版社 2017 年版，第 227 页。

媒体会更多地借助“情景式危机传播理论”[1]，对事件做出更全面而深刻的分析总结，同时会直接影响危机管理机制的结构性调整。这时，媒体的主要任务是对整个危机事件中暴露出来的各种问题以及在危机处理过程中获得的经验进行总结和反思。反思可以促进机制完善，推动社会进步，防止同样的危机事件再次发生，从而把危险转化为发展的机遇。这一时期，媒体应该发挥其独有的服务功能，成为负面情绪的“医疗站”，给普通民众提供心理上的安慰，介绍消极心理应对技巧，帮助社会情绪尽快恢复正常。媒体可以播放温柔祥和的音乐节目，调动民众的正面情绪，活跃他们的思维和行动，提高他们对周围环境的适应能力。这些音乐节目不仅可以让受众由于应激反应受损的社交能力得到恢复，而且可以让受众全面强化正确的人生观。例如，可以使用奥地利音乐家舒伯特的《圣母颂》，歌曲描述了一位纯洁少女对圣母玛利亚的崇敬之情，并希望得到一种安宁和心灵上的慰藉。《圣母颂》曲调柔美委婉、纯净朴实，音乐表现细腻丰满，表现了对真善美的向往。这部作品让人听后感到虔诚圣洁、宁静祥和。又如，还可以使用日本动画导演宫崎骏的作品《天空之城》中的主题曲《伴随着你》，这首曲子充满小调的色彩，像讲述一段完美幻想的故事一般美好。《伴随着你》因其让人落泪的优美曲调和动人心弦的美妙音律而闻名全球，让人听来感到幽静又充满希望、甜美且略带忧伤。危机事件的善后需要社会各方的宽容包容与平等交流。媒体营造一种相互信任、亲近和睦的良好氛围，有利于化解社会矛盾，消除对抗心理，构建和谐环境。

二　用影视剧播放孕育积极情绪

利用艺术手段进行心理疗慰理论方面，西方学者有一些研究成果。

---

① 以危机责任为出发点，把组织危机分为“受害型”、“（无意）事故型”和“（有意）错误型”三类。

危机事件中媒体对于受众心理的疏导工作可以从中汲取经验和养分。心理学家弗洛伊德（Sigmund Freud）创立了精神分析学派，依靠“无意识”[①] 这一心理密码，构建起医学和文学之间的一座桥梁。20 世纪 80 年代以来，人类学成为艺术治疗研究的新角度。“心理”“疾病”“治疗”“病理”与“创作”“作家”“主题”“美学”两组跨学科的概念被沟通，新的联系彰显出来，使原内涵和存在语境得到重新阐述和定义。20 世纪 60 年代末，在相关理论研究的推动下，英国在心理治疗中引入艺术治疗。现在，艺术治疗在英国已经发展成为一个独立的专业领域。艺术作为一种治病救人的实用手段并不是出自艺术本身的要求，而是源于病人的心理需要，源于陷于困境之中的人的需要。任何能达到满意效果的手段都会受到欢迎。[②]

影视艺术作为以前艺术在时空、形式上的继承者和当代艺术的集成者，在某种程度上遗传了通过艺术手段实施心理治疗的功能。目前，医学研究者已经通过实证研究为影视剧的心理治疗功能提供了确凿的证据支撑。一些学者对受众看电视时呈现出的脑波类型进行监测时发现，收看电视 20 分钟后，大部分人的脑电波呈现 α 波[③]。[④] 而当受众的脑电波为 α 波时，人的思维就处于“利导思维”[⑤] 状态。人一旦进入利导思维状态，就能够刺激自己的“快感神经”。快感神经支配着人的创造力、意识、精力、记忆、情感的机制，对它的刺激可以使得受众思考和行动

① 在弗洛伊德的精神分析理论中将人的精神意识分为意识、前意识、无意识三层。无意识成分是指那些在通常情况下根本不会进入意识层面的东西，比如，内心深处被压抑而无从意识到的欲望、秘密的想法和恐惧等。

② ［美］鲁道夫·阿恩海姆：《艺术心理学新论》，郭小平等译，商务印书馆 1996 年版，第 345 页。

③ α 波是脑电波的基本波形之一。当睁眼、思考问题、接受其他刺激时，α 波消失；当安静、闭眼时，α 波又重新出现。

④ 王云缦等：《电视艺术辞典》，学苑出版社 1991 年版，第 171 页。

⑤ 就是在不利的事情中看到有利因素，改变认知角度，调整比较对象，从而构成自己的心理优势。

时都向有利自己的方向考虑。对快感神经的刺激可以使得受众做事多从积极方面理解，认知多从正面角度出发，情绪多向乐观方向调整，可以使其在不知不觉中减少和清除各类心理障碍和疾病，平复受创的内心创伤，修补扭曲的心理结构，产生心理治疗作用。不仅如此，快感神经还影响着人的内分泌系统，所以对快感神经的刺激还可以调节人的免疫能力，实现生理疾病治疗的辅助功能。研究表明，欣赏喜剧片影像后大笑10 分钟后，可以毫无痛苦地睡上 2 个小时。① 这也许就是美国出现“医疗电视剧”这类情节系列剧的社会背景。学者们的研究发现，睡眠中做美梦时人们处于平静状态，脑波与看电视时相同，都为 α 波。由此可以确定，看电视剧相当于睁着眼睛做美梦，这是危机传播中使用电视剧对受众进行心理治疗功能发生的生理学基础。

20 世纪 90 年代后，“虚拟现实技术”开始被应用于心理治疗领域。虚拟现实技术是通过一些特殊设备如头盔式显示器、图形眼镜、数据服、数据手套、立体声耳机、跟踪系统、三维空间传感器等新的人机接口，用计算机技术来生成一个逼真的包括视、听、触觉等感觉在内的虚拟时空世界。使用者可以通过传感器装置与虚拟现实环境进行互动，体验一种“亲临其境”的感觉。在治疗的过程中，使用者的个体感知行为如视觉、听觉和触觉以及悲痛、欢喜、恐惧等内在情绪，都会获得充分地表达和宣泄。医学研究表明，当个体遭遇打击或精神创伤的时候，在正常的生存本能作用下必然会产生痛苦情绪，它可以帮助我们回避具有损害性的场景。但与此同时，这种情绪也一定会导致不良的身体反应，损害人们的身心健康。相对应的是，如果受损个体能够把自己的消极情绪及时和充分地宣泄出去，心理创伤就会逐步痊愈。

---

① ［美］伯尼 · S. 西格尔：《爱 · 治疗 · 奇迹》，李松梅译，上海译文出版社 2011 年版，第 227 页。

研究表明，电影具有很好的模拟现实和辅助创伤治疗的作用。观看影片可以起到舒缓压力、释放忧虑、平复紧张情绪的作用。无论在何处观赏电影，观看影片的受众表面上看是被动和静止的，其实他们有着丰富和复杂的心理活动。受众在观看电影时一定会引起自身心理和情绪的变化，忽而眉开眼笑，忽而捶胸顿足，忽而全身紧张，忽而如释重负。情绪的波动会交替影响交感神经和副交感神经的活动，缓解身体的应激反应，降低心理紧张程度，从而起到安抚心灵、放松压力的作用。作为一个地震、海啸等自然灾害多发的国家，日本由于长期的危机传播实践，已经在不断地探索中形成了一套完整的危机报道机制。以电视媒体为例，日本各地电视台均以 NHK 的危机报道机制为基础，构建本地化的危机报道机制。在《日本放送协会防灾业务计划》中，NHK 作为日本政府指定的权威信息放送机构，针对危机报道的诸多方面都制定了周密翔实和切实可行的实施细则。这个危机报道机制主要包括“放送机关的特殊运作”和“节目编成”两大部分的内容。所谓“放送机关的特殊运作”主要是指应该以 NHK 会长为首设立“灾害对策总部”，并且通过应对措施（制作播出设备的调配、通信系统保障等）的实施，保证制作和播出常态对策等。而“节目编成”则主要是指发出紧急预报信息、制作播出相关新闻、解析防灾政策、安定民心教育和娱乐节目制作播出等。① 其中安定民心教育和娱乐节目的制作和播出策略无疑体现了艺术治疗的精髓，值得我国危机传播管理者加以关注和学习。例如，2011 年日本“3・11”大地震发生一周后，NHK 恢复播放一部分的电视剧等普通节目。当然，NHK 对于电视剧等节目的选择和播放时间的处理十分谨慎，避免播放刺激民众情绪的娱乐节目。在 3 月 20 日的 NHK 电视节目中，除了深夜时间之外，18 个小时之中有 12 个小时播放的是与灾害有关的节目，而以电视剧播放为主的有 6 个小时。

---

① 宋晓阳：《日本电视新闻报道机制》，《电视研究》2004 年第 7 期。

(一) 以电视剧的播放缓解受众的生存焦虑感

普通民众对于生存愿望的满足有三种方式：其一是宗教的方式，即把灵魂交给神或上帝。其二是生理的方式，即以后代延续实现个体的“超验”[①] 式永生。其三是文化的方式，即通过立德、立功、立言达到精神不朽。危机传播过程中播放电视剧可以以第三种方式满足普通民众的要求，以某种艺术假想的方式提供给他们超越死亡、实现不朽的心理感受。危机事件中媒体播放有选择的电视剧主要为了达到以下两个目的：其一是影响受众的社会认知和价值认同。受众在观看这些电视剧时，应在不知不觉中被情节构建的认同机制牵引，从现实世界转入想象空间，幻化为剧中情节的经历者或支持者。在此过程中，推动受众和剧中人物一起经受理想信念的熏陶，通过道德纪律的锻炼，品味建功立业的艰难，承担改革创新的风险。当剧中人物通过自身的努力实现生命价值的突破，达到内在精神的永恒时，受众也分享了相同的喜悦，体味到了价值认同的现实超越。其二是能够展现现实和具体的自我实现观念。自我实现是一个过程，离不开诸多因素的综合作用。电视剧中所展示的这种自我实现应该是在放眼未来前提下的脚踏实地，获得成功背景前的开拓耕耘，进行理性分析后的潜能爆发。只有这样，通过典型的自我实现榜样，才能激励受众丢弃幻想去面对现实，抛弃软弱去选择抗争，如主旋律作品《人间正道是沧桑》《潜伏》《青盲》等。

危机传播过程中，媒体可以选择以下三种电视剧进行播放：其一是以人物立德的电视剧。如《潜伏》《孔繁森》等，打造了余则成、孔繁森等光辉形象。其二是以实绩立功的电视剧。如《我的团长我的团》《亮剑》等，展现了龙文章、李云龙等的卓越功绩。其三是以卓见立言的电视剧。如《于成龙》《司马迁》等，介绍了从地方志、史书到小说

---

① 超验主义的核心观点是主张人能超越感觉和理性而直接认识真理，认为人类世界的一切都是宇宙的一个缩影。

等方面的至理名言。

电视剧的选择性播放可以帮助受众躲开暂时困境的追逼，把情感、心态牢固对接历史的辉煌时代，在光与影的场景中驰骋自由地想象，拥抱奋斗与冒险的激情，忘却生存的焦虑，遏制意志的溃退。

（二）以电视剧的播放疏解受众的安全“焦虑感”[①]

电视传播的信息、知识和娱乐充满民众的生活空间，成为人们生活环境的一个有机组成。人的活动的产生和形成决定于个体行为同环境的联系，以及伴随行为的情绪体验。[②] 电视剧某种程度上可以满足受众的安全需要并降低安全焦虑感。观看电视剧可以开动艺术欣赏机制，使受众从现实境界进入艺术世界，以避开安全焦虑产生的源头。媒体所选择的电视剧应该根据受众安全“避险”的心理对艺术情境中故事和情节进行把控，把安全隐患控制在文本半径之内，从而严密“封闭”受众潜意识中的安全焦虑。因此，媒体所选择电视剧中的人物不能有重大的或经常性的由安全焦虑引起的心理困扰和情感波动。

媒体选择播放的电视剧应该对受众心理产生两个方向的牵引：其一是产生情感认同。也就是让受众站在道德的高地，对遭遇不幸的剧中人产生同情怜惜的情感，并释放安全焦虑，以期取得心理平衡。其二是看到努力成果。也就是让受众见到圆满的结局，从而对困难局面产生“战而可胜”的认知，并树立坚定信心，以便获得精神力量。例如，电视剧《士兵突击》就可以算是一个在此情况下使用的案例。该电视剧把故事场景从复杂的现实环境搬到了单纯的军营墙内，让现代士兵的经历脱离受众的认知结构，使得对安全焦虑的受众跳出了安全恐惧的险境，进入了相对安全的心理环境。该剧播出过程中，普通士兵许三多的

---

① 焦虑感通常的表现形式类型有：恐怖症、惊恐发作、广泛性焦虑障碍、强迫症、身体障碍和疑虑症、情感爆发、创伤后应激障碍。

② ［苏联］肖·阿·纳奇拉什维里：《宣传心理学》，金初高译，新华出版社 1984 年版，第 41 页。

成功极大地刺激了普通受众成才的欲望和梦想，并给予了他们多层次的情感认同。与此同时，许三多的坎坷由于其自身的坚持和结果的圆满，并不会对受众形成打击，而只会使他们警醒。由于《士兵突击》对失败的叙述基调是拒斥和批判性的，这就把受众拉出了剧中的失败事件，从高处和远处识读这些教训，所以，《士兵突击》的播出并没有造成受众消极情绪，反而引发了民众对特战剧的影视热播和努力成才的传播效果。

（三）以电影的播放唤醒平凡者的信心勇气

社会学家汉斯·摩尔（Hans J. Mol）认为，认同分为个人层次和社会层次，在社会层次方面，"认同是一个基本和普遍拥有的信仰、模范及价值的综合，它能抵抗外在事物对本身环境与成员的威胁和维续自身"。[①] 电影心理学借用了"认同"概念，当受众观看影片时容易与片中情节产生共鸣，下意识地完成认同。受众会无意识地把自己投射到主人公身上，不自觉地把自己当作主人公，把自己与主人公合二为一。主人公的喜、怒、哀、乐就是自己的喜、怒、哀、乐，主人公的行动等同于自己的行动：一会儿穿梭于火山地震中，感受生离死别的考验，一会儿置身于风暴海啸中，面临社会家庭的抉择。

受众对于影片内容所产生的认同感基本是在潜意识中形成的，这种认同感一旦形成就会逐渐投射和反馈到其身心体验之中。每一个个体的人格理想都是其生活阅历和知识积累的综合产物，其中较为重要的影响是一个个来自历史长河或文艺作品的鲜明个性形象的感染和教化。过去的影片都或明或暗地蕴含一种英雄情结，所塑造的英雄或坚韧、或智慧、或富有责任感、或具有牺牲精神。随着科学的发展和知识的进步，现在的社会已经不再是一个"传统诸神兼收并蓄"的场域了，理性的养成和人性的回归导致传统英雄人物已经不再单独占据祭坛的顶端，独享人们奉为圭臬的待遇。"9·11"事件之后，美国灾难电影已经从英

---

① 李素华：《对认同概念的理论述评》，《兰州学刊》2005 年第 4 期。

雄塑造的模式中走了出来，开始研究普通人物的叙事策略。例如，以普通消防队员参与抢险救灾为主要内容的电影《世贸中心》，就策略性地把影片的高潮设定在世贸中心随时可能倒塌时的场景中。面对受伤的队友和受困的自己，消防队员威廉无私地建议救援队长优先去营救受伤的队员约翰。当救援队长通过艰苦的努力把威廉完整无缺地救出险境时，队友们的坚持不懈和亲友们的苦苦盼望所形成的蒙太奇效果，造就了影片情感的顶点，让观众心潮澎湃，热血沸腾。在受伤的消防队员约翰经过千磨百折被救出来的时候，队员们和亲友们的掌声和欢呼声不绝于耳。与此同时，观众的情绪在经历了跌宕起伏、千回百转的煎熬之后得到了完美的释放。通过对普通人物真挚的言行、朴素的感情等要素的完美展现，影片体现了对危机事件中平凡人物中蕴含的不平凡壮举的嘉奖和赞美。又比如，美国影片《风暴大火 2》也做出了许多叙事上的革新，这个影片不再延续以往依赖炫目的特技和跌宕的情节吸引观众的手法，而是在叙事过程中充分展现火灾现场的处置以及火灾监测技术等相关的知识，让观众能够收获信心，增强勇气。该影片中富于人情味的细节渲染和情节设计，使得观众可以在体验仿真的灾难刺激的同时也经历温暖的心理安抚。平民化的视角使得这部影片真实又感人。

总之，我们观察和分析“9·11”事件后美国灾难电影的衍变，可以发现其风格和立场的微妙变化。美国灾难电影正在从原先塑造“崇高理想”和“英雄个体”的叙事路径转变为“大众情感”和“平凡举动”的表达立场。媒体在危机传播的整体规划中也可以通过播放类似电影，将传统典型人物的宣传转换成一种新的话语模式，转向对普通个体的描绘，通过亲情的表达和细节的勾勒，让壮举完成平民化的装扮，以此激发观众真正的认同反应，完成对民众心理空间的重新建构。

（四）以影视剧的投放辅助受众的情感宣泄

研究表明，危机事件中的普通民众心理具有以下特点：一是抗拒“逻辑推理”而青睐“形象思维”，容易在暗示和相互感染的环境中共同接受一个事实或理念。二是在“法不责众”的假设中较易产生“集体无意识”[①] 现象，容易在各种刺激和引导中产生群体行为等。群体情绪和群体行动具有明显的两重性。当普通民众作为一个群体受到某种崇高的理想或现实的榜样鼓励而行动时，他们也会产生出巨大的正能量。例如，汶川地震发生后，我国普通民众踊跃参与抗震救灾行动，并且慷慨解囊、募捐赈灾。

本书的调查结果表明，公共危机中我国民众的主要放松渠道之一就是观看影视作品，如何因势利导通过影视作品增强人们同心协力战胜灾难的信心应该成为一个研究课题。美国灾难片给观影民众带来的有时不仅是视觉上的饕餮盛宴，更是心理上的安抚良药。通过电影叙事去调节受众心理，抚慰民众的恐惧和焦虑，已经是美国电影的“拿手好戏”。观看灾难电影是一种悲剧欣赏，而悲剧能够在激发起观影民众的怜悯和恐惧心理的同时给其提供宣泄的路径和渠道，从而促使民众的心理恢复平静和健康。美国灾难片善于营造危险和恐怖的痛苦场景，通过情节中情感和理性元素的不断冲突和碰撞，产生愉悦、崇高的审美感受。例如，电影《活火熔城》里，火山爆发后喷出的熔岩在街上肆虐；所经之处灰飞烟灭，车辆被燃烧，道路被堵塞，火山灰遮天蔽日，市民们到处奔逃，城市片刻间变成炼狱。可是马克、埃米博士等地质学家领导抢险人员不顾安危，争分夺秒，千方百计，最终迫使岩浆改道流入太平洋，使得一场几乎毁灭城市的危机最终得以解决。剧中人物在面对突发危险时，能够以高度的牺牲精神、高度的责任感和超人的意志胆略，帮助民众勇敢面对，冷静处理，体现出“救世主”般的崇高感。而日本2009年摄制的《感染列岛》科幻影片中的主人公是小林和松冈两位性格截然相反的医生，松冈医生对病人关心备至，富有爱心，从不放弃任

① 简单地说，就是一种代代相传的无数同类经验在某一种族全体成员心理上的沉淀物，而之所以能代代相传，正因为有着相应的社会结构作为这种集体无意识的支柱。

何一个病人。形成对比的是，小林医生理性而坚定，为减少损失而不近人情，甚至在医疗资源有限的情况下拔掉重症患者的呼吸器去拯救希望更大的轻症病人。我们固然会被松冈医生感动，但影片也可以帮助受众去清楚地理解小林医生的行为。《感染列岛》以立体化的视角去呈现医护人员的心境与感受。他们也会因为自己的轻敌和误判而自责，会因为不得不违背医生的伦理与天职而痛苦，会因为一次又一次亲眼看到生命因为自己的无能为力逝去而悲伤，但最后，他们还是不得不肩负着自己的使命迎难而上。影片中所塑造的医务人员形象和新冠肺炎疫情中看到的大量来自医院一线的报道有太多相似之处。影片中牺牲的护士以及小林医生具备和抗击新冠肺炎疫情因公殉职的医护人员一样的无私崇高精神。受众观看影片，可以充分释放压抑的情绪，获得心理上的慰藉，走出电影院就会感到原来现实要比电影美好许多，从而也会平添许多直面未来的自信和勇气。

民众观看影片的审美感受是一种复杂的精神感受现象，它的形成要经历一个复杂的心理重构过程。但是无论如何，优秀的电影都能秉持“以情感人”的经典的艺术法则，实现观影过程中的情绪合理宣泄。学者指出，“好莱坞电影的美学效果很大程度上依赖于它的感染力，依赖于观众对文本的参与，依赖于它在观众身上激起的泪水、欢笑、恐惧与情欲”。[①] 我们在危机传播过程中应该可以通过不同渠道播放影片，通过特定情节激励受众去正视现实，面对困难，舒展心情，奋力拼搏。

三 以权威形象塑造提供精神支柱

在危机传播中，受众是信息的接收者，是信息传播的终端。领导者

---

① ［澳］理查德·麦特白：《好莱坞电影：1891 年以来的美国电影工业发展史》，吴菁等译，华夏出版社 2005 年版，第 51 页。

是政府形象的重要载体之一，是政府“人格化”的代表，良好的领导形象和政府形象可以相得益彰。危机管理中良好的领导形象不仅会在受众心目中产生强大的向心力和感召力，有效实现危机管理的目标，更有利于提高政府的正面形象。领导者素质的高低直接影响危机事件的应急管理的成败，有时甚至是决定因素。因此，领导者全面素质的展现在此时显得相当重要。塑造领导者的良好形象，根本在于其内在素质的培养和提升。专家指出，“道德领导者首先必须是一个个性正直的领导者，个性正直是道德领导的首要特性”。①

媒体对现代社会生活的方方面面产生着巨大的影响。媒体在人物对社会的影响力上有某种决定性，媒体决定了一个公共人物的社会宽度。危机事件中的“公关意识”是指一种自觉地致力于预防和处理危机、保持政府与民众之间的良好沟通及重塑政府形象的观念和指导思想，是在危机状态下将公共关系的基本原理、基本原则内化为内在的习惯和行为规范。是否具有强烈的危机公关意识，对危机的预防和处理，对政府形象的塑造，起着完全不同的作用。因此，凡是重视形象建设的政府都应重视官员的危机公关意识的培养。② 领导者树立正确的危机公关意识，是政府正确应对危机、树立良好形象的前提条件。例如，美国就存在名为“全国政府传播者协会”的组织，其组成人员不仅有各部门新闻发言人，还有各政府部门的新闻官员、公共信息官员和从事媒体公关的专业人员等。这个组织的注册会员约7000人，已经成为美国各级政府部门与媒体、民众进行有效交流的中坚力量。③ 美国白宫新闻办公室实行“联合采访制”，通过各大媒体的步调统一和信息集中的新闻报道，能够有效地设置传播议程，引导舆论导向，增强传播效果，安定人

---

① ［美］加里·尤克尔：《组织领导学》，陶文昭译，中国人民大学出版社2004年版，第480页。

② 梁莹：《危机公关和政府形象》，《社会》2004年第8期。

③ 史安斌：《危机传播与新闻发布》，南方日报出版社2004年版，第140页。

心。美国除联邦政府外，各级政府也都善于运用媒体的力量，设置专门的新闻发言人，与媒体打交道，保持友好关系，塑造美国形象。“9·11”事件后，美国政府成立了“公共关系办公室”。2002 年秋季，美国政府又成立了“全球交流办公室”。[①] 这些机构的成立都是为了更好地利用媒体的力量，提升政府形象，疏解反美情绪，加强政府的危机传播效果。

领导者形象塑造与受众的认知有着千丝万缕的联系。而受众认同在本质上是对领导形象的一种公共预期的效果满足，从这个意义上来说，获得受众认同是领导者形象塑造对于公共预期的迎合。本质上，领导者公共职责体现了一种认同期待。这种认同期待构成一种“意识环境”，当一名领导者的行为和表现合乎社会规范特别是合乎人们的公共期待时，他的社会认同度就高，反之就低。尽管不同民族、不同国度、不同时代的公共期待有着不同特点，但是其中也存在超越地域政治、超越时代年轮特征的“共相”或“基质”。其一是“崇高”期待。人类进入共和时代以来，人们对公共权威有了更高的理想。人们期待政党领袖、国务活动家、政治家们具有纯正的品质，甚至成为“道德楷模”。其二是“才资”期待。现代民主政体为才资期待的实现提供了相对良好的制度环境，可以使有能力的人员提升得更快。[②]。但是在今天，人们对“才资期待”不会有太高奢望。一个领导者如果能比较廉洁、比较敬业、又能不太平庸地搞好他的工作，那就很不容易了，甚至应该被认为很出色了。其三是“平民”期待。平民期待的本质，是对“人”的特性的要求，它是对千百年来统治舞台上统治者普遍化的“神性”的反驳。它被当今社会看作一个称得上“成功的”领袖、一个“出色的”领导者、一个“现代的”公共权威的必备素质。“平民总统”“平民首相”

① 沈国麟：《控制沟通：美国政府的媒体宣传》，上海人民出版社 2007 年版，第 128—129 页。
② 参见［澳］欧文·E. 休斯《21 世纪公共行政新模式》，《现代领导》2004 年第 1 期。

“平民总理”，已经成为媒体政治时代政治家们、国务活动家们共同形塑的形象目标。从形象的“平民期待”看，政治家展现出与普通人一样的情绪爱好，是政治家与民众缩短心理距离、民众理解政治家们的一种通道。它是政治家获得民众“印象分”的重要方式。

危机事件的处理要求领导者具有全面的素质。而危机传播过程中领导者良好媒体形象呈现的关键在于其内在素质的提高。在“媒体政治”的年代里，领导者普遍关心其形象投射与媒体间的关系，以及形象对政治治理所产生的决定性影响。全世界各地的领导者不断借助媒体来塑造自身的优越形象（尽管也有“魅力假象”），以吸引民众的认同和支持。下面简单介绍一下危机管理中领导者形象设计的可供参考的原则。

（一）形象传播要凸显个性

领袖和领导者的个性光芒，有着极大魅力。没有个性的领导者是暗淡无光的。“个人魅力”总是与鲜明个性有关，“魅力”是“个性”的前提。有个性的领导者形象未必有个人魅力，但有魅力的领导者一定有个性。例如，1998 年到 2003 年间担任国务院总理的朱镕基，给人留下深刻印象的除了其“了解经济”“务实干练”等特质外，就是其棱角分明的独特个性，这是迥异于中国传统领导者形象的。2008 年奥巴马开通了 Facebook，网站个人页面的注册支持者超过 317 万人，在 MySpace 网站个人页面的好友近 100 万人。奥巴马从参加美国总统竞选伊始，就开始树立自己活力、激情、热爱家庭的形象，并利用社交媒体点对点的营销特点，通过网络沟通渠道与选民加强接触。

在媒体政治时代，不仅“时势”造英雄，而且“媒体”也造英雄，甚至后者已超过了前者。凡是有鲜明个性的领导者，都能通过传播给人留下印象，毫无疑问，凡能给人留下深刻印象的领导者，更容易吸附社会大众的支持。对今天的领导者而言，如果其言行举止个性不够鲜明，那么就需要在其他方面做出补救。例如，可以在形象设计上进行一些处理以便凸显个性和展示风格，形成某种传播过程中较易识别和记忆的信息符号。

（二）言行举止要符合“情景”

一般来说，传播活动总是在一定的环境或情境中实施和完成的。学者研究后指出，“精神状态和传播行为受到外界因素、特别是对环境的知觉的很大影响；一个人选择怎样进行传播有赖于各种战略在特定的情境中被认为有怎样的效果”。[①] 1960 年，美国二战时期的名将艾森豪威尔为了竞选美国总统，把形象塑造的重点放在了电视媒体的传播上。艾森豪威尔开始参加美国总统竞选后，其一言一行、一举一动都依赖于其媒介形象顾问团队的策划设计。艾森豪威尔的媒介形象顾问团队为了展现其平民背景、二战英雄等特征，特意选择其故乡小镇作为正式宣布参加竞选的场所。美国前总统里根是美国历史上最受欢迎的总统之一，他总是随身携带一叠记录笑话、幽默和谚语的小卡片，以供其在交谈、演讲中随时使用。[②]“情境”原则要求尊重作为一种公共形象基础的“性格类型”，一定要避免形成外在形象与外在情景之间的过度背离，必须注重遵循各种现实要素构成的生理、物理基础。

（三）行动策划要把握时机

我国历来有“因势利导”和“顺势而为”等成语，这些提法就是告诉我们做任何事情都需要把握时机。危机传播中的时机常常稍纵即逝，需要进行准确分析、科学研判，这既是将危机变为机遇的机会，也可以说是对素质和智慧的考验。许多成功领导者的形象塑造，就在于把握住了危机事件中的关键节点，实施了顺应民意的正确行为。以俄罗斯总统普京为例，上台伊始，他的知名度和权威性在民众心目中较为普通。而随之而来的几个危机事件中的出色表现，使得普京迅速在俄罗斯

---

① ［美］斯蒂文·小约翰：《传播理论》，陈德民等译，中国社会科学出版社 1999 年版，第 26 页。

② 吴晓恩：《逃离电子文化的陷阱——尼尔·波兹曼媒介学思想研究》，北京大学出版社 2015 年版，第 107 页。

民众心里建立起了不可动摇的高大形象。例如，以强硬姿态和铁腕手段果断处置车臣恐怖分子在莫斯科进行的绑架人质事件，其坚定果决的表现展现出俄罗斯人民所期盼的政治强者的风范，民意调查显示在此事件后其支持率扶摇直上。而维护国家统一和领土完整的决心使得其在车臣之战中成为一颗明星。2000 年 3 月，作为总统的普京以副驾驶身份驾驶战机飞抵战场上空，亲自进行视察和协调战争行动。这样的举动完全符合俄罗斯民众渴望祖国统一和民族振兴的愿望。通过艰苦的战斗，车臣战争取得了胜利，俄联邦政府控制了车臣全境。可以这样说，时机的准确把握和行动的科学设计使得普京的硬汉形象从此树立起来并不可动摇。而英国前首相撒切尔夫人之所以赢得"铁娘子"的称号，并在男性占主导地位的英国政界连任两届首相，可以说在相当程度上是通过维护英国利益的"马岛之战"确立的。

（四）情感表达要符合期待

危机传播中的形象塑造不能仅仅是单方面的宣传，它还需要传受双方的互动。事实上，它需要调动广大受众的情感，在此基础上获得相应的社会认同。传播者和受众，他们既是传播单向流动的两端，又是双向流动的回归点。[①] 因此，重视受众的感受，重视受众的情感喜好、情感倾向，是领导者形象塑造的基本要则。例如，在 1996 年的美国总统竞选中，谋求连任的克林顿依据其媒介顾问的建议，策划并实施了在海滨的某饭店阳台上为其支持者吹奏萨克斯管的活动。其形象设计班子还精心设计了相关的行为模式和动作细节。结果，美国各大报纸次日的头版上，大多采用了克林顿总统戴着宽边墨镜、吹奏萨克斯管的亲民形象，形象塑造收到了很好的效果。领导者形象的设计和建构需要适合民族精神，具有民族风格和民族做派，同时富有时代感。如在 2000 年的美国

① 戴元光：《20 世纪中国新闻学与传播学 · 传播学卷》，复旦大学出版社 2001 年版，第 115 页。

总统大选中，候选人戈尔为了改变自己比较僵硬的形象而迎合选民，在民主党全国代表大会上与妻子相拥热吻数秒钟，引得各大媒体纷纷报道。[①] 平时如此，危机时也是如此，领导者的形象设计和传播，其传播过程不是最主要的，其关键意义在于必须让广大受众能够感受和接受，并产生所期望的认同效果。

（五）传播强度要把握“力度”

在媒介社会，领导者的形象可以通过策划与加工加以包装和推广。但是，我们必须注意的是领导者公共形象的刻意包装和强力传播不能超过限度，否则必然走向反面。美国前总统尼克松的法律顾问约翰·迪安在2004年撰写出版的《比水门案还糟糕——布什政府揭秘》一书中，曾指责“布什是迄今为止包装得最厉害的总统”：“布什并不愚蠢，而是无知，并且包装痕迹非常明显。”这位政治家批评布什政府“把更多的时间用在包装布什的民众形象和本年的总统大选上，而不是集中精力解决美国民众关心的问题”。[②] 相对应地，新冠肺炎疫情防疫中，习近平总书记2020年2月10日在北京朝阳安贞街道小区调研疫情防控相关工作；3月2日在北京军事医学研究院、清华大学医学院考察疫情防控科研攻关工作；3月10日飞往疫情重灾区湖北省武汉市考察和指导疫情防控工作；3月29日至4月1日在东部浙江省考察疫情并推动复工复产；4月20日，又移步西部省份陕西省。两个半月时间内5次公开调研和媒体报道，明显有助于展示我国政府防疫的决心和效果，起到了稳定人心、推进工作的目的。总之，形象设计也好，形象传播也好，需要把握“度”的原则，一切都要贵在自然，恰到好处。

现代媒体网络构建了新的社会形态，在公共生活的各个方面，“媒体逻辑”无所不在。虽然我们国家的国情和政治体制与西方不同，西

---

① 秦德君：《得失之间：公共形象设计的四大参数》，《决策》2005年第11期。

② 王辉：《布什被称为最“堕落总统”》，《新闻晨报》2004年4月5日。

方媒体顾问为领导者精心设计的形象不过为了赢得选民而进行的“政治秀”，但是其专业性的形象塑造手法在当今的媒体时代还是可以借鉴的。在今天这样一个媒介无处不在、媒介影响日益增大的时代，危机处理中的领导者只有不断加强自己的媒介素养，掌握和媒介打交道的本领，才能赢得民众的信赖和支持，保持信息强势，驾驭困难局面，维护国家和社会的安全与稳定。

1. 以人情味的报道题材调动受众情感

危机事件处理的过程中，领导者要注意进行角度平和的“平民化”细节设计。“普通人”感觉是现代社会民众对公共权威产生好感的主要来源之一。现代媒体视野中，各国领导者尽管出身不同、个性迥异，但“平民化”风格和“普通人”情怀却是普遍的展现目标。现代民众所期待的也是那种睿智的、亲民的领导，而不是那种充满威严感、神秘感的传奇型人物。而媒体从业人员要善于从社会需要、群众生活、民众心态的角度出发，发掘民众所关注的焦点问题，通过领导者的思想、意识、观念和活动来努力挖掘各种与“人的感情”有关的事实。总之，人类的共同情感为领导者的人情味报道提供了心理基础。

新闻报道是由大众传播机构生产出来的一种信息产品，在不同受众群体参差不齐的多元化需求之中，可以总结出两方面共通点：一是存在共同情感，二是存在相似的特定心理需求。人类有其共同的情感需求。而所谓的“人类共同情感”，就是指“能够为人类普遍理解、引起广泛共鸣的情感，是由共同人性决定的情感”。① 新闻报道的人情味，是指新闻报道注重从人的角度切入，发掘表现那些与人性相关的内容，围绕人们的生活、情感、心理、道德、欲望等展开报道，从而唤起人的感情共鸣。简言之，关于领导者新闻报道的人情味也要靠媒体从业人员发挥主观能动性去加以创造和表现。例如，2013 年 11 月 3 日，习近平总书

① 谭容培:《论情感体验与情感表现》,《湖南师范大学社会科学学报》2004 年第 9 期。

记视察凤凰县廖家桥镇菖蒲塘村时，一路走一路和村民交流葡萄、柚子、猕猴桃等引种和销售情况，还熟练地帮村民摘下一个柚子。电视新闻报道中呈现出的人情味题材体现出了习近平总书记平易近人、勤劳朴实的本色。而美国前总统卡特在电视上常常穿着干活的衬衫和牛仔裤，有时挽妻携子，有时在田间参加劳动，显示出与农业时代传统价值观相关联的品质。福特在美国担任过副总统、总统，但是这两个职位都不是人民选举出来的。[①] 为了改变自己的形象，福特竟然在新闻班子的安排下，与前国务卿基辛格一道，在电视剧《豪门恩怨》中客串角色。

2. 以平民化新闻视角塑造其亲民形象

危机事件中领导的视察或调研活动，应该是可以凸显领导者平民化风格的主要场合。在领导言行的策划和安排上，我们应该通过某些情节的策划或者某些语言的设计，完成平民化风格的塑造。常规来说，一次领导活动应重点突出一个话题，妥善完成一个情节，并最好形成一些言简意赅的结论性话语。而对于媒体从业人员而言，要在内容与形式上注意开拓创新，用民众的眼光和话语解读领导者的一言一行，用民众的情感和情怀回应领导者的所思所虑，以领导者的所作所为聚焦舆论热点、难点。新闻报道中的平民化视角是指以普通民众的角度来处理新闻，把报道的事实与报道的人物与平民的生活联系起来。事实上，“党和政府的大政方针，其实最终服务的还是普通的老百姓，因此，越是关系国计民生的大事，越是应把报道落到‘民生’上，只有这样，才能让群众觉得‘国计’和自己有直接的关系，是自己的事”。[②] 例如，美国前总统老布什在任期间，曾聘用一些著名公关专家帮助彩排，经过精心策划将老布什定位在耶鲁知识分子形象上，并接受专家的忠告压低了嗓门，改掉在民众场合做急促手势的毛病，显示出知识分子的优雅风度。有一

---

① 《美国前总统杰拉德·福特病逝　享年 93 岁》，新浪网，http：//news. sina. com. cn/w/2006-12-27/150610875362s. shtml，2006 年 12 月 27 日。

② 杨兴锋：《努力实现高度与贴近的有机统一》，《岭南新闻探索》2003 年第 6 期。

次老布什总统去英国访问，按照程序他要在机场发表讲话。可不巧碰到天降大雨，老布什总统走上讲坛后面对雨中的人群，当众撕掉了讲稿，微笑地向大家喊道："朋友们，大家避雨去吧！"他平生最短的一次演讲赢得了最热烈的掌声。[①] 又如 2013 年 4 月 21 日李克强同志在雅安地震灾区视察时，用一碗米粥、一袋咸菜作为早餐。各种媒体纷纷播出此信息，将原本比较沉闷、程式化的领导赈灾视察报道变得丰满具体，亲切动人。

3. 增加同期声的运用以加强感染力

同期声是指伴随画面形象而存在的声音，使观众不仅能观其形，还能同时闻其声，真正做到了视听立体感知的亲临现场、目睹事态的真实感和强烈的现场感。[②] 领导者的声音是领导者形象的重要组成部分，一个有声有画的领导者形象才是一个完整的形象，才能传达出更多有用的信息。领导者讲话的方式和内容不仅是民众欲知、应知却未知的信息，也是塑造其个人形象、展示其个人魅力的重要途径。领导者的谈吐是其个性特征和学识素养的反映，也是其执政能力的一种反映，是人们认识领导者的重要通道。领导者的语言除了要言简意赅、主题鲜明、自然晓畅外，更重要的是有自己的风格。专家指出，"眼睛可以容纳一个美丽的世界，而嘴则能描绘一个精彩的世界"。[③] 因此，要想更好地塑造领导者的媒介形象必须增加同期声在新闻中的运用，用更具感染力、说服力的同期声来说话。例如，2007 年 1 月 1 日《新闻联播》的《胡锦涛总书记踏雪看望坝上村民》这条新闻中，记者多处都运用了同期声。在来到小儿子为营救战友牺牲的满族村民唐秀英老人家时，胡锦涛走上前握住老人的手说："大娘，您好，我是胡锦涛，我来看您了。"随后，他扶着老人说，"走，咱们进屋说，我扶您进去"。坐到炕头和老人聊

① 王阳：《电视新闻节目中的创新思维》，中国广播电视出版社 2004 年版，第 53 页。
② 叶子：《现代电视新闻学》，中国广播电视出版社 2005 年版，第 120 页。
③ ［美］史蒂文·凯尔曼：《制定公共政策》，商正译，商务印书馆 1990 年版，第 38 页。

天时，胡锦涛又动情地说："您的儿子为党和国家舍己救人，英勇献身，党和人民永远不会忘记，希望您老人家养好身体、健康长寿。"在视察御道口寄宿制小学时，胡锦涛深情地对老师们说："你们长年扎根坝上高原，辛勤耕耘，默默奉献，为农村小学教育事业做出了很大贡献，你们的努力将改变许多农村孩子的人生和命运，我向你们表示深深的敬意。"一条新闻多处运用了同期声，这在以往领导者活动报道的新闻中是很少见的，同期声的科学运用让观众从声画两方面全方位地认知和感受了一个关心百姓疾苦、平易近人的领导者形象。同样，《新闻联播》在报道习近平总书记2013年11月3日至5日在湖南考察调研的新闻时，采用了习近平在花垣县十八洞村低保户施成富家院子里的同期声，强调"精准扶贫，切忌喊口号，也不要定好高骛远的目标"。他强调做好做实三件事：一是发展生产要实事求是，二是要有基本公共保障，三是下一代要接受教育。各级党委和政府都要想方设法，把现实问题一件件解决，探索可复制的经验。这样的新闻不仅能给广大观众留下长久深刻的印象也很好地塑造了领导者执政为民的形象。

4. *以特写画面的使用捕捉典型细节*

领导者形象的策划，要注重内在的品质策划，通过细节的刻画突出，比如"对崇高理想的献身精神、对政党和朋友的忠诚、对于姓名和面孔的良好记忆、不会使人厌烦、幽默感、充沛的精力、惊人的魅力以及在争执中秉公办事和在团体各领导层中充当中间人的能力"[①] 等方面的"聚焦式"的展示。特写画面的运用和典型的细节、情节是相互关联的，特写画面的运用是捕捉典型的细节和情节常用的手法。在公共形象识别上，细微之处易显人格，也最"动人"，它是领导者公共形象"公共性"和"社会性"的重要依据。特写镜头是最善于渲染情绪、抒

① ［美］杰克·普拉诺等：《政治学分析辞典》，胡杰译，中国社会科学出版社1986年版，第81页。

发情感的镜头，它能带给人极强的震撼力和感染力，对领导者形象的塑造有很大的帮助作用。

CBS 的著名新闻主播丹·拉瑟曾经说过：电视新闻需要“瞬间”，一条电视新闻中至少应该有两到三个“瞬间”。让电视观众看到新闻事件的同时，能感觉到它，嗅到它，知道它。[①] 2007 年 1 月 1 日《新闻联播》播出的《胡锦涛总书记踏雪看望坝上村民》这条新闻中就运用了很多特写镜头，起到了渲染氛围和感染人心的作用。例如，胡锦涛紧紧握住唐秀英老人的手的特写镜头所体现出的对老人的关爱，还有对村民屋外已经冻上一层霜的土豆的特写所渲染出来的天气的寒冷。又如，温家宝同志 2005 年元旦来到陕西铜川因矿难遇难的陈家山煤矿副总工程师牛铁奇家里，记者捕捉到了温家宝搂着牛铁奇的儿子潸然泪下的感人情节，这个画面给观众带来了强烈的震撼。

5. 以报道方式的联动提高传播效果

报道方式是报道策划中一个具有无穷变数的课题。媒体从业人员工作者需要在遵循新闻传播规律前提下，充分发挥主观能动性，从全媒体传播角度把不同的报道方式结合起来、通过多侧面、多角度、全方位、多层次的报道，展示危机事件中领导者活动的全景、全貌、全过程。报道方式的创新有助于使新闻资源效能达到最优化，而产生最佳的传播效果。一般说来，报道选题越是重要，报道规模越大，就越需要整合运用多种报道方式。在信息高度发达的今天，独家新闻已越来越难以实现，因此，解读新闻已经成为媒体之间相互竞争的武器。适当地对领导者活动的新闻进行深度分析和评论会给受众带来耳目一新的感觉。例如，2006 年 11 月胡锦涛同志访问越南并参加 APEC 会议的新闻，越南为胡锦涛举行的欢迎仪式上，越南的两位国家元首：国家主席阮明哲和越共

---

① 王纬主编:《镜头里的“第四势力”——美国电视新闻节目》，北京广播学院出版社 1999 年版，第 77 页。

中央总书记农德孟都陪同在其左右。其他电视台的新闻只是按部就班地对此做了报道，而凤凰卫视的新闻却通过连线评论员指出有两位国家元首共同出席欢迎仪式这是十分罕见的，这不仅体现了越南对胡锦涛访问越南的高度重视也体现了中国国力的崛起。这种通过“新闻＋评论”的报道方式使得其传播影响力与吸引力和独家新闻的效果几乎是相当的。2013 年 12 月 28 日中午 12 点 20 分中共中央总书记习近平在中办副主任丁薛祥的陪伴下，走进庆丰包子铺，排队、点餐、付钱、吃饭、和其他食客交谈、合影。12 月 28 日下午 1 点 20 分，加 V 认证为“时事评论员”的“四海微传播”在自己的新浪微博上首发了这条消息：“我没看错吧?！习大大来庆丰吃包子啦！果断上图。”一分钟后，有 900 万粉丝的新华社认证账号“新华视点”转发了这条微博。对国家领导人来说，“走基层”是政治生涯中非常普遍的标准动作。但是，传统媒体和新媒体的融合报道使得这条新闻成为社会舆论热议的话题。可见，在新媒体环境中如何利用恰当的时机和合适的手段进行形象塑造依然是一个课题。

国际上对突发性事件造成的心理问题进行危机干预，在心理学界已达到了较高水平。危机管理是一个涉及多学科的交叉研究领域，而危机传播则是以传播学为核心，由心理学、社会学、新闻学等诸多学科融会组合而成的新兴研究方向。我们需要积极开展危机心理服务和干预方面的研究，通过心理学原理和传播学手段对人们出现的心理矛盾、困惑和问题进行疏通引导，以改变人们的心理认知、情绪、行为和意志，来达到消除心理症状，树立正确的人生理念的目的，使其在危机事件中表现出正常、良好、和谐的心理状态。

结　　语

伴随着全球化、现代化的发展，当今社会已经进入了危机频发期。公共危机事件在对社会生活造成物质破坏的同时，也严重影响着民众的心理，而这种对民众心理造成的影响反过来又将恶化其不良局势。大量事实证明，公共危机事件对民众心理方面的刺激是强烈和持久的，这种刺激直接影响着危机对民众生活冲击的程度与范围。因此，对于公共危机中的观众认知心理的分析与引导是危机传播中媒体从业人员和媒体研究人员迫切需要关注的一个重要问题。

危机事件中最关键的因素就是人，危机传播必须是以受众为中心的。在发生危机事件的非常态情势下，受众获取信息的需求更加紧迫，因为信息沟通可以消除危机事件带来的未知性和不确定性，进而稳定受众情绪，使其做出相应的判断。媒体从业人员只有深入了解受众的需求，危机事件的报道才能有的放矢，传播信息才能更加契合受众的心理，从而有效地引导社会舆论，协助政府处理突发事件，维护社会的和谐稳定。

事实证明，危机情势下的受众心理与常态下的受众心理相比有着很大的差异，这种差异不仅体现在受众个体心理状态的变化，更体现在由于受众对危机事件的共同关注而形成应激反应现象，这些现象对我国媒体媒介的危机报道具有基础性和影响力的意义，因此需要给予特别的分析和研究。

民众对危机信息的关注程度和对威胁性信息的心理承受能力不尽相同。对不同群体的受众心理和需求的分析对媒体的危机报道来说是一个关键的参量，这就给不同定位和不同传播途径的媒体采取更为有效的分众传播提供了一个前提和依据。

第一，危机报道中民众对信息的需求程度并非是均等的，需求的内容也因其社会角色、与事件的相关程度不同而存在差异。受众对信息需求的这种不均等性和差异性主要取决于以下三个因素：民众与危机事件之间的关系、心理承受力上的差异、人口统计学因素（如年龄、性别）等的差异。其中，民众与危机事件之间的关系即危机事件与利益相关者的相关程度是最为主要的因素。这种分析对媒体危机报道的指导性意义在于三个方面：其一，不同形式的传播媒体可以依据各自的传播优势选择合适的人群作为目标受众；其二，不同定位的媒体可以依据与危机事件的相关程度及地理远近不同，而有不同的报道重点；其三，不同阶段的危机传播应该采取不同的受众心理引导策略，以加强传播效果的实现。危机信息的传播需要避免大量重复信息同时涌现，如因信息不均衡而导致某种意义上的“信息超载”，也需要避免危机事件本质信息的“信息短缺”。

第二，我们的研究表明，危机事件报道中受众不是被动的信息接收者，他们也会经过一定的分析和思考，对来自各种媒体的信息进行选择性的接受。特殊状态下，这种分析和思考的能力在很大程度上受到受众特殊心理状态的制约。同时，各种媒介信息也会影响受众的思维和情感，这是媒体深层次传播效果的体现。在危机事件的影响下，受众不仅心理状态会发生巨大的改变，往往还会导致生理、认知、情感等方面的重大变化。生理上受众会出现疲劳、失眠、对外界的刺激反应强烈、免疫力下降等反应；认知上会有一些受众产生固执己见、匆忙决策、怀疑一切、无所适从、自信心减弱等现象；受众普遍会在情感上产生震惊、恐惧、愤怒、悲伤等不稳定的情绪。当然，非常时期，并非所有的受众心理定式都是负面的，不利于事件处理的，有一些心理如渴望安全、对亲朋好友的关注、集体归属感增强、团结协作等良性社会心理往往是促成社会平安渡过危难的重要因素，而且将有机会转化为社会精神力量。

第三，受众在危机事件中会产生一种心理上的群体特征。对于单个受众而言，危机传播最主要的任务就是让信息通过各种途径让受众产生正确认知，做出合理的判断，并影响其行为。但是危及公共安全的事件一旦爆发，受众在利益受损的情况下，会迅速产生质疑、恐慌、愤恨、烦躁等负面情绪，这种负面情绪会在一定的人群中迅速蔓延，其结果可能会促使一些受众形成一个"心理群体"。心理学上的群体概念不同于一般的群体，它具有强大的集体无理性，因为群体中的个人的个性受到不同程度的压抑，即使在没有任何外力强制的情况下，他也会情愿让群体的精神代替自己的精神，表现出明显的从众心理。这种"集体无意识"下的从众心理，对社会的影响力量是巨大的。

第四，危机报道中的受众心理引导必须创新。危机的基本含义就是"危险"和"转机"的结合体。处于社会转型期的中国，存在各种各样的危机。这些危机如果得不到及时的解决，就可能演化为更大的社会危机。因此，我国媒体如何应对受众的特殊心理是一项危机管理中的主要工作。社会情绪是一种潜在形态的舆论，如果不能正确疏导，就会成为流言的温床。在传统的危机传播观念的影响下，政府对媒体危机报道形成了过度谨慎的态度，认为危机报道会引起民众恐慌，影响社会稳定，破坏政府形象。当危机传播观念与危机报道的制衡关系偏向于政治控制时，媒体的舆论监督功能就无法正常发挥，也无法保障民众的知情权，更不利于化解受众心理危机。这就要求我们必须重构危机传播观念，把打破"报道危机影响稳定"的观念作为突破口，并把"以人为本"和"变革创新"作为心理引导和内容生产的尺度。我国媒体要想有效地引导民众心理，就必须进行及时准确、全面客观和适量有度的危机报道，在满足民众的知情权和接近权的同时，注重报道的人文关怀，保证政府与民众的良性互动。这样，才能转变民众消极不良的情绪，将危机向良好的方向转化。

在现代信息科技高速发展的今天，政府和媒体要在危机事件爆发期间牢牢地掌握住危机传播的话语权和主动权，必须加强对受众的心理疏导和舆论引导。对危机事件报道的受众进行研究不仅关系到我国媒体危机传播的效果问题，更关系到政府公共危机管理的效果，和人民群众在多大程度上能够避免危机事件带来的心理冲击。因此，分析受众心理和媒体引导策略不仅对我国媒体的危机报道有着重大的指导意义，同时对政府的公共危机管理也意义重大。

参考文献

一　中译著作

［美］埃伦·兰格：《学学艺术家的减法创意》，颜湘如译，中国人民大学出版社 2007 年版。

［美］J. H. 弗拉维尔等：《认知发展》，邓赐平译，华东师范大学出版社 2002 年版。

［新］K. T. 斯托曼：《情绪心理学》，王力译，中国轻工业出版社 2006 年版。

［英］M. W. 艾森克等：《认知心理学》，高定国等译，华东师范大学出版社 2002 年版。

［美］阿尔夫·托夫勒：《未来的震荡》，任小明译，四川人民出版社 1985 年版。

［加］埃里克·麦克卢汉等：《麦克卢汉精粹》，何道宽译，南京大学出版社 2004 年版。

［美］埃里克·麦克卢汉：《理解媒介：论人的延伸》，何道宽译，商务印书馆 1984 年版。

［美］汉诺·哈特：《范式转变：大众传播研究话语中心的消解》，刘燕南、钟芹茹译，《国际新闻界》2002 年第 3 期。

［英］安东尼·吉登斯：《社会的构成：结构化理论大纲》，李康等译，生活·读书·新知三联书店 1998 年版。

［美］保罗·M. 莱斯特：《视觉传播：形象载动信息》，霍文利等译，北京广播学院出版社 2003 年版。

［美］保罗·斯洛维奇：《风险的感知》，赵延东等译，北京出版社 2007 年版。

［苏联］鲍列夫：《美学》，乔修业等译，中国文联出版公司 1986 年版。

［美］伯尼·S. 西格尔：《爱·治疗·奇迹》，李松梅译，上海译文出版社 2011 年版。

［美］大卫·阿什德：《传播生态学——控制的文化范式》，邵志择译，华夏出版社 2003 年版。

［英］丹尼斯·麦奎尔等：《大众传播模式论》，祝建华等译，上海译文出版社 2008 年版。

［美］道格拉斯·凯尔纳等：《后现代理论：批判性的质疑》，张志斌译，中央编译出版社 1999 年版。

［德］弗里德里希·威廉·尼采：《哲学与真理：1872—1876 年笔记选》，田立年译，上海社会科学院出版社 1997 年版。

［英］格林·阿尔金：《电视音响操作》，熊国新译，中国电影出版社 1986 年版。

［法］古斯塔夫·勒庞：《乌合之众：大众心理研究》，冯克利译，中央编译出版社 2000 年版。

［美］加里·尤克尔：《组织领导学》，陶文昭译，中国人民大学出版社 2004 年版。

［美］杰克·普拉诺等：《政治学分析辞典》，胡杰译，中国社会科学出版社 1986 年版。

［英］卡伦·桑德斯：《道德与新闻》，洪伟等译，复旦大学出版社 2007 年版。

［美］劳伦·B. 阿洛伊等：《变态心理学》，汤震宇等译，上海社会科学院出版社 2005 年版。

［澳］理查德·麦特白：《好莱坞电影：1891 年以来的美国电影工业发展史》，吴菁等译，华夏出版社 2005 年版。

［美］刘易斯·A. 科瑟：《社会学思想名家》，石人译，中国社会科学出版社 1990 年版。

［美］鲁道夫·阿恩海姆：《艺术心理学新论》，郭小平等译，商务印书馆 1996 年版。

［美］鲁道夫·阿恩海姆：《艺术与视知觉》，滕守尧等译，四川人民出版社 1998 年版。

［美］阿尔伯特·班杜拉：《思想和行动的社会基础——社会认知论》（上），林颖译，华东师范大学出版社 2001 年版。

［美］罗伯特·希斯：《危机管理》，王成等译，中信出版社 2001 年版。

［英］迈克尔·科伦索：《组织变革改善策略》，高俊山等译，经济管理出版社 2003 年版。

［英］迈克尔·里杰斯特：《危机公关》，郭惠民译，复旦大学出版社 1995 年版。

［美］迈克尔·罗斯金等：《政治科学》，林震等译，华夏出版社 2001 年版。

［美］梅尔文·L. 德弗勒等：《大众传播通论》，颜建军等译，华夏出版社 1989 年版。

［美］尼尔·波兹曼：《技术垄断：文化向技术投降》，何道宽译，广西师范大学出版社 2004 年版。

［美］尼尔·波兹曼：《娱乐至死》，章艳译，广西师范大学出版社 2004 年版。

［英］尼格尔·多德：《社会理论与现代性》，陶传进译，社会科学文献出版社 2002 年版。

［美］尼古拉·尼葛洛庞帝：《数字化生存》，胡泳等译，海南出版社 2003 年版。

［英］尼克·史蒂文森：《认识媒介文化——社会理论与大众传播》，商务印书馆 2001 年版。

［美］诺尔曼·丹森：《情感论》，魏中军译，辽宁人民出版社 1989 年版。

［法］皮埃尔·布尔迪厄：《关于电视》，许钧译，辽宁教育出版社 2000 年版。

［美］皮帕·诺里斯：《新政府沟通——后工业社会的政治沟通》，顾建光译，上海交通大学出版社 2005 年版。

［美］乔纳森·特纳等：《情感社会学》，孙俊才等译，上海人民出版社 2007 年版。

［美］乔纳森·特纳：《人类情感：社会学的理论》，孙俊才等译，东方出版社 2009 年版。

［美］乔纳森·H. 特纳：《社会学理论的结构》，邱泽奇等译，华夏出版社 2006 年版。

［美］史蒂文·凯尔曼：《制定公共政策》，商正译，商务印书馆 1990 年版。

［美］司马贺：《人类的认知：思维的信息加工理论》，荆其诚等译，科学出版社 1986 年版。

［美］斯蒂芬·阿普康：《影像叙事的力量》，马瑞雪译，浙江人民出版社 2017 年版。

［美］斯蒂文·小约翰：《传播理论》，陈德民等译，中国社会科学出版社 1999 年版。

［美］斯坦利·巴兰等：《大众传播理论：基础、争鸣与未来》，曹书乐译，清华大学出版社 2004 年版。

［美］苏珊·朗格：《情感与形式》，刘大基等译，中国社会科学出版社1986年版。

［美］苏珊·桑塔格：《论摄影》，黄灿然译，上海译文出版社2008年版。

［美］托德·吉特林：《新左派运动的媒介镜像》，胡正荣、张悦译，华夏出版社2007年版。

［美］托马斯·L. 麦克费尔：《全球传播——理论、利益相关者和趋势》，张丽萍译，中国传媒大学出版社2016年版。

［德］瓦尔特·本雅明：《摄影小史：机械复制时代的艺术作品》，王才勇译，江苏人民出版社2006年版。

［美］威尔伯·施拉姆：《传播学概论》，陈亮等译，新华出版社1984年版。

［美］威廉·E. 布隆代尔：《〈华尔街日报〉是如何讲故事的》，徐扬译，华夏出版社2006年版。

［美］沃尔特·李普曼：《舆论学》，林珊译，新华出版社1992年版。

［美］沃纳·赛弗林等：《传播理论：起源、方法与应用》，郭镇之等译，华夏出版社2000年版。

［德］乌尔里希·贝克：《风险社会》，何博闻译，译林出版社2004年版。

［美］西奥多·怀特：《美国的自我探索——总统的诞生》，中国对外翻译出版公司1985年版。

［苏联］肖·阿·纳奇拉什维里：《宣传心理学》，金初高译，新华出版社1984年版。

［美］亚伯拉罕·哈罗德·马斯洛：《动机与人格》，许金声等译，华夏出版社1987年版。

二　中文著作

蔡凯如等：《穿越视听时空：广播电视传播论》，新华出版社2003年版。

蔡铭泽：《新闻传播学》，暨南大学出版社 2004 年版。
常昌富主编：《大众传播学：影响研究范式》，中国社会科学出版社 2000 年版。
常江等编：《记录与透视——中国传媒热点事件访谈录》，北京大学出版社 2014 年版。
程世寿等：《现代新闻传播学》，华中理工大学出版社 2000 年版。
戴元光：《20 世纪中国新闻学与传播学 · 传播学卷》，复旦大学出版社 2001 年版。
丁海宴等编：《新闻发言人与媒体：沟通策略与技巧》，中国传媒大学出版社 2009 年版。
段鹏：《传播效果研究——起源、发展与应用》，中国传媒大学出版社 2008 年版。
段伟文：《网络空间的伦理反思》，江苏人民出版社 2002 年版。
方建移：《传播心理学》，浙江教育出版社 2015 年版。
冯健总编：《中国新闻实用大辞典》，新华出版社 1996 年版。
冯仕政：《西方社会运动理论研究》，中国人民大学出版社 2013 年版。
高觉敷主编：《西方近代心理学史》，人民教育出版社 1982 年版。
宫承波主编：《新传媒》第 3 期，中国广播电视出版社 2010 年版。
龚铁鹰编：《美国政府如何与新闻媒体打交道》，五洲传播出版社 2010 年版。
勾志霞：《记者职业口语》，合肥工业大学出版社 2005 年版。
管喻等：《王家岭大救援——"3 · 28"透水事故救援现场纪实》，山西人民出版社 2010 年版。
郭庆光：《传播学教程》，中国人民大学出版社 1999 年版。
侯海涛：《中国电视新闻媒介生态研究——转型期的媒介守望》，中国传媒大学出版社 2010 年版。
胡正荣：《传播学总论》，北京广播学院出版社 1997 年版。

黄旦：《传者图像：新闻专业主义的建构与消解》，复旦大学出版社 2005 年版。
胡河宁：《组织传播》，北京大学出版社 2010 年版。
黄匡宇：《电视新闻语言学》，中国广播电视出版社 2000 年版。
黄鸣刚：《公共危机中的网络舆论预警研究》，中国广播电视出版社 2009 年版。
黄鸣刚：《危机管理视阈中的电视传播研究》，中国广播电视出版社 2011 年版。
江作苏：《社会转型背景下的应急传播研究》，人民出版社 2016 年版。
焦德武等：《微博情绪表达与舆论治理研究》，安徽大学出版社 2017 年版。
李良荣：《传播学概论》，中国传媒大学出版社 2007 年版。
李培林主编：《社会蓝皮书》，社会科学文献出版社 2009 年版。
李希光：《畸变的媒体》，复旦大学出版社 2003 年版。
刘海龙：《大众传播理论：范式与流派》，中国人民大学出版社 2008 年版。
刘建明：《现代新闻理论》，民族出版社 1999 年版。
刘金平：《理解 · 沟通 · 控制——公众的风险认知》，科学出版社 2011 年版。
刘京林：《大众传播心理学》，北京广播学院出版社 1997 年版。
刘京林等主编：《传播 · 媒介与心理》，北京广播学院出版社 1999 年版。
刘京林：《新闻心理学概论》，北京广播学院出版社 2000 年版。
刘茂华：《观点交锋：媒介化时代的新闻评论》，武汉出版社 2011 年版。
刘晓红等：《大众传播心理研究》，中国广播电视出版社 2001 年版。
刘兴华等：《心理障碍临床手册》，中国轻工业出版社 2004 年版。
刘行芳等：《社会情绪的网络扩散及其治理》，武汉大学出版社 2017 年版。
卢毅刚编：《认识、互动与趋同——公众舆论心理解读》，中国社会科学出版社 2013 年版。
陆学艺主编：《当代中国社会流动》，社会科学文献出版社 2004 年版。
陆晔：《电视时代——中国电视新闻传播》，复旦大学出版社 1997 年版。
孟昭兰：《情绪心理学》，北京大学出版社 2005 年版。
孟昭兰：《人类情绪》，上海人民出版社 1989 年版。
潘知常等：《大众传媒与大众文化》，上海人民出版社 2002 年版。
沙莲香：《社会心理学》，中国人民大学出版社 2006 年版。
邵培仁：《传播学》，高等教育出版社 2000 年版。
沈忱：《中国电视新闻现场直播——导演手记》，中国广播电视出版社 2004 年版。
沈国麟：《控制沟通：美国政府的媒体宣传》，上海人民出版社 2007 年版。
沈亚平：《社会秩序及其转型研究》，河北大学出版社 2002 年版。
石长顺：《电视传播学》，华中理工大学出版社 2000 年版。
时勘等：《灾难心理学》，科学出版社 2010 年版。
史安斌：《危机传播与新闻发布》，南方日报出版社 2004 年版。
孙杰：《图说焦点访谈》，中国大百科全书出版社 1999 年版。
孙绍骋：《中国救灾制度研究》，商务印书馆 2004 年版。
孙玉胜：《十年：从改变电视的语态开始》，生活·读书·新知三联书店 2003 年版。
滕守尧：《审美心理描述》，四川人民出版社 1998 年版。
田中初：《新闻实践与政治控制》，山东人民出版社 2005 年版。
童兵：《比较新闻传播学》，中国人民大学出版社 2002 年版。
童清艳：《超越传媒——揭开媒介影响受众的面纱》，中国广播电视出版社 2002 年版。
汪文斌等：《世界电视前沿》，华艺出版社 2001 年版。
王德迅：《日本危机管理机制研究》，中国社会科学出版社 2013 年版。

王海光：《旋转的历史——社会运动论》，上海人民出版社 1995 年版。
王杰等：《艺术与审美的当代形态》，人民文学出版社 2002 年版。
王宁：《消费社会学——一个分析的视角》，社会科学文献出版社 2001 年版。
王纬主编：《镜头里的“第四势力”——美国电视新闻节目》，北京广播学院出版社 1999 年版。
王阳：《电视新闻节目中的创新思维》，中国广播电视出版社 2004 年版。
王永利：《电视新闻学概论》，北京广播学院出版社 1990 年版。
王云缦等：《电视艺术辞典》，学苑出版社 1991 年版。
吴晓恩：《逃离电子文化的陷阱——尼尔·波兹曼媒介学思想研究》，北京大学出版社 2015 年版。
伍刚编：《传统媒体和新兴媒体融合发展的愿景与路径》，社会科学文献出版社 2014 年版。
谢鹏程：《公民的基本权利》，中国社会科学出版社 1999 年版。
谢耘耕等：《突发事件报道》，上海交通大学出版社 2009 年版。
薛可等：《人际传播学》，上海人民出版社 2007 年版。
薛澜等：《危机管理》，清华大学出版社 2003 年版。
杨保军：《新闻真实论》，中国人民大学出版社 2006 年版。
叶秉喜等：《考验——危机管理定乾坤》，电子工业出版社 2005 年版。
叶浩生主编：《西方心理学的历史与体系》，人民教育出版社 1998 年版。
叶子：《电视新闻节目研究》，北京师范大学出版社 1999 年版。
叶子：《现代电视新闻学》，北京广播学院出版社 1997 年版。
叶子：《现代电视新闻学》，中国广播电视出版社 2005 年版。
虞达文：《新闻心理学》，新华出版社 2001 年版。
喻国明：《媒介革命——互联网逻辑下传媒业发展的关键与进路》，人民日报出版社 2015 年版。
喻国明：《中国大众媒介的传播效果与公信力研究——基础理论、评测方法与实证分析》，经济科学出版社 1999 年版。
喻国明主编：《中国社会舆情年度报告（2014）》，人民日报出版社 2014 年版。
臧国仁：《新闻媒体与消息来源——媒介框架与真实建构之论述》，台北三民书局 1999 年版。
张国良：《传播学原理》，复旦大学出版社 1995 年版。
张铁民：《企业危机管理》，科学出版社 2004 年版。
张晓峰：《解构电视：电视传播学新论》，中国广播电视出版社 2006 年版。
张柱：《新媒体时代的电视新闻生产——平台思维与流程再造》，中国人民大学出版社 2016 年版。
赵鼎新：《社会与政治运动讲义》，社会科学文献出版社 2012 年版。
郑雪：《社会心理学》，暨南大学出版社 2004 年版。
郑祖武：《电视新闻报道学》，浙江大学出版社 2000 年版。
钟大年等：《香港内地传媒比较》，北京广播学院出版社 2002 年版。
钟新：《危机传播：信息流及噪音分析》，中国传媒大学出版社 2007 年版。
周传基：《电影·电视·广播中的声音》，中国电影出版社 1991 年版。
周晓虹：《社会心理学》，高等教育出版社 2008 年版。
朱羽君等：《电视采访学》，中国人民大学出版社 2001 年版。
朱智贤主编：《心理学大词典》，北京师范大学出版社 1989 年版。

三　中文论文

蔡凯如：《试论现场直播中的媒介运作空间》，《现代传播》2003 年第 4 期。
曹爱民等：《瑞典政府新闻发布制度的独到之处》，《新闻与写作》2006

年第 11 期。
陈力丹：《新中国成立 60 年以来典型报道演变的环境与理念》，《当代传播》2009 年第 5 期。
丛中等：《“非典”一线医护人员的心理干预不容忽视》，《中华医学信息导报》2003 年第 5 期。
董天策等：《媒体应当如何面对自然灾害——以南方雪灾报道为例》，《新闻实践》2008 年第 3 期。
杜骏飞：《流言的流变：SARS 舆情的传播学分析》，《新闻与传播》2003 年第 12 期。
方雪琴：《信息公开与媒体理性——试论危机传播中的舆论引导策略》，《中州学刊》2004 年第 6 期。
辜晓进：《美国日报的编辑部管理》，《新闻记者》2002 年第 7 期。
韩鸿：《论新媒体背景下的突发事件报道——以 CNN 日本地震报道中的 iReport 为例》，《电视研究》2011 年第 6 期。
韩鸿：《新媒体背景下突发事件报道的机制创新——以 CNN 的〈我报道〉为例》，《西南民族大学学报》2007 年第 4 期。
何德功：《日本媒体突发事件报道的原则》，《中国记者》2004 年第 10 期。
何振：《湖南地方政府应对重大自然灾害对策调研及其思考》，《湘潭大学学报》（哲学社会科学版）2010 年第 7 期。
洪文学等：《一个值得注意的研究领域——音乐疗法》，《北京生物医学工程》2004 年第 3 期。
胡建红：《中国传媒 30 年之变与不变》，《传媒》2008 年第 11 期。
胡正荣等：《对中国网络媒介宏观调控的思考》，《淮阴师范学院学报》2005 年第 3 期。
黄晓军：《从非典事件看我国政府的危机管理制度创新》，《国家教育行政学院学报》2003 年第 4 期。
黄月胜：《论西方网络文化的强势传播与影响》，《江西社会科学》2005

年第 6 期。
黄芝晓:《政府：风险化解“三角”的主导因素——对杭州 5·7 交通肇事案的传播研究》,《新闻大学》2009 年第 3 期。
贾亦凡等:《2007 年十大假新闻》,《新闻记者》2008 年第 1 期。
金应忠:《国家对外行为：公众情绪的作用》,《上海社会科学院学术季刊》2000 年第 4 期。
江山:《新闻思维主体的指向》,《新闻前哨》2004 年第 10 期。
姜锵:《雪灾、战场、创新》,《南方传媒研究》2008 年第 4 期。
匡文波：《新媒体是主流媒体吗？——基于手机媒体的定量研究》,《国际新闻界》2011 年第 6 期。
李明德等:《大众媒体在化解社会风险中的作用》,《长安大学学报》（社会科学版）2008 年第 4 期。
李洁等:《从“封口费”现象看记者的价值取向》,《新闻世界》2009 年第 6 期。
李素华:《对认同概念的理论述评》,《兰州学刊》2005 年第 4 期。
李维维:《认知心理学发展的研究取向与前景》,《吉林省教育学院学报》2008 年第 9 期。
梁勤俭:《报网互动引发的思考》,《声屏世界》2012 年第 11 期。
梁莹:《危机公关和政府形象》,《社会》2004 年第 8 期。
廖亮:《电视“互动”观念初探》,《现代传播》2002 年第 6 期。
刘鹏:《灾难报道中的人文关怀——从〈一名新记者的困惑〉谈起》,《新闻记者》2005 年第 1 期。
刘颖等:《美国媒体防灾减灾新闻特色——兼谈媒体在灾难中的角色》,《中国记者》2006 年第 9 期。
陆高峰:《韩亚空难报道中的新闻伦理与职业素养》,《新闻与写作》2013 年第 8 期。
罗峥等：《当代情绪发展理论述评》,《心理科学》2002 年第 3 期。

马瑞洁：《从 SARS 报道反思灾难新闻的社会责任》，《中国记者》2003 年第 6 期。

孟建等：《媒介融合：粘聚并造就新型的媒介化社会》，《国际新闻界》2006 年第 7 期。

孟锦波：《画无细节则空——谈电视新闻的细节画面》，《理论界》1998 年第 6 期。

苗艳：《论灾难新闻摄影的正面价值与负面效应》，《成都理工大学学报》（社会科学版）2006 年第 3 期。

莫文婷等：《网络公众话语权与民主政治建设》，《东南传播》2009 年第 5 期。

欧阳宏生等：《论认知传播学科的学理构建》，《现代传播》2015 年第 2 期。

欧阳宏生等：《意义范式与建构——认知传播学研究的几个关键问题》，《现代传播》2016 年第 9 期。

彭剑：《非本地灾难报道与媒体策划思路——以“印度大地震大海啸”报道为例》，《新闻前哨》2005 年第 2 期。

钱珺：《第二媒介时代下的危机传播模式初探》，《新闻知识》2007 年第 2 期。

秦德君：《得失之间：公共形象设计的四大参数》，《决策》2005 年第 11 期。

盛沛林等：《印度洋海啸灾难爆发时的信息传播——兼论媒体的新闻舆论预警机制》，《军事记者》2005 年第 3 期。

时统宇：《央视抗震救灾直播的历史意义和传播价值》，《中国广播电视学刊》2008 年第 7 期。

史玉成：《社会转型期中国电视新闻传播理念的新定位》，《声屏世界》2005 年第 5 期。

宋雯：《灾难新闻・知情权与舆论监督》，《新闻知识》2000 年第 11 期。

宋晓阳：《日本电视新闻报道机制》，《电视研究》2004 年第 7 期。
苏虹：《互动：操纵的传媒与传媒的操纵——浅析新闻媒介与美国政治之间的相互影响》，《南京政治学院学报》2000 年第 4 期。
孙长年：《电视文化的平民主义精神》，《中国电视》2003 年第 8 期。
孙彦泉等：《生态文明的生态科学基础》，《山东农业大学学报》1999 年第 4 期。
索涛等：《后悔的认知机制和神经基础》，《心理科学进展》2009 年第 2 期。
尚大雷、柯惠新：《社会转型时期我国不用受众类型对实证研究的影响》，《现代传播》2002 年第 4 期。
谭容培：《论情感体验与情感表现》，《湖南师范大学社会科学学报》2004 年第 9 期。
唐华：《从文化背景和媒介功能看电视谈话节目的现实困境》，《现代传播》2000 年第 1 期。
田中初：《当代中国灾难新闻研究——以新闻实践中的政治控制为视角》，博士学位论文，复旦大学，2005 年。
万大珂：《焦点网谈：媒体融合的胜利》，《青年记者》2006 年第 20 期。
万丹：《对现代传媒的文化批判》，《现代传播》2000 年第 3 期。
万鹏飞：《美国联邦应急总署对新闻媒体采访抗灾救灾的管理规范及其借鉴》，《经济社会体制比较》2006 年第 6 期。
万生云：《中西方灾难事件新闻摄影报道的差异性研究》，《国际新闻界》2001 年第 2 期。
王德迅：《国外公共危机管理机制纵横谈》，《求是》2005 年第 20 期。
王灏：《危机管理“5R”模式对中国危机报道的启示》，《新闻界》2005 年第 2 期。
王梦婷：《构建公共危机管理的多边合作网络》，《科技管理研究》2006 年第 1 期。

王玺：《网络亚文化影响下的青年社会心态引导》，《人民论坛》2019 年第 3 期。

王学义等：《SARS 流行期间不同人群心理状况调查分析》，《健康心理学杂志》2003 年第 11 期。

王亚男等：《传播学视野中的政府形象力刍议》，《新闻界》2005 年第 6 期。

王一牛等：《突发公共卫生事件下心境障碍的特点与应对》，《心理科学进展》2003 年第 11 期。

吴伟民：《论电视记者的现场采访》，《东南传播》2007 年第 4 期。

汪涌：《政府在危机事件中的传播策略探讨》，硕士学位论文，华中师范大学，2007 年。

吴妍：《浅议新闻工作者的心理健康》，《安顺师范高等专科学校学报》2004 年第 10 期。

吴宜蓁：《危机情境与策略的理论规范与实践：台湾本土研究的后设分析》，《国际新闻界》2013 年第 5 期。

谢晓非等：《SARS 危机中公众理性特征初探》，《管理评论》2003 年第 4 期。

徐辉：《情绪对风险决策和判断的影响的实验研究》，硕士学位论文，华东师范大学，2005 年。

徐婧英：《捕捉细节——提高电视新闻可视性的有效途径》，《电视研究》2000 年第 2 期。

徐晓坤等：《社会情绪的神经基础》，《心理科学进展》2005 年第 13 期。

徐颖：《格式塔心理学在网络新闻专题中的运用——以网易新闻专题为例》，《新闻世界》2011 年第 7 期。

严霞：《愤怒和恐惧情景对风险决策的影响研究》，硕士学位论文，西南大学，2008 年。

杨刚毅：《关于电视新闻连线报道的理性思考》，《电视研究》2003 年第

3 期。

杨国斌：《悲情与戏谑：网络事件中的情感动员》，《传播与社会学刊》2009 年第 9 期。

杨兴锋：《努力实现高度与贴近的有机统一》，《岭南新闻探索》2003 年第 6 期。

杨宜音：《个体与宏观社会的心理关系：社会心态概念的界定》，《社会学研究》2006 年第 4 期。

袁薇：《生态学视野中的传播媒介形态》，《当代传播》2003 年第 6 期。

袁明旭：《论公共危机沟通的特点与功能》，《内蒙古民族大学学报》2007 年第 11 期。

臧国仁：《新闻报道与真实建构：新闻框架理论的观点》，《新闻学研究》1995 年第 50 期。

曾凡斌等：《国外大报报网互动探析》，《中国报业》2007 年第 5 期。

张弛：《湖北抗疫出大招：火线换将稳大局》，《凤凰周刊》2020 年第 5 期。

张锋：《高科技风险与社会责任》，《自然辩证法》2006 年第 12 期。

张结海等：《“状态改变：状态继续”与“做：不做”》，《心理科学》2004 年第 27 期。

张君昌等：《媒体舆论与全民动员——中国传媒抗击非典报道全景透视》，《现代传播》2003 年第 6 期。

张威：《中西比较：正面报道与负面报道》，《国际新闻界》1999 年第 1 期。

张英菊等：《突发公共事件应急预案评价中关键问题的探究》，《华中科技大学学报》（社会科学版）2008 年第 6 期。

张志安等：《中国政务微博研究报告》，《新闻记者》2011 年第 6 期。

章会：《新闻工作者心理健康状态调查——兼谈传播实践中的心理压力与应对策略》，《新闻实践》2009 年第 7 期。

赵静：《国外媒体对突发事件的新闻操作——以卡特里娜飓风报道为例》，《新闻前哨》2006 年第 9 期。

赵艳丽：《网络舆论监督：打造同一个舆论场》，《青年记者》2007 年第 8 期。

赵俊峰：《新中国灾难新闻报道的变迁》，《中华新闻报》2006 年 2 月 22 日。

赵志立：《试论新闻传媒在危机管理中的地位和作用》，《当代传播》2005 年第 2 期。

郑保勤：《韩国新闻工作者职业道德准则》，《国际新闻界》1998 年第 1 期。

朱清河等：《“政治家办报”的历史起点与逻辑归点》，《新闻与传播研究》2009 年第 4 期。

庄锦英等：《论消极情绪对决策的影响》，《沈阳师范大学学报》（社会科学版）2005 年第 5 期。

附录　调查问卷

危机事件中的媒体使用习惯问卷调查

尊敬的朋友：

您好！

麻烦耽误一点时间，为我们回答如下一份问卷，请您在多项答案中选择适合您情况的答案，并在这个答案的“□”中打上“√”或填上对应数字。

011. 危机事件中，您最喜欢或最常用的媒体是：（单选）

0111 电视□　0112 广播□　0113 网络□　0114 报刊□　0115 手机□　0116 其他□

012. 危机事件中，您最信赖从以下哪个传播渠道得到的信息？（单选）

0121 电视媒体□　0122 网络媒体□　0123 广播媒体□　0124 纸质媒体，例如报纸、杂志□　0125 手机媒体□　0126 网络的微博、论坛等□

013. 请从下表右边的选项中选择一个，并在对应的框格中打上"√"以显示您对各个观点认可程度（单选）：

	1 总是	2 经常	3 有时	4 很少	5 从不
0131 危机事件中，媒体对某事件的报道越多，越想知道事件的发生原因					
0132 危机事件中，媒体对某事件的报道越多，越想得到现场的真实细节					
0133 危机事件中，媒体对某事件的报道越多，越关心事件的内幕消息					
0134 危机事件中，个人想知道后续处理、问责结果					
0135 危机事件中，媒体对某事件的报道越多，越容易激发自己的行动					
0136 危机事件中，媒体对某事件的报道越多，自己的情绪就越容易波动					
0137 危机事件中，个人关心相关政府部门的行动					
0138 危机事件中，个人关心相关领导人的行动					
0139 危机事件中，媒体对某事件的报道越多，越关心其他人的反应					

014. 请从下表右边的选项中选择一个，并在对应的框格中打上"√"以显示您对下列观点的认可程度（单选）：

	1 总是	2 经常	3 有时	4 很少	5 从不
0141 如果看到大量刺激性的受灾画面，您会失眠或整天想睡					
0142 如果看到大量刺激性的受灾画面，您会睡觉时做噩梦，半夜易醒					
0143 如果看到大量刺激性的受灾画面，您会常有头昏的感觉					
0144 如果看到大量刺激性的受灾画面，您会容易疲倦，有时呼吸困难或有窒息感					
0145 如果看到大量刺激性画面，您会莫名其妙发抖					
0146 如果看到大量刺激性的受灾画面，您会容易出汗，或胃痛、消化不良					
0147 如果看到大量刺激性的受灾画面，您会胃口不好、吃不下饭					

015. 如果您使用媒体过程中出现不良心理反应后，您选择的情绪放松方式一般是：（两项之内）

0151 找人倾诉□　　0152 观看喜欢的影视节目□

0153 出门活动□　　0154 听音乐□

0155 自我鼓励□　　0156 浏览报纸、杂志□

0157 立即休息□　　0158 上网寻求放松□

0159 其他□

016. 请从下面的量表中选择一个数值，并把它写在项目右边的空白处，以展示您对下列观点的认可程度（即数字大，则表示您可以承受的刺激就大）：（每格填入分值）

量表

程度低　　程度高

1——2——3——4——5——6——7

0161 我国电视上传播的受灾画面，您能够承受的刺激性程度是

____

0162 我国广播上发表的受灾情况描述，您能够承受的刺激性程度是

____

0163 我国网络上传播的受灾视频，您能够承受的刺激性程度是

____

0164 我国报纸杂志上发表的受灾照片，您能够承受的刺激性程度是

____

0165 我国手机上发布的灾情信息，您能够承受的刺激性程度是

____

017. 请从下面的量表中选择一个数值，并把它写在项目右边的空白处，以显示您对各个观点认可程度：（每格填入分值）

量表

没有影响　　　　　　　　　　　　　　　　极大影响

1——2——3——4——5——6——7

0171 我国各种媒体传递的受灾情况对您本人的影响的程度是

____

0172 我国各种媒体讲述或采访的受灾者细节对您本人的影响的程度是______________________________

0173 权威人士（专家）在媒体发表的意见对您本人的影响的程度是______________________________

0174 政府部门在媒体发布的救灾信息对您本人的影响的程度是

____

0175 国外各种媒体发布的灾情信息对您本人的影响的程度是

____

0176 媒体上发布的国家领导人参与救灾信息对您本人的影响的程度是______________________________

018. 分析近年来的突发事件，您对我国危机事件报道的不良感受是：（两项之内）

0181 报道时间过长，受不了□　　0182 画面太刺激□

0183 悲剧色彩太浓□　　0184 没有其他节目调剂□

0185 矫情和做作□　　0186 有诱导情绪嫌疑□

019. 危机事件中您印象较深的媒体报道，一般因为哪些因素而关注它？（三项之内）

0191 出现在喜欢的媒体□　　0192 图像或视频有冲击力□

0193 评论权威科学□　　0194 报道方式新颖及时□

0195 图片精良□　　0196 图表制作精良/数据翔实□

0197 声音感人□ 0198 文字优美□

0199 互动良好（例如热线、微博交流）□

020. 危机事件，您从媒体中获知相关信息后是否经常产生如下社会认知？（两项之内）

0201 对自己（人生）的未来感到悲观□

0202 对救灾过程充满愤怒与敌意□

0203 觉得我们大家都很可怜很不幸□

0204 对于目前的生活感觉无能为力□

0205 觉得很少人可以帮助我们□

0206 对别人的不幸感到自责罪恶感□

0207 觉得没有人或组织可以依靠□

0208 其他□

021. 危机事件中，您通常在事态发展的哪个时间段进行关注？（单选）

0211 事件有前兆时□ 0212 事件刚发生时□

0213 事件发展过程中□ 0214 事件发展到高潮起冲突时□

0215 事件在解决过程中□ 0216 事件结束时□

0217 事件结束后□ 0218 不确定□

022. 危机事件中，如果对我国媒体报道有所顾虑的话，您最担心的弊端是：（两项之内）

0221 媒体屏蔽某些信息□

0222 报道刻意营造某种舆论方向□

0223 报道故意产生某种煽情效果□

0224 媒体节目产生的某种强迫效果□

0225 媒体容易被某种势力利用□

0226 报道不能准确反映民意□

0227 报道没有报道危机的原因或处理措施□

0228 媒体报喜不报忧□

023. 危机事件，您从媒体中获知相关信息后是否产生如下行为或念头？（两项之内）

0231 注意力不集中□　　0232 不想去上班上学□

0233 容易与他人起冲突□　　0234 对事情对人缺乏耐心□

0235 一再想起以前或其他可怕的个人经验□

0236 不由自主地一再想起危机的情形□

0237 时常想骂人或打人□

0238 想起死去的受灾者情绪即无法抑制□

0239 出现依赖他人的行为□

024. 危机事件中，您使用媒体的时间长度主要决定于以下哪个因素？（单选）

0241 只在固定的时间段使用，如中午时段□

0242 使用时间长短取决于节目制作水平□

0243 使用时间长短取决于危机的严重程度□

0244 使用时间长短取决于自己的关系□

0245 使用时间长短取决于自己的心情□

0246 使用时间长短完全是随机的□

0247 使用时间长短取决于自己对危机处理的满意程度□

025. 危机事件，您从媒体中获知相关信息后是否经常产生如下情绪？（两项之内）

0251 小事情容易激动愤怒□ 0252 容易紧张神经紧绷□

0253 会有失落的感觉□ 0254 情绪空白冷漠不想去做什么事□

0255 会出现莫名其妙焦虑的感觉□

0256 没有理由地出现害怕恐惧□

0257 觉得很沮丧□ 0258 一天之中常有情绪起伏现象□

0259 对很多事情失去兴趣□

026. 请从下表右边的选项中选择一个，并在对应的框格中打上"√"，以显示您对下列观点的认可程度：（单选）

	1 远远不够	2 不够	3 合适	4 过分	5 太过分
0261 您认为我国媒体危机事件报道的力度（报道时长、频率）					
0262 您认为我国媒体危机事件报道的细节展现					
0263 您认为我国媒体危机事件报道的情绪化处理					
0264 您认为我国媒体危机事件报道的真实性把握					
0265 您认为我国媒体危机事件报道的刺激性把握（画面刺激性）					
0266 您认为我国媒体危机事件报道的倾向性把握					

个人信息：（全部单选）

027. 您的性别：0271 男□ 0272 女□

028. 您的年龄：0281 20 岁以下□ 0282 21—30 岁□

0283 31—40 岁□ 0284 41—50 岁□ 0285 51 岁以上□

029. 您的文化程度：0291 初中及以下□ 0292 高中□

0293 大专、本科□ 0294 硕士及以上□

030. 您的职业：0301 领导及干部□ 0302 私营或个体劳动者□

0303 技术人员及一般职员□ 0304 工人/商业服务人员□

0305 农民/进城务工者□　　　　　　0306 学生及其他□

谢谢您的合作！辛苦了！

您对媒体上的信息和意见交流还有其他想法和意见，欢迎您写在这里____

____

____

____

后　记

对我们而言，做这个科研项目是自己喜爱的事情。在研究中虽然难免遇到困难与挫折，但通过阅读不同学术领域的论著、把知识应用于实践中，带来的不仅是成功的喜悦，更多的是一种学习新知识、认识新事物、发现新规律的满足感与充实感，感触最深的就是辛苦与成功的融合、压力与动力的并存。

时至今日，专著终于得以完成，既是对前期研究成果的一个浓缩，也更坚定了我们继续在该领域内做进一步研究的决心和信心。这其中深藏着我们对同事、学生和亲人的感激之情和感恩之心。

首先要感谢的是课题组的全体成员，从他们的身上我们学到了科学的研究方法、严谨的学术作风、勤奋的工作态度以及正直的思想品格，这都是我们人生巨大的精神财富，在今后的科研工作中必将对我们产生深远的影响。

其次要感谢我们所在的浙江传媒学院诸位师友和研究生们的大力协助，他们对我们的工作和研究给予了很多切实和及时的帮助，让我们感到同事之间的深厚情意。感谢黄敏教授、葛继宏教授和责任编辑郭晓鸿老师对于本书出版的帮助。

最后，还要感谢在撰写本书过程中，我们参考、引用的文章、报道的学者们。由于很多是通过互联网获得的信息，还有一些内容根本无法知晓其作者，我们对他们的文章和观点做了大量的引用，谢谢他们在研究上所做出的贡献和对本书的贡献。

由于我们的专业知识水平有限，书中的不当或错误之处，尚祈专家和读者教正。

2020 年 5 月 27 日